대한민국 국회제도의 형성과 변화

# 대한민국 국회제도의 형성과 변화

초판 1쇄 발행 2018년 4월 4일

지은이 손병권·가상준·전진영·조진만·박경미·유성진
펴낸이 김선기
펴낸곳 (주)푸른길
출판등록 1996년 4월 12일 제16-1292호
주소 (08377) 서울시 구로구 디지털로 33길 48 대륭포스트타워 7차 1008호
전화 02-523-2907, 6942-9570~2
팩스 02-523-2951
이메일 purungilbook@naver.com
홈페이지 www.purungil.co.kr

ISBN 978-89-6291-445-0 93340

*이 도서의 국립중앙도서관 출판예정도서목록(CIP)은 서지정보유통지원시스템 홈페이지(http:
//seoji.nl.go.kr)와 국가자료공동목록시스템(http://www.nl.go.kr/kolisnet)에서 이용하실 수
있습니다.(CIP제어번호: CIP2018008689)

이 저서는 2016년 동북아역사재단의 지원을 받아 수행된 연구임

# 대 한 민 국
# 국회제도의
# 형성과 변화

손병권 가상준 전진영 조진만 박경미 유성진

푸른길

이 책은 한국 국회를 연구하는 6인의 학자들이 지난 2년여에 걸쳐서 한국 국회제도를 통사적으로 연구한 내용을 하나로 묶어 놓은 결과물이다. 지난 2년여간 우리 6인의 연구진은 대략 한 달에 한 번씩 모여서 한국 국회의 제도적 발전과 관련된 논문과 저서를 서로 읽고 토론해 가면서 연구를 진행하였다. 특히 우리 연구진이 주력한 것은 제헌국회가 국회법을 제정한 이후 역대 국회가 개정, 전문 개정 혹은 다시 제정한 국회법 조문을 통사적으로 비교해 가면서 분석하는 작업이었다. 이러한 국회법 법률조문 중심의 작업만으로 국회제도의 변화 과정을 온전하게 포착할 수 없다는 것을 연구진 모두 처음부터 충분히 자각하고 있는 바였다. 그러나 또한 이러한 국회법 법률조문의 변화 과정을 추적하는 가장 일차적인 작업이 수행되지 않고서는 국회제도의 변화에 관한 어떠한 분석도 공허할 수밖에 없다는 명확한 현실 인식도 모든 연구진이 공유하고 있었기 때문에 지난 2년간의 작업이 각자의 노력과 서로의 격려 속에서 추진될 수 있었다. 우리 국회제도에 대한 다른 각도에서의 분석, 즉 실제 국회제도 속에서 나타난 의원들의 행태라든지, 국회제도의 실제적인 운영, 그리고 이러한 국회제도와 기타 정부형태, 선거제도, 정당제도와의 상호 관련 등에 관한 연구는 추후 이 연구의 토대 위에서 지속적으로 진행되어야 할 것으로 보인다.

이러한 문제의식하에서 6인의 연구진은 각각 임시의정원법 등 제헌국회

제정국회법 등장 이전 전승 요인과 변화, 원구성 방식과 변화, 교섭단체제도의 형성과 변화, 국회의장의 권한 및 역할의 근원과 변화, 본회의와 상임위원회 관계의 역사적 변천, 국회의 행정부 견제방식의 형성과 변화 등 여섯 가지 주제를 중심으로 작업을 진행하였다. 그리고 이러한 연구들은 공통적으로 무엇보다도 제헌국회 제정국회법 혹은 -연구자의 주제에 따라서- 부분적으로 제헌헌법 등을 일차적 검토의 토대로 삼고 이에 대한 심도 있는 분석을 진행하였다. 따라서 이 책 각 장의 논의들에서는 공통적으로 제헌국회 제정국회법에 관한 서술과 설명이 상당한 부분을 차지하고 있는데, 이는 어쩌면 연구의 목적과 방향에서 볼 때 당연한 것이라고 할 수 있다. 연구자별 주제에 따라 작업을 진행하면서 우리 연구진 6인은 집필 단계에서 충분한 윤독을 통해 서로의 주제와 논의가 연관되어 있을 수밖에 없다는 점에 주목하면서 최종 마무리 작업에 임하였다. 이렇게 신행된 대강의 작업을 연구자들이 구성한 장별로 간단히 소개하면 다음과 같다.

제1장에서는 제헌국회 제정국회법에 대한 대한민국임시의정원법, 과도정부입법의원법 등의 영향력 혹은 관련성을 검토하였다. 즉 제1장은 이러한 통사적인 비교 분석을 통해서 우리 국회의 제도적 기원과 전승, 그리고 변화에 대한 탐색을 목적으로 작성된 시론적 작업이라고 할 수 있다. 이를 위해서 1919년 대한민국임시의정원이 우리 제헌국회와 어떠한 방식으로 제도적

으로 관련되어 있는가 하는 점을 검토해 보기 위해서 임시의정원법의 몇 개 장을 선택하여 1946년의 과도정부입법의원법, 제헌국회 제정국회법과 비교해 보았다. 세 법률의 모든 조항을 비교한 것이 아니기 때문에 그 결론은 좀 더 심도 있는 추후 연구를 통해서 강화되어야 할 것이다. 하지만 적어도 비교의 목적으로 선택된 법률조문의 체계, 위원회의 종류와 구성, 그리고 독회제도 등의 법률조항에 대한 분석의 결과를 보면 일정 수준의 변화와 변용에도 불구하고 대한민국임시의정원법의 주요 골격이 제헌국회 제정국회법에까지 전승되고 있음을 확인할 수 있었다. 한편 제헌국회 제정국회법은 정부 수립 이후 최초로 심도 있는 토론과 논의를 거쳐서 등장한 법률이기 때문에 임시의정원법이나 과도정부입법의원법과 구별되는 내용도 담고 있었다. 다만 제1장의 내용은 다른 요소는 검토하지 않은 채 필자가 선택한 기준을 통해서 일부 법률조문만을 분석한 것이다. 그러므로 더 광범위한 법률조문 비교 분석과 각 시대의 정치 상황 및 정치제도에 대한 추가적인 연구를 통해서 전승과 변화에 대한 보다 포괄적인 보완작업이 필요하다고 판단된다.

제2장에서는 한국 국회의 제도적 역사를 원구성이라는 관점에서 살펴봄으로써 현재 국회에 중요한 절차와 제도로 자리 잡게 된 원구성 과정에 영향을 미친 요인과 사건이 무엇이었는지 분석하고 있다. 아울러 원구성 과정과 결과가 시기별로 가지는 차별화된 의미에 대하여 알아보고 있다. 대체로 국회의 원구성 변화는 크게 세 개의 시기로 나누어 생각해 볼 수 있다. 제1공화국과 제2공화국 시기였던 제헌국회부터 제5대 국회까지가 제1기이며, 제3공화국부터 제5공화국 시기였던 제6대 국회부터 제12대 국회까지가 제2기이다. 그리고 제6공화국의 시작인 제13대 국회부터 현재까지가 제3기라 할 수 있다.

더 나아가 원구성 제1기를 세부적으로 나누어 볼 수도 있는데, 이는 1953

년 새로운 국회법 개정으로 인하여 상임위원장 선출방식의 변화가 있었던 1954년부터는 다수당에 의한 상임위원장 독식이 이루어졌던 것을 변화의 기점으로 볼 수 있기 때문이다. 상임위원장 선출방식이 변화하면서 이러한 독식구조가 나왔다기보다는 정당이 선거와 국회운영에 중요하게 자리 잡은 1954년부터 변화가 일어났다고 말하는 것이 옳을 것이다. 즉, 1954년부터 정당은 선거와 국회운영의 중심에 서게 되었다. 이에 따라 1954년 선거에서 정당공천제가 실시되어 정당 위주로 교섭단체가 만들어지자 정당의 이익을 위한 구조가 만들어졌다. 그 결과 여당인 자유당은 1954년 선거부터 국회 과반수 다수당으로 자리 잡았는데 이는 의장과 상임위원장 독식으로 귀결되었다.

이러한 다수당에 의한 상임위원장 독식은 제2기인 제3, 4, 5공화국에서도 계속되었다. 즉 여당은 과반수 의석을 바탕으로 국회의장과 상임위원장을 지속적으로 차지한 것이다. 그러나 제6공화국에 이르러 중요한 변화가 일어나는데, 다수당 독식에서 정당 의석 비율에 따른 의장단과 상임위원장 배정 원칙이 형성된 것이다. 그럼에도 불구하고 민주화 이후 여전히 원구성이 쉽게 마무리된 적은 없었는데, 이는 선거마다 국회 내 의석 비율에 따른 역학 구도가 다르고 정당이 관심 있어 하는 상임위원장직이 다르기 때문이었다. 이러한 문제에 대처하기 위해서 국회는 국회법을 성교하게 개정함으로써 원구성의 문제를 해결하려 하였다. 하지만 원구성은 정당 간 협상이자 정치 상황의 영향을 받기 때문에 제도적 해결책이 쉽게 도출되지 않는 것이 지금까지의 현실이라고 할 수 있다.

제3장에서는 교섭단체제도가 어떠한 정치적 배경과 논의 속에서 형성되었으며, 그 제도적 변화는 어떠한 상황과 논리하에서 이루어졌는가를 다각적으로 살펴보고 있다. 이를 통하여 해방 이후 오늘날까지 다양한 정치적 변

화를 겪으면서 국회 관련 법과 제도가 개정되어 왔고, 그 과정에서 교섭단체 제도도 연계되어 변화되어 왔다는 점을 밝히고 있다.

우선 제헌국회에서 국회법이 최초로 제정되었을 당시 교섭단체와 관련한 조항이 존재하지 않았는데, 이는 당시 국회의 분위기와 관련이 있다. 즉 해방 직후 정당의 제도화가 이루어지지 않은 상태였고, 무소속 명망가 중심으로 제헌국가가 운영되었던 상황이었기 때문에 개별 의원의 자율성과 발언권이 줄어들 수 있는 교섭단체제도에 대하여 비판적인 모습을 보였다. 또한 이후 교섭단체제도를 마련함에 있어 일본 국회의 내용을 많이 참고하였다는 일반적인 인식과 주장은 사실과 달랐다. 제헌국회에서 교섭단체제도와 관련한 논의를 어떻게 진행하였는지 자세하게 살펴본 결과, 일본의 사례에 대한 논의는 이루어지지 않았다.

한편 제헌국회에서 교섭단체제도를 채택하는 변화가 생긴 것은 제헌국회 초부터 국회의 효율적 운영과 관련하여 많은 문제가 제기되었기 때문이다. 특히 기존 정당과 지연 등을 중심으로 의원들이 집단화하여 행동을 통일하는 현상이 나타났다는 점이 중요하게 작용하였다. 이후 제5대 국회에서 의원내각제와 양원제가 채택됨에 따라 전문 개정된 국회법하에서 교섭단체 구성요건 등을 포함하여 교섭단체제도에 많은 변화가 있었다. 이 과정에서 국회의 효율적 운영과 군소정당의 정치적 대표성 보장이라는 두 가치에 대한 논란이 있었지만 전자에 무게를 두는 결정이 이루어졌다.

마지막으로 권위주의체제가 종식되고 민주화가 이루어진 직후 구성된 제13대 국회에서는 여소야대의 국면에서 상당히 포괄적으로, 그리고 민주적인 방향으로 국회법이 전문 개정되었다. 이러한 상황 속에서 교섭단체 구성요건에는 별 다른 변화가 없었지만 교섭단체의 위상이나 역할과 관련하여 다양하고 세부적인 조치들이 마련되는 특징을 보였다. 또한 제16대 국회와 제17대 국회에서 교섭단체 구성요건을 낮추자는 논의와 시도가 있었지만 국회법 개정으로까지 이어지지는 못하였다. 그 이유는 국회에서 교섭단체의 지위를 갖는지의 여부가 의사 진행이나 각종 혜택 등과 관련하여 중요하게 작용한다는 점에서 정치적 기득권을 갖춘 주요 정당이 교섭단체제도의 변화에 소극적인 태도를 보였기 때문이다.

제4장에서는 제헌국회 이후 국회의장의 권한과 역할의 지속성과 변화를 검토하였다. 제헌국회 이후로 국회법에 규정된 국회대표권, 의사정리권, 질서유지권, 사무감독권이라는 국회의장의 제도적 권한은 변함없이 유지되었지만, 실질적인 권한은 부침을 거듭한 것으로 나타났다. 이 중에서 국회대표권과 질서유지권, 사무감독권은 제정국회법의 내용에서 크게 변한 것이 없었지만, 의사정리권에는 상당한 변화가 있었다.

국회의장이 국회운영과 관련된 의사 결정을 함에 있어서 행사하는 권한의 정도는 국회운영위원회나 교섭단체 대표와 협의해야 하는지, 아니면 의장이 단독으로 결정할 수 있는지 여부에 따라 달라졌다. 제헌국회 이후 의사운영과 관련된 국회의장의 권한은 제2공화국과 제3공화국 시기에 약화되었다가, 제4공화국과 제5공화국 시기에 강화되었다. 그리고 제6공화국 이후로 다시 약화되었다고 볼 수 있다. 그러나 제4공화국과 제5공화국 시기에 강화된 국회의장의 권한은 당시의 제왕적 대통령이 국회를 집권 여당의 의지대로 통제하기 위한 수단으로 활용되었다는 점에서 보면 이 시기는 오히려 국회 자율성의 측면에서 매우 취약했다고 볼 수 있다. 이처럼 국회의장의 권한과 관련된 중요한 변화 시기가 정권교체기와 일치한다는 점은 의장의 제도적 권한의 변화가 국회 내부의 필요성이나 동인에 의하여 결정되기보다는 정치체제의 변화나 정치권력 차원에서 비롯되었음을 보여 준다.

그럼에도 불구하고 국회의장의 선출이나 역할 등과 관련된 규정의 상당

부분은 제헌국회의 제정국회법에서 그 기원을 찾을 수 있다. 그리고 국회의
장의 심사기간 지정제도(직권상정제도)와 당적 이탈 관련 규정 등 국회의장
의 역할과 관련된 중요 규정들이 어떻게 변화되어 왔는지 살펴보는 것은 국
회의 현재를 이해하는 데 있어서도 매우 중요한 의미를 갖는다.

　제5장에서는 독회제 운영을 한 국회와 상임위원회중심주의로 운영한 국
회로 나누어 법률안 처리 과정의 특성과 역사적 변화를 분석하였다. 각 공화
국이 시작되는 시점의 전문 개정 혹은 개정된 국회법을 토대로 살펴본 결과,
독회제 중심의 제1공화국과 제2공화국 국회, 상임위원회중심주의로 운영된
제3공화국 이후부터 현재에 이르는 국회는 각각 유사한 법률안 처리 과정의
특성을 보였다. 상임위원회가 법안 심사 여부를 결정하는, 제3공화국 이후
에 운영되었던 상임위원회중심주의는 현 국회에서도 동일하게 운용되고 있
지만, 제1공화국과 제2공화국 국회의 운영방식은 달랐다.

　제1공화국과 제2공화국 국회에서는 독회제가 운용되는 본회의가 중요한
의사 결정 단위였지만, 본회의중심주의로 규정하기 어렵다. 그 이유는 국회
가 특정 법안을 심사할 것인지의 여부를 본회의에서 결정하지 않고 먼저 상
임위원회가 심사하여 결정하는 상임위원회중심주의의 제도적 절차가 포함
되어 있었기 때문이다. 이러한 역사적 변화 속에서 수없이 많은 개정 과정을
거쳤음에도 불구하고 국회법에 관한 다양한 논의가 지속되고 있듯이, 정치
적 갈등의 최소화와 법률안 처리 과정의 효율성 제고는 국회법 개정의 중요
한 목적이 될 것으로 보인다.

　마지막으로 제6장에서는 국회의 행정부 견제기능에 집중하여 제헌국회
에서 현재에 이르기까지 우리 국회제도가 어떻게 형성되고 변화해 왔는지
살펴보았다. 제헌국회에서 건국의 아버지들은 정치적인 상황에 밀려 대통
령중심제를 채택하였지만 국회를 가장 중요한 권력기관으로 인식하고 있

었다. 그 결과 국회의 제도적인 견제권한과 함께 의결기관으로서의 국무원을 설치함으로써 대통령의 자의적인 권한 행사를 방지하고 대의적 정통성을 가진 국회의 통제력을 강화하려 하였다. 제2공화국의 의원내각제 도입은 국회의 행정부 견제기능을 극대화하였으나, 군사쿠데타에 이은 제3공화국의 대통령중심제 확립, 그리고 대통령의 초법적인 권한에 기반한 제4공화국, 제5공화국의 권위주의정부에서 국회는 행정부 견제기능을 잃고 대통령의 결정에 절차적 정당성을 부여하는 위치로 전락하고 말았다.

1987년 민주화 항쟁으로 새로운 국면을 맞은 우리 국회는 제도적으로 행정부에 대한 견제권한의 대부분을 회복하고 그 권한 행사에 있어 실효성을 더하는 방식으로 제도를 개혁함으로써 권력 분립의 한 축으로서 그 위치를 되찾았다. 그러나 이러한 국회의 행정부 견제기능 회복에도 불구하고 우리나라는 여전히 지나친 권력 집중이 파생시키는 다양한 부정적 결과에 노출되어 있다. 이러한 부정적 결과를 해소하기 위해서는 가장 중요한 대의제 기관인 국회의 행정부 견제권한이 제도적으로 보장되어야 할 중요한 권리일뿐 아니라, 공동체의 안정적인 운영에 있어서 필수적인 권한이라는 인식이 필요할 것이다.

위에서 각 장별로 소개한 이 책의 시작과 출판은 그동안 주변 여러분의 도움과 협조가 아니었으면 불가능하였을 것이다. 먼저 2016년 집필진의 연구가 가능하도록 연구비를 지원해 준 동북아역사재단과 김호섭 당시 이사장님께 감사의 말씀을 전하고자 한다. 동북아역사재단의 재정 지원과 김호섭 전 이사장님의 후의가 없었다면 한국 국회제도사에 대한 연구 의지가 추진력을 지니고 집필로 이루어지기까지 아마 상당한 시간이 더 걸렸을 것이다. 또한 푸른길 출판사의 김선기 사장님과 편집부에도 심심한 감사의 말을 전하고 싶다. 출판계 사정이 항상 어렵고 출판 과정에서 연구진의 주문도 늘

까다로운 줄 알면서, 연구 작업의 진지함에 공명해서 흔쾌히 출판에 응해 주신 데 대해서 푸른길 관계자 분들께 다시 한 번 고맙다는 말을 전해 드리고자 한다. 그리고 근무지인 전북대학교에서 주말마다 서울로 올라와 토론과 연구에 참여해 준 박경미 교수님의 수고와 열정에 미안하고 감사하다는 말씀을 꼭 덧붙여 두고 싶다. 또한 미국 연구년 중에도 스카이프를 통해서 우리 작업에 함께 한 유성진 교수님께도 이 자리를 빌려 고마움을 표하고 싶다. 마지막으로 정치 과정 분야의 중추적인 역할을 수행하느라 경황이 없을 터인데도 시간을 쪼개어 연구에 열정적으로 참여하면서 서로 격려한 우리 연구진 모두에게도 경의를 표하고 싶다.

"감사합니다."

2018년 3월

6인 연구진을 대신하여 손병권 씀

# | 차 례 |

· 제3장 ·
# 국회 교섭단체제도의 형성과 변화      115

· 제4장 ·

# 국회의장의 권한과 역할:
# 제도의 근원과 역사적 변화

· 제5장 ·

# 국회 본회의와 상임위원회 관계의 역사적 변화: 법률안 처리 과정을 중심으로

**제1장**

# 대한민국임시의정원, 남조선과도입법의원, 그리고 제헌국회: 제도적 전승과 변화

손병권 • 중앙대학교

# Ⅰ. 서론

이 장에서는 1948년 5.10 총선 이후 등장한 제헌국회(1948-1950)의 조직
및 의사운영방식을 상해 대한민국임시의정원(1919-1945)[1]과 관련지어 논
의할 수 있는지의 여부를 검토하고자 한다.[2] 이를 통해서 이 장이 규명하고
자 하는 것은 1948년 제헌국회의 제정국회법에 나타난 국회의 조직 및 의사
운영방식 등이 대한민국임시의정원법의 제도적 유산을 어느 정도 계승하고
있는지와, 그리고 제헌국회의 국회법 제정에 이르러 어느 정도 변화를 경험
하게 되는가 하는 점이다.[3] 이러한 연구목적에 따라서 이 장은 구체적으로
대한민국임시의정원, 남조선과도입법의원(1946-1948), 그리고 제헌국회
간의 제도적 전승(傳承)과 변화 과정을 대한민국임시의정원법, 남조선과도
입법의원법, 제정국회법 등의 선별적인 조문 분석을 토대로 시론적인 입장

---

1) 임시의정원의 정식명칭은 '대한민국임시의정원'이며, 이 임시의정원이 바로 상해에서 '대한
   민국임시정부'를 탄생시킨 모체였다. 상해에서 조직되었기 때문에 대한민국임시정부가 '상
   해 대한민국임시정부', '상해 임시정부', '상해 임정'이라고 불리듯이, 임시의정원 역시 '상해
   대한민국임시의정원'으로 불릴 수 있으나, 통상 '대한민국임시의정원' 혹은 그냥 '임시의정원'
   으로 불린다. 실제로 1919년 4월 25일 채택된 임시의정원법도 정식 명칭은 '대한민국임시의
   정원법'이다. 1919년 4월 10일 임시의정원이 먼저 탄생했고, 그 임시의정원이 4월 11일 '대한
   민국'이라는 국호를 채택하고 대한민국임시정부를 수립하였다. 따라서 이 장에서 임시의정
   원은 1919년 4월 10일 상해에서 설립된 '대한민국임시의정원'을 지칭하는 것이다.
2) 이 글의 내용은 대한민국임시의정원과 제헌국회와의 연관성을 임시의정원법, 남조선과도입
   법의원법, 그리고 제헌국회 제정국회법 등을 중심으로 논의하는 데 국한된다. 제헌국회 국회
   법 제정 이후 현재까지 국회의 다양한 제도의 전승과 구체적 변화상은 원구성 과정, 교섭단체
   의 등장과 요건 변화, 국회의장의 역할 등 영역별로 국회제도의 변화를 다루고 있는 이 책의
   다른 장들을 참조하기 바란다.
3) 이 장에서 특별한 별도의 언급이 없는 한 제헌국회의 제정국회법은 1948년 6월 10일 국회에
   서 헌법의 제정을 우선적으로 처리하기 위해서 임시로 통과시킨 국회법을 지칭하는 것이 아
   니라, 6월 10일 국회법을 표결로 처리하면서 본회의에서 합의한 대로, 헌법 제정 이후 법제사
   법위원회가 제출한 국회법 개정안이 토론을 거쳐 수정된 후 1948년 10월 2일 표결로 통과되
   어 등장한 국회법을 의미한다. 이 국회법이 법제사법위원회의 개정안을 통해 등장한 제헌국
   회 제정국회법이다.

에서 논의하고자 한다.

이 장이 제기하는 이러한 연구질문과 관련하여 미리 그 답변을 제시한다면 이는 다음과 같이 정리될 수 있을 것이다. 해방 이후 제헌국회에서 제정된 국회법과 대한민국임시의정원법 간에는 법률조문에 있어서 상당한 관련성이 있다고 판단된다. 제헌국회 당시 국회법 제정을 통해서 만들어진 국회제도의 기본틀에 대한 대한민국임시의정원법의 제도적 영향력은 일정 수준 존재하는 것으로 보인다. 그럼에도 불구하고 1948년 제헌국회 이후 한국 국회의 다양한 제도는 당대 국회가 당면한 시대의 정치적 요구를 반영하면서 진보, 변형, 소멸, 융합 등의 다양한 양적, 질적 변화의 과정을 겪어 온 것도 부정되어서는 안 될 것으로 보인다.

이러한 문제의식을 배경으로 하여 이 글의 제II절에서는 대한민국 정부수립 이후 제헌국회가 구성되기까지 대한민국 국회의 전사(前史)를 임시의정원의 등장 과정을 통해서 간략하게 살펴보고자 한다. 다음으로 제III절에서는 1919년 대한민국임시의정원법, 해방 이후 1946년 미군이 남한 내의 좌우합작을 도모하기 위해서 수립한 남조선과도입법의원 관련 법률인 남조선과도입법의원법, 그리고 1948년 8월 15일 정부수립 이후 제정된 국회법을 비교하면서 임시의정원법의 전승과 변화를 살펴보고자 한다. 이를 위해서 법률체계, 위원회체계(위원회의 종류 및 상임위원회의 구성), 그리고 독회제도를 중심으로 세 법률 간의 상호 유사성 및 차이점을 검토해 보고자 한다.[4]

---

4) 이 세 종류의 법률을 법률조문의 체계, 위원회 종류 및 상임위원회 구성, 독회제도만을 가지고 선별적으로 검토하는 이유는 첫째, 세 법률안의 전체 비교분석이 매우 방대한 작업이기 때문이다. 따라서 세 법률에 나타나 있는 포괄적인 내용을 모든 주요한 항목에 따라서 전면적으로 비교 분석하는 것은 추후의 작업으로 남기기로 한다. 둘째, 법률조문의 체계는 우선적으로 세 종류의 법률을 비교할 때 기본적으로 살펴보아야 할 과제이므로 이 장의 분석에 포함시켰다. 셋째, 위원회의 조직 및 구성, 그리고 독회제도 등은 입법기구의 조직이나 의사운영의 분

마지막으로 제IV절에서는 결론에 대신하여 간단한 내용의 요약과 함께 향후 연구과제를 제시하고자 한다.

## II. 대한민국임시의정원의 등장 과정과 역사적 의의

대한민국임시의정원은 1919년 3.1운동이 얼마 지나지 않은 1919년 4월 10일 상해 프랑스 조계 김신부로에 있는 조그마한 셋집에서 한국의 각 지방을 대표하는 인물들의 회합으로 시작되었다. 같은 날 조소앙은 회의체의 이름을 '임시의정원'으로 제안하였고, 그의 제안이 받아들여지면서 임시의정원이 탄생하기에 이르렀다. 이어서 4월 11일 임시의정원으로 명명된 이 모임에서 '대한민국'이라는 이름이 상해 임시정부의 국호로 정해졌고, 임시의정원은 국무총리를 중심으로 한 내무, 외무, 재무, 법무, 군무, 교통 각부로 구성되는 임시정부의 수립을 발표하였다. 또한 같은 날 임시의정원은 임시정부의 기본법인 '임시헌장'을 심의하고 가결하였다. 그리고 4월 13일 임시의정원은 국무총리를 이승만으로 결정하고 총장과 차장을 선임하여 발표한 후, 임시헌장을 공포하여 마침내 민주공화제를 표방하는 대한민국임시정부가 탄생하였다(김희곤 1991; 김현우 2001; 이현주 1999; 한시준 2006; 양영석 1987).[5]

---

석에 있어서 가장 중요한 내용이며, 또한 특정 입법기구를 상임위원회 중심이나 본회의 중심으로 운영된다고 분류할 경우 빈번히 원용되는 사항이기 때문에 이 장의 분석에 포함시켰다.

5) 1919년 4월 13일 탄생한 상해 대한민국임시정부는 이후 러시아에 위치한 노령정부(대한국민의회) 및 한성정부와 통합을 결정하여, 같은 해 9월 통합된 대한민국임시정부를 구성하면서 기존의 임시헌장을 대체하는 보다 완비된 형태의 임시헌법을 발표하였다. 이후 정부수반을 국무총리에서 대통령으로 변화시키면서 본격적으로 한국독립운동을 대표하는 임시정부로

대한민국 국회제도의 형성과 변화

이러한 과정에서 알 수 있듯이, 비록 주권을 상실한 상태하에서 타국인 중국의 상해에서 만들어진 회의체이기는 하지만, 임시의정원은 한국의 정부대표들이 모인 의회의 성격을 띠고 있었다. 또한 임시의정원은 지금까지 사용되고 있는 '대한민국'이라는 국호를 결정했으며, 임시정부를 구성하고 국무총리 등 각 정부요직을 임명하기도 했다. 또한 임시의정원은 임시정부의 헌법인 임시헌장을 가결하여 발표하는 등 – 노령정부 및 한성정부와 함께 – 해외에서 태동한 대한민국임시정부 구성의 모태가 되는 기구였다. 즉 임시의정원이 비록 불완전한 형태의 한국국민 대표기관이기는 하지만, 민주공화정을 표방하는 '민국(공화국)' 정부의 창립을 유도하고 그 기본법인 임시헌장을 만들어 냈다는 점에서 그 역사적 의의는 매우 크다고 할 것이다.

이와 같이 대한민국임시정부를 탄생시킨 한국대표들의 회합체로서 임시의정원은 4월 25일 이후 제3차 회의를 통해서 비록 조야한 형태이기는 하지만 한국 최초의 근대적 입법기구로서의 모습을 구축하게 된다. 즉 임시의정원은 4월 10일 제1차 회의에서 임시의정원법 기초위원으로 신익희, 손정도, 조소앙, 이광수 등을 선발하여 임시의정원법을 작성하게 하였다. 이후 제3

---

서의 위상을 확립하게 된다. 이후 대한민국임시정부는 1945년 한국의 해방까지 독립운동의 핵심적 기관으로 활동하게 되는데, 이 기간 동안 5차례의 헌법 개정을 거치면서 임시정부의 형태에 변화가 있었다. 이러한 헌법 개정은 개정 당시 임시정부를 둘러싼 독립운동의 정치적 상황과 이와 관련된 임시정부 내부의 사정을 반영한 것으로 풀이된다(이러한 임시정부의 변화 과정에 대해서는 한철호 1999; 이동언 1999; 조철행 1999; 홍선표 1999 등을 참조하기 바란다). 임시정부 헌법 개정의 과정과 함께, 임시정부 내에서 행정조직인 국무원 등의 기관에 대한 임시의정원의 위상 역시 변화를 경험하게 되지만, 임시의정원의 구성, 운영, 조직상의 체계는 통합 상해 임시정부 등장 이후 1919년 9월 17일 임시의정원법이 개정된 후에도 대체로 큰 변화가 없이 유지된다. 이 장은 임시의정원의 구성과 의사운영방식 등이 제헌국회의 제정국회법과 관련이 있는지의 여부를 파악하고자 하기 때문에 임시정부의 역사적 변화와 관련된 논의는 거의 다루지 않았다. 1919년에 국한하여 상해 대한민국임시정부와 임시의정원 태동 당시 임시의정원의 수차례 회의 내용과 결정사항에 관한 자세한 논의는 김희곤(1991)을 참조하기 바란다. 1919년을 포함하여 1925년까지 임시의정원의 초기 운영방식 및 역할 등에 대해서는 양영석(1987)을 참조하기 바란다.

차 회의가 열린 4월 25일에 이르러서는 이들이 작성한 임시의정원법을 신익희가 대표로서 그 초안을 낭독하고, 이 초안을 4월 25일 당일 선출된 남형우, 이춘숙, 서병호, 장도, 이광 등 5명의 심사위원이 심사하여 만장일치로 통과시켰다. 이렇게 하여 임시의정원은 전문 13장 57개조의 임시의정원법을 구비한 한국 최초의 한 원형입법기관으로서의 구체적 모습을 갖추기에 이른다(국사편찬위원회 2005b: '임시의정원 기사록 제1회', 19; '임시의정원 기사록 제3회', 22).

지금까지 약술한 대한민국임시의정원의 등장 과정을 정리해 보면 다음과 같다. 대한민국임시정부의 모태이자 임시정부의 입법기구로서 임시의정원은 3.1운동이 표방한 바 '조선의 자주국임과 조선인의 자주민임'을 선포한 기미독립선언서의 연장선상에서, 일본의 한국 식민지지배에 대한 저항과 일제로부터 국권회복이라는 역사적인 사명을 부여받으면서 출발하였다. 한국 최초의 근대적 입법기관으로서 임시의정원의 출범은 일본에 대한 저항과 한국의 주권회복이라는 시대사적인 목적을 바탕으로 하고 있으며, 이러한 시대사적인 소명하에서 임시정부를 구성해 수립하였고, 임시정부 운영의 기본법인 임시헌장과 임시헌법 등을 제정하고 반포하였다.

이와 같이 국권회복이라는 역사적 사명을 띠고 임시정부 태동의 모태로서 등장한 임시의정원은 1919년 4월 이후 한국이 독립되는 시기까지 임시정부의 행정부에 해당하는 국무원 혹은 국무위원회와 협력하거나 이를 견제하면서 헌법 제정 및 개정과 입법기관으로서 역할을 수행하였다. 비록 일제의 국권침탈이라는 비상한 상황과 결부되어 실질적으로 전국적 수준에서 모든 대표자들을 상해 임시정부 현지로 소집할 수는 없었다 하더라도 임시의정원은 명목상 전국적인 대표권을 가진 입법기관으로서의 위상을 지니고 있었다.

## Ⅲ. 대한민국임시의정원법, 남조선과도입법의원법, 제헌국회 제정국회법 간의 계승과 변화

상해 대한민국임시정부의 모태로서 등장하여 점차 발전해 간 상해의 대한민국임시의정원은 과연 후일 구성되는 제헌국회에 어떠한 제도적 유산을 남기게 되는 것일까? 어떤 제도적인 특징과 그 제도적 계승 및 유산을 통해서 우리는 임시의정원의 구성이나 조직이 제헌국회 제정국회법상의 국회조직이나 구성과 맥락이 닿아 있는 입법기구라고 주장할 수 있는 것일까? 다음에서는 임시의정원이 제헌국회의 다양한 제도와 어떻게 관련되어 있는가를 분석하기 위해서 대한민국임시의정원법, 남조선과도입법의원법, 그리고 제헌국회 제정국회법의 법조문을 비교 분석해 보고자 한다. 모든 영역에 걸친 비교 분석은 추후의 과제로 남기고, 이 장에서는 세 법률의 법률조문의 체계, 위원회 종류 및 상임위원회 구성, 그리고 의사운영상의 독회제도 등 세 가지 사항을 중심으로 그 상호 유사성이나 차이점의 여부를 검토하기로 한다.

### 1. 법률조문의 체계

1919년 9월의 개정 임시의정원법,[6] 1946년 10월의 남조선과도입법의원법, 법제사법위원회의 개정을 거쳐 1948년 10월에 제정된 제헌국회 국회법

---

[6] 1919년 4월 25일 만장일치로 통과된 임시의정원법은 위원회의 종류만을 결정하고 상임위원회는 구성하지 않은 매우 조야한 형태의 법률이었다. 이후 임시의정원은 통합 상해 대한민국임시정부의 출범을 준비하면서 같은 해 9월 15일 임시의정원법을 개정하여 상임위원회의 구성을 법률로서 구체적으로 명기하는 등 일부 수정을 가하였다. 이와 같이 개정된 임시의정원법은 20여 년 후인 1942년 10월에 다시 개정되는데, 이때 새로 개정된 임시의정원법은 그 내용 면에서 1919년의 임시의정원법과 크게 차이를 보이지 않았다.

등 세 법률은 우선 그 체제 면에서 볼 때 법률 간의 차이에도 불구하고 일정 수준 유사성을 보이고 있다. 법률조문상에 나타난 입법조직 및 과정에 관한 세 법률의 유사성이 세계 각국의 입법 과정에 관한 법률이 일반적으로 따르는 법률체계의 유사성과 어떤 관련이 있는 것인지,[7] 아니면 1919년 임시의정원법 제정 이후 제헌국회의 국회법 제정에 이르기까지의 전승에 따른 결과인지, 아니면 이 양자 모두에 해당되는 것인지는 추후 좀 더 집중적인 연구가 필요할 것으로 보인다. 그러나 세 법률의 조문을 비교해 볼 때 법률 상호간 삭제, 수정, 첨가된 부분에도 불구하고 법률의 체계나 주요 용어의 선택 등의 면에서 상당한 공통점과 일관성이 발견된다는 점은 부인할 수 없을 것으로 보인다.

먼저 1919년의 임시의정원법은 제1장 집회, 제2장 의원(議員), 제3장 의장, 부의장, 제4장 위원회, 제5장 회의 등의 순서로 구성되어 있다. 한편 남조선과도입법의원법은 이와는 조금 다르지만 역시 제1장 소집, 개최, 휴회, 제2장 의원(議員), 제3장 의장, 부의장, 제4장 의원자격심사, 제5장 위원회, 제6장 회의의 순서로 작성되어 있다. 남조선과도입법의원법과 달리 임시의정원법에는 제2장 '의원'에 의원자격심사가 조항으로 포함되어 있다는 것만 제외하고 보면, 임시의정원법과 남조선과도입법의원법은 사실상 제6장까지 법률체계에 있어서 거의 대동소이하다고 할 수 있다.

---

7) 자료가 제한된 상황이지만 현재까지 필자가 조사한 바에 의하면 이 세 법률 간의 유사성이 세계적으로 법률작성의 일반적 순서라는 일종의 불문율 혹은 규범 ─그런 것이 존재한다면─ 에 기인한다고 보기는 어렵다. 예컨대 필자가 조사한 바 드골헌법 등장 이전 프랑스의 경우 국민회의(하원)의 의사규칙을 보면, 교섭단체가 존재하고 전원위원회가 존재하지 않는 등 임시의정원, 남조선과도입법의원, 제헌국회 등과 입법조직 구성 및 의사진행의 측면에서 명백한 차이를 보이고 있음을 알 수 있다[국회 1958, '국민회의(하원)의 의사규칙']. 확증적인 대답을 위해서 추후 더욱 심도 있는 비교연구가 필요한 부분이라고 보인다.

대한민국 국회제도의 형성과 변화

한편 1948년 10월 제헌국회에서 제정한 국회법은 제1장 집회, 개회, 휴회, 폐회와 회의, 제2장 의장, 부의장, 의원, 사무총장과 경비, 제3장 위원과 위원회, 제4장 회의의 순서로, 사실상 제4장까지의 순서는 위에서 소개한 임시의정원법 및 남조선과도입법의원법의 체제와 크게 다르지 않다. 다만 임시의정원법과 남조선과도입법의원법의 경우 '회의'와 관련된 장은 '독회, 토론, 표결'을 모두 담고 있으나, 제헌국회 제정국회법의 경우 제4장 '회의'는 그 '회의'에 속하는 내용에 따라서 별개의 절로 분할되어 구성되어 있다. 즉 제4장은 제1절 개의, 산회, 연회, 회의 중지와 의사 일정, 제2절 발의, 동의, 철회와 번안, 제3절 독회, 제4절 토론, 제5절 표결, 제6절 예산안, 제7절 회의록과 속기록, 제8절 의결처리로 구성되어 있다. 임시의정원법에는 별개의 제6장으로 독립되어 있는 '예산과 결산', 그리고 남조선과도입법의원법에서 별개의 제7장 '예산과 결산'으로 되어 있는 내용을 제헌국회 제정국회법에서는 제4장 '회의' 안에 제6절 '예산안'을 포함시키고 있다는 점에서 그 이전의 두 법률과 차이를 보이고 있다.

한편 위에서 언급한 주요한 핵심적 내용 - '집회 및 개회, 폐회', '의장, 부의장 및 의원', '의사진행의 내용과 순서', '예산 및 결산' - 을 포함하여 전체적으로 입법기관의 개시, 의장과 의원의 역할과 권한, 법률 심의과정의 진행과 관련된 중요한 사항 이외 영역에서도 세 법률은 선택된 용어나 주요 내용의 순서와 배치의 차이 등에도 불구하고 상당한 유사성을 보이고 있다. 구체적으로 각 장의 내용을 보면, 임시의정원법은 제7장 질문, 탄핵, 건의 급(及: 그리고의 의미: 필자 주) 사변, 제8장 청원, 제9장 국무원 급 정부위원, 제10장 비서국과 원의 경비, 제11장 경위 급 기율, 제12장 징계, 제13장 본원과 인민 급 관청의 관계 등으로 구성되어 있다. 그리고 남조선과도입법의원법은 제8장 의원과 행정기관 급 인민과의 관계, 제9장 청원, 제10장 청가사직,

제11장 원의 행정 급 경비, 제12장 경위, 질서 급 방청, 제13장 징계 등으로 구성되어 있다. 마지막으로 제헌국회 제정국회법은 제5장 국무위원, 정부위원과 질문, 제6장 청원, 제7장 국회와 국민 또는 관청과의 관계, 제8장 청가, 사직, 퇴직, 보궐과 자격심사, 제9장 질서와 경호, 제10장 징계 등으로 구성되어 있다. 이처럼 세 법의 각 장별 주제를 나타내는 용어의 사용과 배열에는 다소 차이가 있지만 전체적인 내용은 상당히 중복되어 나타남을 알 수 있다. 즉 세 법에 걸쳐서 모두 청원, 징계, 입법기관의 질서유지, 정부에 대한 질문, 입법기관과 정부 및 국민과의 관계가 공통적으로 특정 장의 주제로 포함되어 있어서 상당한 유사성이 있음을 알 수 있다.

전체적으로 대한민국임시의정원법, 남조선과도입법의원법, 제헌국회 제정국회법 등 세 법률을 비교해 보면 우선 제헌국회 제정국회법의 규정이 대체로 이전의 두 법률에 비해서 좀 더 상세한 규정을 담고 있다고 볼 수 있다. 이는 헌법 제정 이후 실질적으로 국회법에 담을 필요가 있는 내용을 조문으로 규정하면서 그렇게 상세하게 구성되었다고 추정해 볼 수도 있다. 한편 조문만을 두고 볼 때 제헌국회 제정국회법과 그 이전의 남조선과도입법의원법이나 임시의정원법과의 차이는 전체적으로 임시의정원법과 남조선과도입법의원법 간의 차이보다 크다. 우선 그 이전의 두 법률이 순수하게 국어만을 사용하기보다는, 상해 임시정부 시절 장기간 중국에 머물렀던 탓인지 매우 의고체적이며 다분히 한문이나 중국어문체가 섞인 국한문혼용체의 조문들로 구성되어 있는 반면, 제정국회법은 이 두 법률보다는 훨씬 더 현대 국어의 용례에 가깝게 작성되었다.

이러한 문체적인 특성 이외에 1948년의 제정국회법이 이전의 두 법률의 내용을 전승했음에도 불구하고 두 법률과 상당한 차이를 보이면서 변화된 모습으로 나타난 데는 몇 가지 이유가 있는 것으로 추정해 볼 수 있다. 첫째,

대한민국 국회제도의 형성과 변화

국회법이 해방이라는 전혀 새로운 상황에서 헌법 제정 이후에 혹은 헌법과의 관계를 생각하면서 작성되었기 때문에 헌법과의 체계 조율이 고려되면서 그 이전의 두 법률과 달리 상당히 복잡해지면서 조문의 변화를 겪었을 것으로 생각된다. 둘째, 이전의 두 법률과 달리 제정국회법은 본격적이고 실질적으로 조문을 하나하나 수정하는 원내 토론 과정을 거치면서 큰 폭의 변화 과정 혹은 윤문 과정을 겪게 되었을 것으로 보인다. 예컨대, 실제로 제헌국회의 헌법 제정 과정을 보면 건국과 애국에 대한 열정으로 무장한 제헌의원들이 수많은 의견을 개진하여 의사진행이 어려울 지경에 이르기도 했던 점을 알 수 있다. 이러한 제헌의원들의 토론 과정을 거치면서 자구 하나하나에 상당한 수정이 가해지게 되고, 그러면서 좀 더 자세한 규정 등이 추가되기도 하고, 또한 기존의 규정이 제외, 삭제되면서 법률조문에 상당한 변화가 있었을 것으로 보인다. 이러한 수정, 추가, 제외, 삭제 등의 과정은 단지 국회 본회의의 토론 과정뿐만 아니라, 최초 국회법 초안 작성 당시 기초위원 및 전문위원들의 토론 과정이나 국회법 개정안을 제출한 법제사법위원회의 회의 과정에서도 지속적으로 발생했을 것으로 추정된다.[8]

## 2. 위원회의 종류 및 상임위원회 구성

### 1) 임시의정원법의 위원회 및 상임위원회 규정

대한민국임시의정원법과 이후의 남조선과도입법의원법, 그리고 제헌국

---

8) 실제 제헌국회 제정국회법의 작성 과정에서 구체적으로 어떠한 항목에서 어떠한 논의가 있었으며 그 결과 어떠한 변화를 거쳐 제정국회법의 각 조문이 등장하게 되었는지는 별도의 중요한 연구과제가 될 것이다. 그러나 제헌국회 당시 국회법 제정 과정에 대한 자료가 국회속기록 이외에는 매우 희소한 상황에서 이러한 연구가 얼마만큼 진행될 수 있을지는 의문이다.

회의 제정국회법은 위에서 언급한 법률체제뿐만 아니라 위원회의 종류 및 상임위원회 구성이라는 면에서도 매우 유사한 내용을 담고 있다. 따라서 임시의정원법상의 위원회 종류 및 상임위원회의 구성은 이후 제정국회법에 이르기까지 변화의 모습을 보이기도 하지만, 전체적으로 상당한 수준에서 전승의 성격도 보여 주고 있다.

이미 위에서 설명한 대로 1919년 4월 10일 처음으로 회의를 소집한 임시

〈표 1〉 대한민국임시의정원법의 비교: 상임위원회 종류 및 구성 관련 법조문

| | 대한민국임시의정원법<br>(1919.4.25.) | 개정<br>대한민국임시의정원법<br>(1919.9.15.)9) | 개정<br>대한민국임시의정원법<br>(1942. 10.) |
|---|---|---|---|
| 위원<br>회의<br>종류 | 제5장 위원회<br>제28조 의정원은 下와<br>如한 위원회를 설함<br>1. 전원위원회<br>2. 상임위원회<br>3. 특별위원회 | 제4장 위원회<br>제18조 임시의정원은 하열<br>3종의 위원회를 설치함<br>1. 전원위원회<br>2. 상임위원회<br>3. 특별위원회 | 제4장 위원회<br>제18조 임시의정원은 하열<br>3종의 위원회를 설치함<br>1. 전원위원회<br>2. 상임위원회<br>3. 특별위원회 |
| 위원<br>회의<br>구성 | 제29조<br>위원회의 조직은 院則<br>으로 영정함 | 제33조<br>본원은 각항사건을 심사하기<br>위하야 매 차회기초에 하열<br>의 각항의 상임위원 각 5인을<br>원의에 의하야 선정함<br>1. 제1과(법제)<br>2. 제2과(내무 · 외무)<br>3. 제3과(재무)<br>4. 제4과(군무)<br>5. 제5과(교통)<br>6. 제6과(예산 · 결산)<br>7. 제7과(청원 · 징계)<br>8. 제8과(교육 · 실업) | 제33조<br>본원은 각항사항을 심사하<br>기 위하야 매 차회기에 하열<br>각항의 상임위원 각 5인을<br>원의에 의하야 선정함<br>1. 제1과(법제)<br>2. 제2과(내무 · 외무)<br>3. 제3과(재무)<br>4. 제4과(군무)<br>5. 제5과(교통)<br>6. 제6과(예산 · 결산)<br>7. 제7과(청원 · 징계)<br>8. 제8과(교육 · 실업) |

출처: 국사편찬위원회 2005b: '대한민국임시의정원법(1919. 4. 25.)', 3-7; '임시의정원 기사록
　　제4회(1919. 4.)', 24-29
국사편찬위원회 1971: '개정 임시의정원법(1919. 9. 17.)', 369-37910)
국사편찬위원회 2005b: '임시의정원법(1942. 10.)', 7-15

대한민국 국회제도의 형성과 변화

의정원은 4월 11일 대한민국임시정부의 헌법인 임시헌장을 제정하고 이를 4월 13일 반포한 이후, 4월 25일 임시의정원 구성 및 의사진행과 관련된 임시의정원법을 공포하기에 이르렀다. 그러나 이때 발표된 임시의정원법은 매우 조야하며 원칙적인 수준에서 임시의정원의 권리, 의무 등에 관해서 논의할 뿐 자세한 조직상의 골격은 갖추지 않고 있었다. 〈표 1〉에 나타난 것처럼 당시 제정된 임시의정원법 '제5장 위원회'와 관련된 조항(28-29조)을 보면, 당시 임시의정원에 설치된 위원회는 전원위원회, 상임위원회, 특별위원회의 세 종류로 되어 있었으며(28조), 위원회의 구체적인 조직은 의정원 규

9) 양영석(1987)과 김희곤(1991)은 각각 1919년 7월 7일부터 7월 19일까지 열린 임시의정원 제5차회의에서 상임위원회가 8개(김희곤 1991, 92) 혹은 9개(양영석 1987, 206-207)로 증설된 것으로 적고 있다. 실제로 '임시의정원 기사록 제5회'를 보면 1919년 7월 8일과 9일에 걸쳐 상임위원회 조직에 관한 논의가 있었고, 그 결과 법제위원회, 내무위원회, 외무위원회, 재무위원회, 군무위원회, 교통위원회, 예결위원회, 청원위원회, 징계위원회 등 9개의 위원회가 조직된 것으로 기록되어 있다(국사편찬위원회 2005b: '임시의정원 기사록 제5회', 31-32). 그러나 이러한 상임위원회 조직은 그 이전인 4월 25일 제3차 임시의정원 회의에서 제정된 임시의정원법 제28조에 규정된 바 3종의 위원회를 조직하되 '조직방법은 의장에게 전임하기로 가결'한 데 따른 결과로 추정되며(국사편찬위원회 2005b: '임시의정원 기사록 제5회', 32), 임시의정원법의 개정에 따른 것은 아니었다. 이후 1919년 9월 한성정부 및 노령정부와 상해 대한민국임시정부가 통합되기 이전에도 다양한 형태로 임시의정원법의 세칙 마련, 새로운 개정 등을 위한 준비작업과 인선이 있었던 것으로 보인다. 그러다가 세 정부의 통합을 준비하기 위한 제6차 임시의정원 회의(8월 18일-9월 17일)에서 9월 6일 임시헌법 개정이 결의된 후, 임시의정원법도 개정하자는 의견이 개진되었다. 그 결과 조완구, 고일청, 상낭 능 3인이 기초한 개정 임시의정원법이 9월 15일 임시의정원에서 가결되었다(국사편찬위원회 2005b: '임시의정원 기사록 제6회', 47). 제5차 임시의정원 회의 당시인 7월 8-9일 사이에 조직된 상임위원회의 구성과 9월의 개정 임시의정원법에 나타난 상임위원회의 구성 간에는 교육·실업을 담당하는 제8과 상임위원회가 새로 추가되고, 제5차 임시의정원 회의 당시 발표된 상임위원회 가운데 몇 개가 통합된 것을 제외하고는 사실상 큰 차이가 없다.

10) 이 자료에는 '개정 임시의정원법(1919. 9. 17.)'으로 제시되어 있어서 1919년 개정 임시의정원법이 9월 17일에 개정 혹은 공포된 것으로 추측해 볼 수 있게 하고 있으나, 국사편찬위원회(2005b)의 '임시의정원 기사록 제6회'를 보면 9월 17일은 제6차 회의의 폐회만 기록되어 있고 공포나 제정 등의 기록은 없다. 그리고 9월 15일에 '원법 개정안 결의'가 표기되어 있다. 따라서 이 도표와 이하의 도표에서 1919년 개정 임시의정원법이 통과된 날을 9월 15일로 명기하였다.

칙[院則]으로 따로 정한다고만 규정하고 있었다. 따라서 임시의정원의 상임위원회는 임시의정원법이 제정될 때에는 명목상으로만 규정되어 있었다고 할 수 있다.

이후 상해 임시정부가 노령정부 및 한성정부와 통합 논의를 시도하면서 임시의정원 조직에 대한 재정비의 요구가 등장했고, 임시의정원은 1919년 4월에 원칙(院則)에 의해서 제정하기로 한 상임위원회 조직을 7월에 임시의정원 회의를 통해서 구비하게 된다[국사편찬위원회 2005: 임시의정원 기사록 제5회(1919.7.)]. 이때 등장한 상임위원회는 이후 통합 상해 임시정부가 수립된 이후 9월 15일에 개정된 임시의정원법과, 그 이후 1942년 개정된 임시의정원법에서도 큰 차이 없이 그대로 나타나게 된다. 이러한 사실은 〈표 1〉에 나타나 있듯이 1919년 9월 15일 임시의정원회의에서 통과된 임시의정원 위원회제도의 구성과 1942년 10월에 개정된 임시의정원법상의 위원회제도의 구성을 비교, 확인해 보면 알 수 있다.

〈표 1〉에 제시된 1919년의 개정 임시의정원법과 1942년의 개정 임시의정원법을 보면 사실상 그 용어와 구성의 측면에서 큰 변화가 없음을 알 수 있다. 즉 〈표 1〉에 제시되어 있는 임시의정원의 위원회제도는 1919년 7월 상임위원회의 구성 이후 1919년 9월 개정 임시의정원법을 거쳐 1942년 개정 임시의정원법에 이르기까지 오랜 기간 동안 대체로 비슷한 형태를 유지해 왔다. 특히 이 가운데 상임위원회는 8개 내외의 간명한 구성을 특징으로 하고 있으며, 각 위원회의 명칭이나 소관 영역 역시 거의 변화하지 않았다는 특징을 보이고 있다. 그리고 이러한 임시의정원법 위원회의 구성 및 상임위원회의 명칭과 소관 영역은 다음에 보이는 것처럼 해방 이후 남조선과도입법의원법이나 제헌국회가 제정한 국회법 등에도 반영되고 있음을 알 수 있다. 아래에서는 남조선과도입법의원법과 제헌국회의 제정국회법을 보면서

임시의정원법상에 나타난 위원회제도의 제도적 지속성을 살펴보고자 한다.

## 2) 위원회 종류 및 상임위원회 구성 관련 조문규정과 변화 추이

남조선과도입법의원은 1946년 남북단일정부 수립을 위한 제1차 미소공동위원회가 휴회한 이후 미군정이 좌우합작을 위한 입법기관 설립을 추진하면서 만들어진 기구로서, 그 이전에 존재했던 남조선대한국민대표민주의원을 해산하면서 등장했다. 남조선과도입법의원은 좌익이 신탁통치를 찬성하면서 남조선대한국민대표민주의원이 우익만을 중심으로 활동하여 그 기능이 부진해지자 미군정이 1946년 10월 12일 미군정법령 제118호인 '조선과도입법의원의 창설에 관한 법령'을 발표하고 창설을 지원한 기구로 알려져 있다(김현우 2010; 서희경 2012). 남조선과도입법의원은 당시 미군정의 행정운영 등에 필요한 법률을 제정하고 미군정에 대해 자문의 역할을 수행하면서 좌우파의 합작을 통해 향후 남한의 단독정부 수립을 위한 사전 준비기관으로 기능하였다. 그리고 남조선과도입법의원이 통과시킨 남조선 임시약헌은 후일 제헌국회에서 통과시킨 헌법에 영향을 준 헌법초안 가운데 하나가 되었으며, 또한 입법의원의원선거법 등은 후일 5.10 제헌의원 선거를 위한 국회의원선거법의 모체가 되기도 했다.[11]

그런데 남조선과도입법의원이 통과시킨 남조선과도입법의원법을 보면 실제로 위원회의 종류나 상임위원회의 구성 등이 사실상 상해 임시정부 당시의 대한민국임시의정원법의 그것과 거의 같고, 이후 제헌국회에서 제정

---

11) 남조선과도입법의원이 실제로 제헌국회의 창설 과정과 관련되어 있다는 점은 여러 가지 증거를 통해서 입증될 수 있다. 한 예를 들면, 미군정장관 딘 소장은 1948년 3월 3일 국회선거위원회에 관한 행정명령 14호를 통해서 국회선거위원회 설치를 위한 위원 15명을 임명했는데, 이들에게 부여된 기능은 남조선과도입법의원이 작성한 입법의원의원선거법상의 선관위 기능과 같은 것이었다.

<표 2> 위원회 종류 및 상임위원회 구성 관련 법조문

| | 개정<br>대한민국임시의정원법<br>(1919.9.15.) | 남조선과도입법의원법<br>(1946.12.30.) | 제헌국회 제정국회법<br>(1948.10.2.) |
|---|---|---|---|
| 위원회의 종류 | 제4장 위원회<br>제18조 임시의정원은 하열 3종의 위원회를 설치함<br>1. 전원위원회<br>2. 상임위원회<br>3. 특별위원회 | 제5장 위원회<br>제15조 본원에 좌의 3종의 위원회를 둔다.<br>1. 전원위원회<br>2. 상임위원회<br>3. 특별위원회<br>… | 제3장<br>제14조 국회에 좌의 위원을 둔다<br>1. 상임위원<br>2. 특별위원<br>…<br>제15조 국회는 특별한 안건을 부탁하기 위해서 의원전원으로 전원위원회를 구성한다.<br>… |
| 위원회의 구성 | 제33조<br>본원은 각항사건을 심사하기 위하야 매차 회기 초에 하열의 각항의 상임위원 각 5인을 원의에 의하야 선정함<br>1. 제1과(법제)<br>2. 제2과(내무·외무)<br>3. 제3과(재무)<br>4. 제4과(군무)<br>5. 제5과(교통)<br>6. 제6과(예산·결산)<br>7. 제7과(청원·징계)<br>8. 제8과(교육·실업) | 제28조<br>본원에 좌의 상임위원회를 둠<br>1. 법제·사법위원회<br>2. 내무·경찰위원회<br>3. 재정·경제위원회<br>4. 산업·노동위원회<br>5. 외무·국방위원회<br>6. 문교·후생위원회<br>7. 운송·체신위원회<br>8. 청원·징계위원회 | 제16조<br>상임위원회와 그 위원 정원은 좌와 같이 두고 그 부분에 속한 의안을 입안심사하며, 청원, 진정 기타 관계사항을 심사한다. 단, 국회의 결의로 그 위원회와 정원정수를 증감할 수 있다.<br>1. 법제사법위원회 20인<br>2. 외무국방위원회 30인<br>3. 내무치안위원회 20인<br>4. 재정경제위원회 40인<br>5. 산업위원회 40인<br>6. 문교사회위원회 20인<br>7. 교통체신위원회 20인<br>8. 징계자격위원회 20인 |

출처: 국사편찬위원회 1971: '대한민국임시의정원법(1919. 4.25.)', 360-379
대한민국 국회편 1999: '남조선과도입법의원 속기록', 168-170
제헌국회 국회법 1948년 http://www.law.go.kr/lsInfoP.do?lsiSeq=4013&ancYd=19481002&ancNo=00005&efYd=19481002&nwJoYnInfo=N&efGubun=Y&chrClsCd=010202#0000

대한민국 국회제도의 형성과 변화

된 국회법과도 유사함을 알 수 있다. 위원회체제를 전원위원회, 특별위원회, 상임위원회의 3종 체제로 유지한 것도 임시의정원법에서 남조선과도입법의원법, 제헌국회 제정국회법에 이르기까지 변화가 없이 유지되고 있다. 뿐만 아니라 상임위원회의 구성에 있어서 일부 명칭만 다를 뿐 각 상임위원회의 내용과 소관 영역도 상당한 유사성을 보이고 있다.

논자에 따라서는 상임위원회의 종류 및 구성과 관련하여 1947년 제정된 일본국회법이 제헌국회의 제정국회법에 영향을 주었을 것이라고 추측할 수도 있을 것이다. 이와 관련하여 필자가 조사한 바에 의하면 1947년 일본국회법의 상임위원회는 외무위원회, 치안 및 지방제도위원회, 국토계획위원회, 사법위원회, 문교위원회, 문화위원회, 후생위원회, 노동위원회, 농림위원회, 수산위원회, 상업위원회, 광공업위원회, 전기위원회, 운송 및 교통위원회, 통신위원회, 재정 및 교통위원회, 예산위원회, 결산위원회, 의원운영위원회, 도서관위원회, 징계위원회 등 21개의 위원회로 구성되어 있어서 (1947년 일본국회법 '제5장 위원 및 위원회 제42조') 위원회 구성에서부터 한국의 임시의정원, 남조선과도입법의원, 제헌국회를 거치면서 연속성을 보인 우리 국회제도상의 상임위원회 구성과 큰 차이를 보인다. 실제로 제헌국회 제정국회법을 작성할 당시 많은 나라의 국회법을 참조한 것은 사실인 것으로 알려져 있지만, 적이도 위원회제도의 경우를 보면 임시의정원법상에 나타난 위원회제도 및 상임위원회의 구성과 제헌국회 국회법상의 위원회제도 및 상임위원회 구성은 상당히 관련이 있다고 보아야 할 것이다.[12]

---

12) 참고로 최경옥(2003)은 민주의원 이후 제헌국회에 이루기까지 미군정 당국의 영향력에 대해서 논의하고 있으나, 대체로 논의의 핵심은 미군정이 해방 이후 한국의 다양한 군정 자문기구 및 입법기구의 형성에 깊이 관여했다는 점에 있으며, 실제로 미군정의 영향력을 군정 자문기구 및 입법기구의 구성법 조문, 조직, 의사운영 등 제도적인 측면에서 구체적 논의는 하고 있지 않다.

## 〈표 3〉 상임위원회 구성의 변경

| 개정<br>대한민국임시의정원법<br>(1919.9.15.) | 남조선과도입법의원법<br>(1946.12.30.) | 제헌국회 제정국회법<br>(1948.10.2.) |
|---|---|---|
| 법제위원회 | → 법제·사법위원회<br>(법제분과위, 사법분과위) | → 법제사법위원회 |
| 내무·외무위원회 | → 내무·경찰위원회와 외무·국방위원<br>회로 분리<br>→ 내무·경찰위원회<br>(내무분과위, 경찰분과위)<br>→ 외무·국방위원회<br>(외무분과위, 국방분과위) | → 내무치안위원회<br>→ 외무국방위원회 |
| 재무위원회 | → 재정·경제위원회<br>(예산·결산 분과위, 경제일반 등 분과위,<br>전매 분과위) | → 재정경제위원회 |
| 군무위원회 | → 외무·국방위원회 소속<br>국방분과위 | → 외무국방위원회 |
| 교통위원회 | → 운수·체신위원회<br>(운수분과위, 체신분과위) | → 교통체신위원회 |
| 예산·결산위원회 | → 재정·경제위원회 소속의 예산·결산<br>분과위 | → 재정경제위원회 |
| 청원·징계위원회 | → 청원·징계위원회<br>(청원분과위, 징계분과위) | → 징계자격위원회 |
| 교육·실업위원회 | → 산업·노농위원회<br>(공업·광업 등 분과위, 농지·농림 등 분<br>과위)<br>→ 문교·후생위원회<br>(학교·종교 등 분과위, 후생·보건 분과<br>위) | → 산업위원회<br>→ 문교사회위원회 |

출처: 국사편찬위원회 1971: '대한민국임시의정원법(1919. 4. 25.)': 360-379
대한민국 국회편 1999: '남조선과도입법의원 속기록': 168-170
제헌국회 국회법 1948년
http://www.law.go.kr/lsInfoP.do?lsiSeq=4013&ancYd=19481002&ancNo=00005&efYd=
19481002&nwJoYnInfo=N&efGubun=Y&chrClsCd=010202#0000

　　　　　　　　　　　　　　　대한민국 국회제도의 형성과 변화

위의 논의를 배경으로 아래에서는 세 법률에 나타난 바 상임위원회 구성의 구체적인 지속성과 변화상을 살펴보기로 한다. 1919년의 개정 대한민국임시의정원법, 1946년의 남조선과도입법의원법, 1948년의 제헌국회 제정 국회법에 나타난 8개의 상임위원회를 임시의정원법상에 나타난 상임위원회를 시작으로 하여 그 변화상을 추적하면 다음과 같다.

첫째, 대한민국임시의정원법의 법제위원회는 남조선과도입법의원법에서 법제·사법위원회로 개칭되어 각각 법제와 사법으로 분과위를 두게 되었다. 그 후 제헌국회의 제정국회법에서는 다시 각각의 분과가 합쳐져서 법제사법위원회로 재탄생하였다.

둘째, 임시의정원법의 내무·외무위원회는 남조선과도입법의원법에서 내무위원회와 외무위원회로 분리되었다. 이와 같이 두 개의 별도 위원회로 분리된 이후 내무위원회는 치안을 담당하는 경찰업무를 포함하면서 내무·경찰위원회로 개칭되어, 그 아래 각각 내무 및 경찰 분과위원회를 두게 되었다. 이후 제헌국회 제정국회법에서 내무위원회는 내무치안위원회로 개칭되었다. 한편 임시의정원법의 내무·외무위원회에서 독립하여 남조선과도입법의원법에서 별개의 소관 영역을 부여받은 '외무' 분야는 외무·국방위원회로 개칭되어 '국방' 분야를 포함하게 되었다. 그리고 외무·국방위원회는 그 아래에 외무와 국방의 2개 분과위원회를 두게 되었는데, 이 가운데 제1분과위원회가 외무를 담당하게 되었다. 이렇게 변경된 외무·국방위원회는 제헌국회 제정국회법에서 외무국방위원회로 명칭의 변경 없이 그대로 유지되었다.

셋째, 임시의정원법의 재무위원회는 남조선과도입법의원법에서 재정·경제위원회로 변경되어 그 아래에 3개의 분과위원회를 설치하게 되었으며, 이후 제헌국회 제정국회법에서 재정경제위원회로 명칭 변경 없이 유지되었다.

넷째, 임시의정원법의 군무위원회는 남조선과도입법의원법에서 외무·국방위원회 산하의 국방 담당 제2분과위원회로 지위가 변경되었으며, 이후 제헌국회 제정국회법에서 외무국방위원회로 그 이름을 그대로 유지하게 되었다.

다섯째, 임시의정원법의 교통위원회는 남조선과도입법의원법에서 운수·체신위원회로 개칭되어 그 산하에 운수 분야와 체신 분야를 담당하는 2개 분과위원회를 설치하였고, 이후 제헌국회에서는 국회법 제정 과정에서 교통체신위원회로 다시 개칭되었다.

여섯째, 임시의정원법의 예산·결산위원회는 남조선과도입법의원법에서 재정·경제위원회로 재편되어 그 아래 예산과 결산 분야를 담당하는 제1분과위원회로 소속되었고, 이후 제헌국회에 이르러 국회법 제정 과정에서 그대로 재정경제위원회로 남게 되었다.

일곱째, 임시의정원법의 청원·징계위원회는 남조선과도입법의원법에서 청원과 징계의 두 분과위원회를 둔 청원·징계위원회로 그대로 명칭 변경 없이 잔존하였고, 이후 제헌국회 제정국회법에서는 청원 분야가 제외된 채 징계자격위원회로만 명칭이 변경되어 남게 되었다. 제헌국회 제정국회법의 상임위원회 구성에서 임시의정원법이나 남조선과도입법의원법과 달리 청원을 담당하는 별도의 상임위원회를 두고 있지 않은 점은 특이하다. 제헌국회 제정국회법은 제6장 '청원'의 제69조에서 '청원은 위원회의 심사를 마친 후 본회의에 회부한다.'라고만 규정하고 있을 뿐 구체적으로 어떤 상임위원회에서 청원 분야를 담당할지 명시하고 있지 않다. 반면 동법 제10장 '징계'에서는 제96조에서 '국회에서 징계사범이 있을 때에는 의장은 이것을 징계자격위원회에 심사보고케 한 후 국회의 의결로써 선고한다.'라고 규정하여, 징계는 그 소관위원회를 명확히 하고 있다.[13)]

마지막으로 임시의정원법의 교육·실업(實業)위원회는 남조선과도입법의원법에서 좀 더 분화된 형태로 바뀐 산업·노농위원회와 문교·후생위원회에 각각 교육과 실업 분야의 기능을 넘겨주게 되었다. 이후 남조선과도입법의원법의 산업·노농위원회는 제헌국회 제정국회법에서 산업위원회로 변경되고, 문교·후생위원회는 문교사회위원회로 변경되었다. 남조선과도입법의원법의 문교후생위원회 산하 '후생' 담당 분과위원회와 제헌국회 제정국회법상 문교사회위의 '사회' 분야는 사실상 서로 유사한 분야로 추측되는데, 특기할 만한 점은 '후생'이나 '사회' 등의 정책 영역은 1919년 9월의 개정임시의정원법에서는 보이지 않던 분야라는 점이다. 1945년 해방 이후 혼란한 상황에서 국민보건, 복지, 후생 등 사회적인 문제가 등장하면서 이와 같은 새로운 소관 영역이 탄생했을 것으로 추측된다.

### 3) 위원회제도에 관한 소결

지금까지 대한민국임시의정원법, 남조선과도입법의원법, 제헌국회 제정국회법 등 3개 입법기구 관련 법률을 – 상임위원회를 포함하여 – 위원회체제를 중심으로 비교해 본 결과 대체로 다음과 같은 잠정적인 결론에 도달할 수 있다.

첫째, 위원회의 체제와 종류, 상임위원회의 명칭과 변화의 추이, 상임위원회 소관 영역의 구분 등을 두고 볼 때, 3개 입법기구 관련 법률은 상당한 수준의 관련성을 보이고 있음을 일 수 있다. 우선 세 법률 모두 상임위원회, 전원위원회, 특별위원회 등 세 종류의 위원회를 지니고 있어서 상당한 전승이 목격되고 있다. 또한 이 세 종류의 위원회 명칭도 전혀 변하지 않은 채 1919

---

13) 제정국회법에서 청원문제에 대한 구체적인 상임위원회가 규정되어 있지 않은 것은 실제로 국회를 통한 국민의 청원이 많지 않을 것이라는 예상에 따른 것이거나, 혹은 독립국가의 본격적인 국회와 국회의원이 등장하여 의원을 통한 입법이면 충분할 것이라는 생각에 기인한 것이 아닐까 하는 추정을 가능케 하고 있다. 그러나 청원 담당 상임위원회가 사라진 사실에 관한 명확한 이해를 위해서는 추후 좀 더 연구가 필요할 것으로 보인다.

년 이후 1948년까지 유지되었다는 점도 강조될 필요가 있다. 세 법률에 나타나 있는 상임위원회의 명칭체제, 소관 영역의 구분 등에서도 전승이 이루어지고 있음을 알 수 있다. 물론 상임위원회의 명칭이 당대의 시대적 감각에 따라서 변화하고 상임위원회 소관 영역이 일부 재편되거나 극히 일부의 경우 없어지고 더해지는 경우도 있었다는 점은 인정할 수 있다. 그러나 전체적으로 상임위원회의 명칭체제, 상임위원회를 구성하는 소관 영역은 1919년 이후 1948년까지 유사한 모습을 보이고 있다.

둘째, 이러한 전반적인 유사성과 체제의 전승에도 불구하고 세 법률 간에 일정한 차이가 있다는 점도 간과되어서는 안 된다. 예컨대 제헌국회의 제정 국회법에 청원과 관련된 별개의 상임위원회가 없었다는 점, 임시의정원법의 경우 교육·실업위원회만 있었고 사회복지나 후생 관련 상임위원회가 없었던 반면에 이후의 두 법률에는 '후생'(남조선과도입법의원법) 분야와 '사회'(제정국회법) 분야를 포함하는 상임위원회가 새로 등장했다는 점, 남조선과도입법의원법에서 자격심사위원회가 임시의정원법이나 제정국회법과 달리 특별위원회로 되어 있다는 점 등이 주요한 차이점으로 보인다. 이 외에도 당대의 시대적 감각에 맞는 용어로 상임위원회의 명칭을 변경하는 경우가 있었다고 보이고,[14] 소관 영역의 편제개편 등으로 인해서 상임위원회가 분화되거나 통합되는 경우가 발생하였음을 알 수 있다.

마지막으로, 이 법률들이 제정될 당시의 행정부 조직과 세 법률을 비교해 보면 대체로 상임위원회가 행정부 조직과 상당히 일치하는 모습으로 구성되어 있다는 점에서도 공통점을 찾을 수 있다. 〈표 4〉는 이러한 내용을 간단

---

14) 예컨대 임시의정원의 '군무위원회'라는 명칭이 남조선과도입법의원이나 그 후 제정국회법에서는 등장하지 않고 대신 '국방'이라는 용어가 나타난 점이 그러한 사례 가운데 하나가 아닐까라고 생각해 볼 수 있다.

대한민국 국회제도의 형성과 변화

## 〈표 4〉 행정부서[15] 및 상임위원회 비교

| | 대한민국임시정부<br>(1919.9.11.) | 남조선과도정부<br>(1946.5.) | 헌법제정 직후<br>제1공화국 정부<br>(1948.7.17.) |
|---|---|---|---|
| 행정부서 | 1. 법무부<br>2. 내무부<br>3. 외무부<br>4. 재무부<br>5. 군무부<br>6. 교통부<br>7. 학무부<br>(노동국)**16)** | 1. 사법부<br>2. 경무부<br>3. 재무부<br>4. 상무부<br>5. 농무부<br>6. 노동부<br>7. 통위부<br>8. 문교부<br>9. 보건후생부<br>10. 운수부<br>11. 토목부<br>12. 체신부<br>13. 공보부<br>(외무처)**17)** | 1. 법무부<br>2. 외무부<br>3. 국방부<br>4. 내무부<br>5. 재무부<br>6. 상공부<br>7. 농림부<br>8. 문교부<br>9. 사회부<br>10. 교통부<br>11. 체신부 |
| 상임위원회 | 대한민국임시의정원 | 남조선과도입법의원 | 제헌국회 |
| | 1. 제1과(법제)<br>2. 제2과(내무·외무)<br>3. 제3과(재무)<br>4. 제4과(군무)<br>5. 제5과(교통)<br>6. 제6과(예산·결산)<br>7. 제7과(청원·징계)<br>8. 제8과(교육·실업) | 1. 법제·사법위원회<br>2. 내무·경찰위원회<br>3. 재정·경제위원회<br>4. 산업·노동위원회<br>5. 외무·국방위원회<br>6. 문교·후생위원회<br>7. 운송·체신위원회<br>8. 청원·징계위원회 | 1. 법제사법위원회<br>2. 외무국방위원회<br>3. 내무치안위원회<br>4. 재정경제위원회<br>5. 산업위원회<br>6. 문교사회위원회<br>7. 교통체신위원회<br>8. 징계자격위원회 |

출처: 국사편찬위원회 2005a: '대한민국임시헌법', 6-11; '대한민국임시헌법 공포호외', 47
김운태 1992, 250.
제헌국회 정부조직법
http://www.law.go.kr/lsInfoP.do?lsiSeq=5751&ancYd=19480717&ancNo=00001&efYd=
    19480717&nwJoYnInfo=N&efGubun=Y&chrClsCd=010202#0000
국사편찬위원회 1971: '대한민국임시의정원법(1919. 4.25.)', 360-379
대한민국 국회편 1999: '남조선과도입법의원 속기록', 168-170
제헌국회 국회법 1948년
http://www.law.go.kr/lsInfoP.do?lsiSeq=4013&ancYd=19481002&ancNo=00005&efYd=
    19481002&nwJoYnInfo=N&efGubun=Y&chrClsCd=010202#0000

히 정리한 것이다.

전체적으로 볼 때 넓게는 예산·결산, 징계·청원 등을 담당하는 상임위원회를 제외하거나, 좁게는 예산·결산 분야를 경제 담당 상임위원회의 소관 사항으로 보고 징계·청원 등을 담당하는 상임위원회를 제외하고 보면, 대한민국임시의정원, 남조선과도입법의원, 제헌국회 모두 상임위원회가 행정부의 부(部)급 조직에 대응하는 방식으로 구성되어 있음을 알 수 있다. 이러한 상임위원회 구성의 정부조직 대응성은 특히 임시정부와 헌법 제정 직후 제1공화국 정부에서 강하게 드러나며, 미군정이 주도한 과도정부에서는 상대적으로 약하게 나타난다. 이는 대체로 미군정이 지배하던 과도정부의 경우 행정조직이 임시정부의 임시헌법이나 제헌국회의 정부조직법과 같이 일괄적으로 조직된 것이 아니라, 군정의 편의에 따라서 순차적으로 그리고 수차례의 개편 과정을 거치면서 누적적으로 조직되었다는 사실에 연유한 것으로 보인다. 남조선 과도정부의 경우 과도정부입법의원 상임위원회의 관점에서 볼 때에는 정부조직 대응성이 매우 약하거나 없는 토목부, 공보부 등

---

15) 위 도표에서 각 정부별 부급 행정부서의 나열 순서는 당시 해당 정부의 입법 관련 법률에 등장한 상임위원회의 순서에 따라서 필자가 재조정한 것이다.

16) 1911년 노령정부 및 한성정부와 통합하기 이전에 상해 임시정부가 1919년 4월 11일 공포한 '대한민국임시헌장'에는 국무총리 이승만 아래 내무총장, 외무총장, 법무총장, 재무총장, 군무총장, 교통총장 등 6개 부급 행정조직 책임자의 이름이 명기되어 있다. 그러나 세 임시정부가 통합한 후 상해 임시정부가 9월 11일 공포한 '대한민국임시헌법'은 이러한 방식을 취하지 않고 제5장 '국무원' 제37조에 국무총리, 각부 총장, 노동국 총판을 두어 임시대통령을 보좌한다고 하고, 제38조에 내무, 외무, 군무, 법무, 학무, 재무, 교통의 각부와 노동국을 설치한다고 규정하고 있다(국사편찬위원회 2005a, 10). 그리고 임시정부는 헌법 공포 당일 호외의 공보를 발행하여 국무총리와 각부 총장 및 노동국 총관의 명단을 공개하였다.

17) 미군정 지배 당시 과도정부의 군정장관 지휘하의 민정장관 예하 소속의 행정부서는 13부 6처, 4위원회가 존재했다. 위의 도표에 13부는 모두 명기했으며, 6처 가운데 도표에 명기한 외무처 이외에 인사행정처, 식량행정처, 물가행정처, 서무처, 관재처 등 5개의 처급 조직이 존재했다(김운태 1992, 250).

이 존재하고, 또한 내무위원회에 대응하는 내무부 대신 경무부가 존재하며, 외무·국방위원회에 대응하는 외무부나 국방부보다 통위부, 외무처가 존재함을 알 수 있다. 이는 미군정이 과도정부를 주도하는 상황에서 군사나 안보 분야에서 독립된 대외적 권한을 발휘하지 못한 해방 후 한국 정치의 한계 상황을 드러내기도 하는 것이다.

지금까지 세 법률을 중심으로 위원회 종류 및 상임위원회 구성 등을 개괄적으로 살펴보았다. 1919년 4월 제정되어 7월 대강의 상임위원회 조직을 구성하고 이후 9월 임시의정원법 개정 과정을 통해서 해방 시기에 이르기까지 대체로 동일한 위원회 종류 및 상임위원회 구성을 유지해 온 대한민국임시의정원법의 조문에 나타나는 위원회제도는 남조선과도정부입법의원법과 제헌국회의 제정국회법에까지 대체로 그 골격을 유지한 채 전승되어 왔다고 판단된다. 이 장에서는 위원회의 종류 및 상임위원회의 구성, 숫자, 명칭 변경 등만을 중심으로 논의를 전개했으나, 실제 명칭 변경 등 변화 양상이 나타난 배경은 무엇인지 자료 발굴을 통해서 더욱 심도 있는 연구를 진행할 필요가 있다.

## 3. 의사운영상의 독회제도

지금까지 대한민국임시의정원법, 남조선과도입법의원법, 제헌국회 제정 국회법 등에 나타나 있는 입법기구 간의 제도적 전승 및 변화의 존재 유무를 살펴보기 위해서 법률의 체제, 위원회의 종류 및 상임위원회의 구성에 관해 비교 검토해 보았다. 이어서 이들 3개 입법기관의 구성 법률에 나타나 있는 회의규정을 '독회'제도를 중심으로 살펴보고자 한다.

익히 알려져 있다시피 독회제도는 소수의 의원이 소관 전문 분야를 중심으로 배타적으로 법안을 심사하는 상임위원회중심주의와 달리 의원 전원이 모여서 법안을 토론하고 심의하는 과정을 중요시하는 제도라고 할 수 있다. 법안심의 과정에서 축조심사를 통해 각 조문에 대한 찬반양론을 반영하여 법안을 작성해 나가기 위해서 마련된 제도가 바로 독회제도라고 할 수 있다. 한국 국회의 입법 과정에 효율중심주의가 등장하는 제3공화국 이전까지 혹은 제1공화국 당시 자유당 대 민주당의 정당 대립구도가 확립되는 1950년대 후반기 이전까지의 경우를 보면, 우리 국회는 의원 전원의 참여를 보장하는 독회형식의 토론과 심의 과정을 매우 중요시했으며, 이러한 독회제는 적어도 법률조문상으로는 임시의정원 시기부터 전승되어 온 제도였다. 아래에서는 대한민국임시의정원법, 남조선과도입법의원법, 제헌국회 제정국회법 등 세 법률을 비교하면서 독회제도의 전승과 변화 과정을 살펴보고자 한다.

먼저 3독회제를 규정하고 있는 각 입법기구의 법률을 비교해 보면 다음과 같이 정리할 수 있다.

## 1) 3독회제의 실시

먼저 〈표 5〉에서 알 수 있는 바와 같이 회의와 관련된 조항에서 세 법률은 모두 법률안의 의결은 3독회제도를 통해서만 가능하다고 규정하고 있다는 점에서 일치하고 있다. 이와 아울러 '원의(院議: 의원의 결의)' 혹은 – 같은 뜻의 다른 표현으로서 – '국회의 결의'로서 이러한 독회가 생략 혹은 축소될 수 있음을 규정한 것도 세 법률 모두 동일하다. 다만 임시의정원법의 경우 '원의'에 의한 독회 생략과 관련하여, '정부의 청구나 의원 4인 이상 또는 의장의 동의'라는 규정을 추가하고 있으나, 나머지 두 법률에서는 이러한 조항이 없이 '원의' 혹은 '국회의 결의'만을 규정하고 있어서 차이를 보이고 있다.

대한민국 국회제도의 형성과 변화

마지막으로 세 법률은 모두 독회기간 사이에 일정한 시간적 공백 혹은 경과기간이 있어야 함을 규정하고 있다는 점에서 매우 유사하다. 다만 임시의정원의 경우 하루, 남조선과도입법의원의 경우 이틀, 제헌국회의 경우 사흘로서 경과기간을 규정하여, 제헌국회에 가까워올수록 독회 간 경과기간이 길어지고 있음을 알 수 있다. 이는 아마도 해방 이후 국회가 심의해야 할 사안이 더 복잡해지게 되었고, 따라서 독회기간 사이에 의원들이 법안을 충분히 고려할 시간이 더 필요해졌다는 상황적 논리를 반영한 변화가 아닐까 추정

〈표 5〉 3독회제 관련 법조문

| | 개정<br>대한민국임시의정원법<br>(1919.9.15.) | 남조선과도입법의원법<br>(1946.12.30.) | 제헌국회 제정국회법<br>(1948.10.2.) |
|---|---|---|---|
| 회<br>의 | 제5장 회의<br><br>제46조<br>법률제정과 기타 중요사건에 관한 의안을 3독회를 경(經)치 아니하면 의결함을 부득(不得)하되…정부의 청구나 의원 4인 이상 또는 의장의 동의로 원의 의결을 경한 자는 3독회를 생략함을 득함<br><br>제48조<br>제1독회는 의안을 배부한 후에 2일을 격하야 행하며 제2독회는 제1독회를 경한 후에 1일을 격하야 행하며 제3독회는 제2독회를 행한 후에 1일을 경하야 행함 | 제6장 회의<br><br>제45조<br>법률안은 3독회를 경하지 않이하면 결의하지 못함. 독회와 독회와의 기간은 적어도 2일은 격(隔)함, 단 원의로 기간을 단축하거나 독회를 생략할 수 있음 | 제4장 회의<br><br>제3절 독회<br>제38조 법률안의 의결은 3독회를 거쳐야 한다. 단, 국회의 결의로 독회의 절차를 생략할 수 있다. 독회와 독회와의 기간은 적어도 3일을 두어야 한다. 단, 국회의 결의로 그 기간을 단축 또는 생략할 수 있다. |

출처: 국사편찬위원회 1971: '대한민국임시의정원법(1919. 4.25.)', 360−379
대한민국 국회편 1999: '남조선과도입법의원 속기록', 168−170
제헌국회 국회법 1948년
http://www.law.go.kr/lsInfoP.do?lsiSeq=4013&ancYd=19481002&ancNo=00005&efYd=19481002&nwJoYnInfo=N&efGubun=Y&chrClsCd=010202#0000

된다.

## 2) 제2독회, 축조심사, 예비수정안, 위원회수정안

〈표 6〉에서 알 수 있듯이 제2독회의 절차와 관련된 세 법률의 규정은 대체로 체제적인 측면에서 유사성을 보이고 있으나, 제헌국회 제정국회법의 경우 이전의 대한민국임시의정원법이나 남조선과도입법의원법과 차이를 보이는 부분도 있다. 우선 세 법률은 모두 제2독회의 경우 축조심사가 진행되어야 한다고 규정하고 있다. 그러나 그 강조의 정도는 임시의정원법이 가장 강하고, 제정국회법이 가장 약하다. 즉 제정국회법은 축조심사를 하되 의장의 권한으로 의안의 낭독을 생략할 수 있도록 한 반면, 임시의정원법은 법안을 '필히' 축조낭독을 통해서 결의한다고 규정하고 있다. 또한 세 법률은 모두 축조심사 과정에서 절차적 편의를 위해 조문의 통합심사, 분석심사, 혹은 심사의 순서 변경 등을 규정하고 있다는 점에서 일치하고 있다. 다만 임시의정원과 제정국회법이 의장의 권한으로 이를 수행할 수 있게 한 반면, 남조선과도입법의원법은 의원(議院)이 이를 수행할 수 있게 하여 차이점을 보이고 있다.

한편 세 법률 모두 제2독회 과정에서 의원이 예비수정안을 제출할 수 있다고 규정한 점에서도 일치한다. 다만 임시의정원법은 예비수정안의 제출과 관련하여 요건의 규정이 없는 반면, 남조선과도입법의원법과 제정국회법은 각각 5인과 20인 이상 의원의 동의가 필요하다는 규정을 두고 있어서 차이를 보이고 있다. 이러한 예비수정안 절차와 관련하여 흥미로운 것은 제헌국회 제정국회법의 경우 의원이 제출한 예비수정안은 일단 수정동의(즉 예비수정안)가 제출된 이후 특정 위원회가 심사하고 정리하여 제2독회에 보고하게 되어 있어 이전의 두 법률과 차이를 보이고 있다는 점이다. 이는 의

<표 6> 제2독회, 축조심사 등 관련 법조문

| 개정<br>대한민국임시의정원법<br>(1919.9.15.) | 남조선과도입법의원법<br>(1946.12.30.) | 제헌국회 제정국회법<br>(1948.10.2.) |
|---|---|---|
| 제5장 회의<br><br>제50조<br>제1독회는 정부제의안은 각 해과위원으로 하여금 심사케 한 후에 심사보고를 대하여 대체의 토론을 행한 후 제2독회에 부할 여부를 곳 결의하고 의원의 제의안은 대체의 토론을 행한 후 제2독회에 부할 여부를 결정하되 심사위원회에 부할 자는 기 보고서를 대하여 제2독회를 개부(개최 여부: 필자설명)를 결의함<br><br>제51조<br>제2독회는 필히 축조낭독하야 결의함<br><br>제52조<br>의원은 의안에 대하야 수정의 동의를 제기하며 혹은 독회전에도 예비수정안을 의장의게 제출함을 득함<br><br>제53조<br>위원회의 심사보고한 수정안은 찬성함을 부득하고 곳 의안이 됨을 득함<br><br>제54조<br>의장은 축조의 순서를 변경하거나 수조를 연합하며 혹은 1조를 분석하야 토론케 함을 득함. | 제6장 회의<br><br>제46조<br>제1독회는 의안을 낭독하고 제의자가 그 대체를 설명한 후 법제위원회에 부하야 심사보고케 하고 대체의 토론을 경하야 제2독회에 부할 여부를 결정함<br><br>제47조<br>제2독회에는 축조낭독하야 결의함<br><br>제48조<br>의원은 의안에 대하야 수정의 동의를 제기하며 혹은 독회전에 예비수정안을 의장에게 제출할 수 있음. 수정의 동의를 제기함에는 오인 이상의 동의가 있어야 함<br><br>제49조<br>위원의 심사보고한 수정안은 찬성함을 기다리지 않이하고 의안이 될 수 있음<br><br>제50조<br>의원은 축조의 순서를 변경하거나 수조를 연합하야 혹은 일조를 분석하야 토론케 할 수 있음 | 제4장 회의<br><br>제2절 발의, 동의, 철회와 번안<br><br>제35조<br>의안에 대한 수정동의는 10인 이상의 찬성으로 의제가 된다. 단 위원회의 심사보고한 수정안은 찬성 없이 의제가 된다.<br><br>제39조<br>법률안이 제출 또는 발의되었을 때에는 의장은 이것을 국회에 보고한 후 적당한 위원회에 회부하여 심사보고케 한다. 위원회에서 채택된 법률안은 그 보고에 의해서 제1독회를 개시하고 의안낭독, 질의응답과 그 의안의 대체에 대해서 토론한 후 제2독회에 부의할 여부를 결의한다.<br><br>제40조<br>제2독회에서는 의안을 축조낭독하며 심의한다. 단 의장은 의안의 낭독을 생략할 수 있다. 의장은 축조심의의 순서를 변경하거나 수조를 합하여 혹은 1조를 갈라서 토의에 부할 수 있다….의원은 제2독회 개시전일까지 서면으로 예비수정안을 제출할 수 있다. 예비수정안은 국회에 특별한 결의가 없는 한 위원회에 회부하여 심사정리 후 보고케 한다. 제2독회에서는 20인 이상이 연서로 수정동의를 제출할 수 있다. |

출처: 국사편찬위원회 1971: '대한민국임시의정원법(1919. 4.25.)', 360-379
대한민국 국회편 1999: '남조선과도입법의원 속기록', 168-170
제헌국회 국회법 1948년
http://www.law.go.kr/lsInfoP.do?lsiSeq=4013&ancYd=19481002&ancNo=00005&efYd=
    19481002&nwJoYnInfo=N&efGubun=Y&chrClsCd=010202#0000

원의 숫자가 대폭 늘어난 제헌국회에서 무분별한 예비수정안의 제출을 방지하고 좀 더 질서 있게 제2독회를 운영하고자 하는 의도에서 삽입된 규정으로 추측해 볼 수 있다.[18]

또한 세 법률은 의안의 수정동의와 관련된 규정에서 모두 '위원회'가 의안이나 동의안에 대해서 제시한 수정안의 경우는 회의 과정에서 찬반의 표결을 거치지 않고 바로 의안이나 의제가 된다고 규정하고 있다는 점에서도 일치하고 있다. 그만큼 세 법률 모두 수정안의 제출에서 상임위원회의 권위를 인정한 것으로 보인다. 다만 제정국회법의 경우 이러한 위원회 심사 수정안에 관한 의제 성립 조항이 '독회'에 관한 제3절에 포함되어 있지 않고, '발의, 동의, 철회와 변안'에 관한 규정인 제2절의 제35조로 규정되어 있어서 차이를 보이고 있다.

마지막으로 제1독회에서 제2독회로 이행하는 과정에 관해서는 세 법률이 차이를 보이고 있음도 알 수 있다. 먼저 임시의정원법은 정부법률안의 경우 해당 상임위원회로 먼저 법안을 보내어 심사보고하게 한 후, 그 보고서를 기다려서 제2독회 여부를 결정하기로 규정하고 있다. 반면 의원법률안은 그냥 대체토론 이후 제2독회 여부를 결정하되, 단 심사위원회[19]에 회부한 법안의 경우에 한해서 그 심사보고서를 기다려 제2독회 여부를 결정한다고 하고 있다. 즉 정부법률안과 의원법률안의 제2독회 회부 절차가 이원화되어 있던

---

18) 실제로 제헌국회 개원 직후 헌법이나 국회법, 기타 주요 법률의 법안심의 과정을 보면 다수의 의원들이 국회 의사진행과 관련된 규정을 숙지하지 못한 상태에서 경쟁적으로 발언을 요청하여 의사진행이 혼란스러워지고 매우 늦어지는 현상을 보이기도 했다. 따라서 이러한 사정을 감안하여 위원회의 사전 심사규정이 등장한 것으로 추론해 볼 수도 있다.

19) 임시의정원법 조문에 나타나 있는 '심사위원회'가 무엇인지는 확실하지 않으나, 대체로 의원법률안의 내용에 따른 소관 사항이 있을 때 이를 담당하는 해당 상임위원회일 것으로 추정된다.

셈이다. 남조선과도입법의원법은 제1독회 이후 법제위원회의 심사를 거쳐 심사보고하게 한 후, 제2독회 여부를 결정한다고 되어 있다. 실제로 한국의 단독정부가 아직 수립되기 전이어서 그렇거나 혹은 다른 이유로 인해서 그런 것인지는 모르겠으나, 법률이 제2독회 심사로 넘어가는 경로는 단일화되어 있으며, 그 길목에 일괄적으로 법제위원회가 자리 잡고 있는 것으로 나타나 있다. 한편 제헌국회 제정국회법에서는 제1독회 이전에 '적당한 위원회'에 법안을 회부하고 그 위원회에서 채택된 법률안에 한해서 제1독회를 개시한 후 토론하고 제2독회 여부를 결의한다고 규정하고 있다. 즉 법률조문만으로 추정해 보면 임시의정원법이나 남조선과도입법의원법은 상임위원회, 심사위원회, 혹은 법제위원회의 심사 절차가 있어도 이 위원회의 심사보고를 기다려 이를 본 후에 본회의에서 제2독회 여부를 결정할 수 있는 것으로 되어 있다. 그러나 제헌국회 제정국회법은 '적당한 위원회'가 특정 법안을 '채택'하지 않으면 제1독회 자체가 개최되지 않는 것으로 되어 있다. 즉 상임위원회가 법안을 채택하지 않을 경우 법안에 대한 본회의 심의가 시작될 수도 없는 것이어서, 상대적으로 상임위원회의 권한이 강한 것으로 나타나 있다.

## 3) 제3독회의 법안결의 규정

독회의 마지막 절차인 제3독회 과정을 통한 법안의 최종결의 과정을 보면 〈표 7〉에서도 알 수 있듯이 세 법률이 용어 사용이나 내용적인 측면에서 거의 전적으로 일치한다고 해도 과언이 아니다. 세 법률에서 모두 제3독회에서는 간단한 자구 수정 외에는 법률안에 대한 수정이 불가능하다고 단언하고 있다. 다만 법률안의 조문상 내용이 서로 논리적으로 상충되거나 혹은 다른 법률의 규정을 위반하는 사례가 발견될 경우에 국한해서 법률에 대한 수

<표 7> 제3독회 법안결의 관련 법조문

| | 개정<br>대한민국임시의정원법<br>(1919.9.15.) | 남조선과도입법의원법<br>(1946.12.30) | 제헌국회 제정국회법<br>(1948.10.2) |
|---|---|---|---|
| 회<br>의 | 제55조<br>제3독회는 의안전체에 가부함을 결의함<br><br>제56조<br>제3독회에서는 문자를 경정하는 자 외에는 수정의 동의를 제기치 못함. 단 의안중 사항이 서로 저촉되며 혹은 타 법률과 저촉됨이 발견돼야 수정을 요할 자는 차한에 부재함 | 제51조<br>제3독회는 의안전체의 가부를 결의함. 제3독회에서는 문자를 경정하는 외에는 수정의 동의를 제기치 못함. 단 의안중 사항이 서로 저촉되며 혹은 타 법률과 저촉됨이 발견되어 수정을 요할 때에는 예외로 함 | 제41조<br>제3독회는 의안전체의 가부를 의결한다. 제3독회에서는 문자를 정정하는 외에는 수정의 동의를 할 수 없다. 단 의안 중 서로 저촉되거나 또는 다른 법률과 저촉됨이 발견되어 필요한 수정을 할 때에는 예외로 한다. |

출처: 국사편찬위원회 1971: '대한민국임시의정원법(1919. 4.25.)', 360-379
대한민국 국회편 1999: '남조선과도입법의원 속기록', 168-170
제헌국회 국회법 1948년
http://www.law.go.kr/lsInfoP.do?lsiSeq=4013&ancYd=19481002&ancNo=00005&efYd=
　　19481002&nwJoYnInfo=N&efGubun=Y&chrClsCd=010202#0000

정이 가능하다고 규정하고 있다. 이에 관한 제정국회법의 조문은 임시의정
원법이나 남조선과도입법의원법의 조문에 나타난 중국어식 혹은 의고체적
문장을 고친 것 외에는 주목할 만한 차이를 보이고 있지 않다.


4) 독회제도에 관한 소결

　전체적으로 입법기구 의사진행상의 독회제도와 관련한 대한민국임시의
정원법, 남조선과도입법의원법, 제헌국회 제정국회법의 내용을 비교해 보
면 국회법에 나타나는 일부 조항을 제외하고 전체적으로 상호간 유사성이
나타난다. 따라서 1919년 제정된 임시의정원법의 전승이 비교적 뚜렷하다
고 볼 수 있는데, 위의 내용을 간략하게 정리하면 다음과 같다.

　　　　　　　　　　　　　　　　대한민국 국회제도의 형성과 변화

첫째, 임시의정원법, 남조선과도입법의원법, 제헌국회 제정국회법은 모두 3독회제를 통해서만 법률의 제정이 가능하다고 하는 점에서 공통점을 보이고 있다. 이와 아울러 '원의'나 '국회의 결의'로 독회가 생략 가능하다고 규정한 점, 기간에는 차이가 있지만 독회와 독회 사이에 일정한 경과기간을 둔다는 규정 등은 세 법률에서 모두 동일하다고 볼 수 있다. 다만 임시의정원법은 정부의 요구, 의원 5인 혹은 의장의 동의 등이 이러한 독회 생략을 위한 의결성립의 조건으로 규정하고 있다는 점에서 다른 두 법률과 차이를 보이고 있다.

둘째, 임시의정원법, 남조선과도입법의원법, 제헌국회 제정국회법은 모두 제2독회 과정과 관련하여 축조심사 실시, 조문의 통합 및 분할심사 허용, 조문심사의 순서 변경, 예비수정안 제출 허용 등에서 유사성을 보이고 있다. 그러나 법률 간 약간의 차이도 있는데, 남조선과도입법의원법은 의장이 아니라 의원(議院)이 이를 실행할 수 있도록 한다는 점에서 의장이 이에 관한 권한을 지닌 나머지 두 법률과 차이를 보이고 있다. 한편 제정국회법은 제2독회에서 제출된 예비수정안을 위원회에서 심사하고 보고하게 한 점에서 다른 두 법률과 차이를 보이고 있다.

셋째, 의안이나 동의에 대한 위원회수정안이 제출될 경우 이에 대해서는 일반적으로 허용된 찬반의 수정이 허용되지 않는다는 점에서 세 법률은 모두 일치하고 있다. 그러나 제정국회법은 이를 '회의'와 관련된 제4장 가운데 '독회' 이전인 제2절에서 규정하고 있는 반면, 나머지 두 법은 '독회'와 관련된 장에서 이러한 규정을 두고 있어 법률 편제의 측면에서 다소 차이가 있다.

마지막으로 제3독회와 관련된 규정은 세 법률이 거의 전적으로 동일한 내용으로 구성되어 있다고 볼 수 있다.

# IV. 결론

이 글은 우리 국회의 제도적 기원과 전승 그리고 변화에 대한 시론적 탐색을 목적으로 작성되었다. 요컨대, 1919년 상해 대한민국임시의정원이 제헌국회와 어떠한 방식으로 제도적으로 관련되어 있는가 하는 점을 검토해 보기 위해서 임시의정원법 중 몇 개의 장을 선택하여 과도정부입법의원법, 제헌국회 제정국회법과 비교해 보았다. 비교의 목적으로 선택된 법률조문의 체계, 위원회의 종류 및 구성, 그리고 독회제도 등과 관련된 법률조항의 분석 결과를 보면 일정 수준의 변화와 변용에도 불구하고 대한민국임시의정원법의 주요 골격이 제헌국회 제정국회법에까지 전승되고 있음을 확인할 수 있었다. 그러나 이 연구는 법률조문 전체를 대상으로 분석한 것이 아니라 필자가 선택한 기준을 통해서 일부분만을 분석한 것이므로, 그리고 다른 요소는 검토하지 않은 채 법률조문만을 분석한 것이므로, 더 광범위한 법률조문 비교 분석 및 각 시대의 정치 상황과 정치제도에 대한 추가적인 연구를 통해서 전승논리의 보완작업이 필요하다고 본다.

한편 이러한 법률 간의 전승요소에도 불구하고 일정 수준 변용과 변화의 현상 또한 분명히 존재한다. 법률체제의 측면에서 보면 각 법률의 유사한 내용이 법률마다 서로 다른 장에 포함되어 있는 경우도 발견되었다. 혹은 어떤 법률에는 명기되어 있으나 다른 법률에는 전혀 언급이 없는 내용도 존재하였다. 예컨대 임시의정원법이나 남조선과도입법의원법과 달리 제정국회법에서는 국회의 행정과 경비에 관한 규정이 제2장 '의장, 부의장, 의원, 사무총장과 경비'에 포함되어 있었다. 또한 임시의정원법과 달리 남조선과도입법의원법과 제정국회법에는 '탄핵'에 관한 규정이 없다.[20] 또한 이미 언급했듯이 임시의정원법과 남조선과도입법의원법에서는 독립된 장으로 등장하는 '예산 및 결산'에 관한 조문이 제정국회법에서는 제4장 '회의'에 별개의 절로 편입되어 있어서 차이를 보이기도 했다. 그리고 제정국회법에서 자격심사 관련 조문은 제8장에 포함되어 있으나, 남조선과도입법의원법에는 제4장 '의원자격심사'의 장에, 임시의정원법에는 제2장 '의원'의 장에 포함되어 있는 것도 세 법률이 서로 다른 점이다.

뿐만 아니라 상임위원회 조직에 있어서도 각 법률 간에 일정 수준 변화와 변용의 현상이 나타나고 있다. 임시의정원법과 남조선과도입법의원법에는 존재하는 청원 관련 상임위원회가 제헌국회 제정국회법에는 나타나지 않고 있다는 점, 반면 임시의정원법에는 나타난 바 없었던 '후생' 혹은 '사회'라는 명칭을 띤 상임위원회가 남조선과도입법의원법이나 제헌국회 제정국회법 등에는 나타난다는 점 등의 차이가 그 예가 될 수 있을 것이다. 또한 상임위원회의 소관 영역에서도 분할과 통합이 적지 않게 발생하고 있음을 알 수 있다. 이러한 변용의 수준이 현재로서는 특별한 법제도상의 이유에 의한 것인지 혹은 단순한 편의를 위한 것인지를 확인할 방법이 없다. 이러한 의문에 대한 해답은 추후 각종 법률이 제정될 당시의 회의록 분석 등을 통해서 좀더 정치한 연구가 수행된다면 얻을 수 있을 것이다.

전체적으로 볼 때 변화와 변용이라는 측면에서 제헌국회 제정국회법에 대한 보다 포괄적이고 분석적인 연구가 필요하다고 보인다. 이는 비록 임시의정원법의 골격이 제도적으로 전승되었다고 하더라도, 제헌국회 제정국회법에서 전반적으로 가장 큰 변화와 변용이 일어났다고 보이기 때문이다. 따

---

20) 남조선과도입법의원법의 경우 법률 제정 당시 행정수반이나 행정장관 등이 실질적으로 미군정의 지휘관들이나 이들이 임명한 한국인들이어서 아마도 탄핵 규정을 만들 수 없었던 것이 아닌가 추정해 볼 수도 있다. 반면 제정국회법은 탄핵 규정을 담은 별개의 헌법이 이미 만들어졌기 때문에 국회법에 별도로 탄핵에 관한 조항이 담길 필요가 없었을 것으로도 보인다.

라서 임시의정원법의 법률체제, 임시의정원법에 나타난 입법 과정이나 입법조직이 제헌국회 제정국회법에 영향을 주었는지의 여부를 파악하기 위해 제헌국회 소집 이후 최초로 국회법이 제정되는 과정에 대한 보다 포괄적이면서도 정밀한 분석이 필요하다고 보인다. 이는 일차적으로 이 연구에서 수행된 법률조문의 보다 광범위한 분석을 통해서 실현되어야 할 것으로 보인다. 이어서 국회법이 제정될 당시 국회법 제정에 영향을 미친 외국 법제도의 영향력도 파악해 보아야 한다. 또한 자료상의 한계가 명백히 있기는 하나 국회법 제정에 관여한 기초위원이나 전문위원 등과 관련된 다양한 직접적, 간접적 자료를 통해서 추가적인 연구를 진행할 필요가 있다. 이와 아울러 헌법, 정부조직법과의 연결과 조응 등의 관점에서도 국회법 제정 과정에 대한 분석이 필요할 것으로 보인다. 마지막으로 법률조문에 나타난 문체와 관련하여, 국한문혼용체가 국문체로 바뀐 이유에 대한 설명 역시 매우 중요한 연구과제일 것으로 보인다.

연구의 영역을 좀 더 확대하여 대한민국임시의정원법의 조문과 제도를 염두에 두고 제헌국회 제정국회법 이래 역대 공화국을 거치면서 국회법의 각 영역별 조문이 왜, 어떠한 경로를 통해서 변화, 소멸, 혹은 융합되었는지를 좀 더 포괄적으로 살펴볼 필요도 있다. 예컨대 '위원회제도'를 두고 볼 때, 현재 우리 국회는 1960년 국회법 개정으로 사라진 전원위원회를 2002년 2월 부활시키기는 했으나 이를 거의 활용하지 않고 있으며, 현행 국회법은 '상임위원회와 특별위원회의 2종'만을 두는 것으로 규정하고 있다. 한편 예산결산위원회는 여전히 특별위원회의 형태로 존속하고 있다. 반면 독회제도는 제3공화국 이래 폐지되었고 의회제적인 개헌이 없는 이상 그 부활은 사실상 불가능할 것으로 보인다. 따라서 현재 국회의 모습을 포함해서 각 공화국별로 제정 혹은 개정된 대표적인 국회법들을 이왕에 전승되어 왔던 제도나 규정의 망실과 존속이라는 관점에서 제헌국회 제정국회법을 매개로 해서 대한민국임시의정원법과 비교해 보는 것도 장기적인 안목에서 연구해 볼 수 있는 주제일 것이다.

# 참고문헌

국사편찬위원회. 1971. 『한국독립운동사 자료 2: 임정편 II』. 서울: 국사편찬위원회.

국사편찬위원회. 2005a. 『대한민국임시정부자료집 1: 헌법. 공보』. 서울: 국사편찬위원회.

국사편찬위원회. 2005b. 『대한민국임시정부자료집 2 임시의정원(1): 홍진 기증자료』. 서울: 국사편찬위원회.

국회. 1958. 『佛蘭西國會關係法令集』. 서울: 민의원사무처

김수용. 2008. 『건국과 헌법: 헌법논의를 통해 본 대한민국건국사』. 서울: 경인문화사.

김운태. 1992. 『미군정의 한국통치』. 서울: 박영사.

김현우. 2010. 『국회제도론』. 경기도 파주시: 한국학술정보(주).

김희곤. 1991. "대한민국 임시의정원의 성격: 1919년 정부수립기를 중심으로." 『한국민족운동사연구』. 5: 83-106.

대한민국 국회편. 1999. 『南朝鮮 過渡立法議院 速記錄』. 서울: 선인문화사.

박수철. 2012. 『입법총론』. 서울: 한울 아카데미.

박찬표. 1996. "제헌국회 선거법과 한국의 국가형성." 『한국정치학회보』. 29(3): 69-90.

서희경. 2012. 『대한민국 헌법의 탄생: 한국 헌정사, 만민공동회에서 제헌까지』. 서울: ㈜창비.

서희경·박명림. 2007. "민주공화주의와 대한민국 헌법이념의 형성." 『정신문화연구』. 30(1).

신우철. 2004. "중국의 제헌운동이 상해 임시정부 헌법제정에 미친 영향: 임시헌장(1919. 4. 11)과 임시헌법(1919. 9. 11)을 중심으로." 『법사학연구』. 29: 5-57.

양영석. 1987. "대한민국 임시의정원 연구(1919-1925)." 『한국독립운동사 연구 1』. 201-223.

양영석. 1988. "대한민국 임시의정원 연구(1925-1945)." 『한국독립운동사 연구 2』. 333-378.

이동언. 1999. "대한민국임시정부의 국무위원제." 『대한민국임시정부 수립 80주년 기념논문집(상)』. 한국근현대사학회편. 서울: 국가보훈처.

이황직. 2007. 『독립협회, 토론공화국을 꿈꾸다: 민주주의 실험 천일의 기록』. 서울: 프로네시스.

이현주. 1999. "대한민국 임시정부의 성립과 위상변화(1919-1922)." 『대한민국임시정부 수립 80주년 기념논문집(상)』. 한국근현대사학회편. 서울: 국가보훈처.

조철행. 1999. "대한민국임시정부의 국무위원제." 『대한민국임시정부 수립 80주년 기념
논문집(상)』. 한국근현대사학회편. 서울: 국가보훈처.

최경옥. 2003. "제헌국회의 성립사: 미군정법령과 관련하여." 『공법연구』. 31(5): 91-
117.

최진홍. 2011. "대한민국 임시의정원 '의정활동' 연구: 제5차 개헌논의를 중심으로." 『한
국동양정치사상사연구』. 10(1): 89-104.

한시준. 2006. 『의회정치의 기틀을 마련한 홍진』. 서울: 탐구당.

하세헌. 2001. "전후(戰後) 일본의 의회개혁과 미국식 상임위원회제도의 변용. 『한국정
치학회보』. 35(2).

한철호. 1999. "대한민국임시정부의 대통령제." 『대한민국임시정부 수립 80주년 기념논
문집(상)』. 한국근현대사학회편. 서울: 국가보훈처.

홍선표. 1999. "대한민국임시정부의 주석제." 『대한민국임시정부 수립 80주년 기념논문
집(상)』. 한국근현대사학회편. 서울: 국가보훈처.

1947년 일본국회법. 1947. 법률 제79호. "일본국왕이 추밀원 자문과 제국의회의 협찬을
거쳐 국회법을 재가하고 공포함."

제헌국회 국회법. 1948년 10월 2일 제정
http://www.law.go.kr/lsInfoP.do?lsiSeq=4013&ancYd=19481002&ancNo=00005
&efYd=19481002&nwJoYnInfo=N&efGubun=Y&chrClsCd=010202#0000

제헌국회 정부조직법. 1948년 7월 17일 제정
http://www.law.go.kr/lsInfoP.do?lsiSeq=5751&ancYd=19480717&ancNo=00001
&efYd=19480717&nwJoYnInfo=N&efGubun=Y&chrClsCd=010202#0000

## 제2장

# 국회 원구성 방식의 변화

가상준 • 단국대학교

# I. 서론

새로운 국회의 첫 번째 임무는 국회가 회의체로서 기능하고 활동하기 위해 의장단(의장과 부의장)과 상임위원장을 선출하고 의원들을 상임위원회에 배정하는 것으로, 이를 원구성이라 한다(가상준 2010; 유병곤 2006). 제헌국회를 비롯한 모든 국회가 가장 먼저 한 일은 국회의장을 선출하는 것이었다. 의장과 부의장을 선출하는 것이 국회의 첫 작업이었다면 의원들의 상임위원회 배정과 상임위원장 선출은 국회 업무의 본격적 시작을 알리는 것이었다. 국회 원구성은 국회법 개정에 따라 방식이 달라졌으며 의장단과 상임위원장의 임기에 따라 원구성 빈도가 결정되었다. 한편, 의원의 상임위원회 배정과 상임위원장 선출에 교섭단체와 정당이 중요한 주체로 자리 잡게 되면서 원구성 방식도 크게 달라졌다.

원구성은 크게 3시기로 나뉘는데(유병곤 2006), 제1시기는 제1공화국과 제2공화국 기간이며, 제2시기는 제3공화국, 제4공화국, 제5공화국 기간이다. 마지막 제3시기는 현재인 제6공화국으로, 제2기가 다수당에 의한 독식 구조였다면 제3기는 정당 간 합의를 중요시하는 시기다. 그러나 원구성 역사를 세 시기로 구분하는 것은 원구성을 너무 단순화한 것이라 말할 수 있다. 이는 제1시기 동안 원구성 주체가 의원에서 교섭단체, 정당으로 이동하였고, 1954년부터 상임위원장 선출이 다수당에 의해 독식되었음에도 아무런 구분 없이 동일한 시기로 취급하고 있기 때문이다. 또한 제6공화국에서 인위적으로 과반수 다수당을 만들었던 때의 원구성과 현재의 원구성을 동일하게 이해하고 있기 때문이다.

원구성 방식의 변화는 국회법 개정과 맥을 같이 하였다. 한편, 원구성의 역사는 국회법 개정 결과보다는 개정 배경, 논의의 과정이며 국회가 걸어

온 길이라 말할 수 있다. 특히, 제헌국회(1948-1950년)에서 제정된 국회법은 현재까지 많은 면에서 원구성에 영향을 미치고 있다는 점에서 제헌국회에서의 논의를 심도 있게 살펴볼 필요가 있다. 무엇보다 제헌국회에서 교섭단체 도입 그리고 제2대 국회(1950-1954년)에서 상임위원장 선출방식의 변화는 원구성 방식을 크게 바꾸었는데 이에 대한 배경이 무엇인지 알아보는 것이 필요하다. 이와 함께 제6공화국에서 정당 간 비율에 의한 의장단과 상임위원장 배분의 배경을 살펴보아야 한다. 특히, 제13대 국회 전반기뿐만 아니라 후반기 원구성에서 어떠한 선례가 만들어졌는지 알아보아야 한다. 원구성은 국회 내 권한 배분에 있어 기준 단위(예를 들어 의원 개인, 교섭단체, 정당)가 무엇이며, 다수결과 합의 중 어떤 원칙이 중요하게 자리 잡았는지 말해 주고 있다. 본 연구는 한국 국회의 역사를 원구성의 역사를 통해 살펴봄으로써 현재 국회에 중요한 절차와 제도로 자리 잡게 된 원구성에 영향을 미친 요인과 사건이 무엇이었는지 살펴보며 원구성 과정과 결과가 시기별로 가지는 의미에 대해 알아보는 것을 목적으로 한다.

이를 위해 이 글은 제II절에서 제1공화국 제헌국회의 원구성 방식 결정 요인과 변화 배경에 대해 알아보았다. 제III절에서는 제2대 국회부터 제4대 국회까지 원구성 방식의 특징과 변화에 대해 살펴보았고, 제IV절에서는 제2공화국 원구성 방식에 대해 알아보았다. 제V절에서는 권위주의 시기인 제3, 4, 5공화국에서의 국회 원구성 방식은 어떻게 변화하였는지 공화국별로 알아보았고, 마지막 제VI절에서는 제6공화국 국회 원구성 방식의 변화를 정치적 상황과 연계해서 고찰해 보았다.

# II. 제헌국회 원구성

## 1. 1948년 국회

1948년 5월 10일 총선거를 통해 탄생한 제헌국회(1948.5.31.−1950.5. 30.)의 정당별 의석 분포를 보면 대한독립촉성국민회가 54석, 한국민주당이 29석, 대동청년단이 12석, 조선민족청년단이 6석, 대한독립촉성농민총연맹이 2석, 무소속이 84석, 기타 11석이었다. 그런데 초대 국회는 아무런 운영 규정이 없었으므로 당선자들은 미군정 당국자들과 협의를 가진 끝에 5월 21일 제헌국회를 누가 소집하고 최초 회의를 어떤 근거에 의해 운영할 것인가를 논의하기 위해 간담회를 열었다. 이날 모임에는 약40여 명의 의원들이 참석하였으며, 이승만의 사회로 진행된 회의에서 국회소집에 관한 절차문제, 지방 지역구의원의 숙소 및 연락 등이 논의되었다(김수용 2014). 논의된 사항들을 원활하게 진행하기 위해 '국회소집을 위한 준비위원회' 조직을 결정하였으며 위원장은 신익희 의원이 담당하였다.[1] 국회소집을 위한 준비위원회의 결의에 따라 국회를 구성하기 위한 국회의원예비회의를 소집하기로 결정하였다. 5월 27일 개최된 국회의원예비회의에는 당선자 중 143명이 참석하였으며, 국회법이 제정될 때까지 국회운영에 관한 임시규칙의 입안과 개원식 절차를 '국회소집을 위한 준비위원회'에 위임하였고 5월 31일 제헌국회를 최초로 소집하기로 하였다.

국회소집을 위한 준비위원회의 속기록이 남아 있지 않아 어떠한 의제가 심도 있게 논의되었고 참석한 초대의원들의 관심 및 우려 사항은 무엇이었

---

1) 행정안전부 국가기록원 http://theme.archives.go.kr/next/nationalArchives/yujino.do

대한민국 국회제도의 형성과 변화

는지, 그리고 그들의 발언 및 결정은 무엇이었는지 알 수 없다. 다만 1948년 5월 31일 제헌국회가 소집되고 개회식이 선언된 후 이승만 임시의장이 가장 먼저 다룬 것이 국회소집을 위한 준비위원회가 작성한 국회임시준칙결의안으로 이를 통해 조금이나마 내용을 짐작할 수 있다. 당시 전규홍 국회선거위원회 사무총장이 국회임시준칙결의안을 읽어보지 못한 의원들을 위해 이 결의문을 읽었는데 이것이 기록에 남게 되었다(국회 본회의 회의록, 1948년 5월 31일). 내용을 보면 다음과 같다.

### 국회구성과 국회준칙에 관한 결의(안)

一. 본 결의는 국회법과 국회 규칙이 제정될 때까지의 국회의 임시준칙으로 할 것
二. 본 결의(안)를 국회예비회에서 예비적으로 통과하고 국회의원이 정식으로 집회된 후에 그 결의에 의하야 시행할 것

### 결의안(본문)

一. 국회의원은 단기 4281년 5월 31일 오전 10시에 국회의사당에 집회할 것
二. 집회한 의원은 당선증서를 사무처에 제시하고 의원등록부에 서명 등록할 것
三. 집회한 의원이 재적의원 3분지 2에 달한 때에는 의장 1인과 부의장 1인의 선거를 개시할 것
四. 의장이 선거될 때까지는 출석한 의원 중 최연장자가 임시의장(임시사회)이 될 것
五. 의장과 부의장의 선거는 단기무기명투표에 의하야 좌의 방법으로 하되 의장이 선거된 후에 부의장을 선거할 것
   1. 임시의장은 투표 전에 의원 중에서 감표원 2인을 선정하고 사무직원을 배치할 것
   2. 의원은 투표용지에 의장 후보 1인의 성명을 기입한 후 투표함에 투입할 것
   3. 투표가 끝난 후 투표를 점검 계산하야 과반수를 얻은 자를 당선인으로 할 것 만일 과반수를 얻은 자가 없으면 다점자 순위로 1인을 선정하여 결선투표를

행할 것

六. 의장과 부의장이 선거되면 의장은 의석의 배정 방법을 결정하여 선포할 것

【참고】

　1. 도별

　2. 추첨

七. 회의의 의사 진행 방법은 일반회의 통례에 의할 것

八. 좌의 위원을 선거할 것

　1. 헌법 급 정부조직법기초의원 30인

　2. 국회법 급 국회규칙기초위원 15인

위원 선출의 방법은 전형위원 10인을 선출하여 선임케 할 것

각 위원회에는 전문지식을 가진 직원(차를 전문위원이라 칭함)과 녹사(서기)를 둘 것

전문위원의 정원은 5인 내지 10인으로 하고 녹사는 각 3인으로 할 것

九. 국회 개회식은 단기 4281년 5월 31일 오후 2시 국회의사당에서 거행할 것

　1. 개회식 절차는 좌에 의할 것(일략(日略))

　　一. 주악(송구여지곡)

　　二. 개회

　　三. 애국가 봉창(구왕궁아악부·국민학교 아동 합창)

　　四. 국기에 향하야 경례

　　五. 순국선열에 대한 묵념

　　六. 식사(의장)

　　七. 선서식(선서문 낭독)

　　八. 축사

　1. UN 대표

　2. 하지 중장

　3. 띤 군정장관

　　九. 주악(만파정식지곡)

　　十. 만세삼창(의장)

　　十一. 폐회

대한민국 국회제도의 형성과 변화

제헌국회는 전규홍 국회선거위원회 사무총장의 국회구성과 국회준칙에 관한 결의안 상정 선포가 있은 다음 본격적인 토의에 들어갔다. 제헌국회는 먼저 이정래 의원에 의해 제기된 제3조 의장 1인, 부의장 1인 선출을 의장 1인, 부의장 2인으로 하자는 제안을 가결하였다. 제5조 의석 배정에 있어 도별로 할 것이냐 추첨으로 할 것이냐를 두고 장시간 양론이 대립하였으나 의장의 직권으로 문구 수정할 것은 수정하고(제3조), 보류할 것은 보류하고(제5조), 국회구성과 회의준칙결의안 전문을 통과시켰다. 이어 의장 1인과 부의장 2인 선출로 들어갔다. 여기까지는 공식적인 원구성을 위한 논의로 원구성 전에 최연장자인 의원을 임시의장으로2) 하고, 의장 1인과 부의장 2인을 선출하기로 하였다는 점은 현재까지도 영향을 미치고 있다는 점에서 중요한 논의와 결정이라 하겠다.

　의장과 부의장 선출을 위한 표결에서 이승만 임시의장이 의장으로 선출되었고, 부의장으로는 신익희 의원과 김동원 의원이 순차적으로 선출되었다. 이로써 원구성을 위한 1차 작업이 완료되었다. 원구성을 위해서는 의장단뿐만 아니라 상임위원장이 선출되어야 했다. 그러나 제헌국회는 국회법이 없는 상태로 어떤 상임위원회를 둘지 그리고 상임위원과 상임위원장 선출을 어떻게 할지 전혀 근거가 없는 백지 상태였다. 이러한 백지 상태를 채우기 위해 제헌국회는 의장과 부의장 선출 후 헌법 급(及) 정부조직법기초 의원 30인과 국회법 급 국회규칙기초위원 15인 선출을 위한 전형위원 10인 선출 방식을 논의하였다. 그러나 전형위원 10인은 무엇에 근거해 선출해야 하는지 명문화되어 있지 않은 상태에서 논의가 시작되었고 많은 혼란이 발생하였다. 이는 국회구성과 국회준칙에 관한 결의(안)는 전형위원을 선출한

---

2) 현재는 최연장자가 아닌 최다선의원이 임시의장을 맡고 있다.

다고 하고 있지만 방식 및 의사정족수와 의결정족수에 대한 합의가 있지 않은 상태였기 때문이다.3) 결국 서울시와 제주도, 그리고 8개 도에서 한 명씩 선출하여 10인의 전형위원을 선발하였고4) 이들에 의해 헌법 급 정부조직법 기초위원 30인과 국회법과 국회규칙기초위원 15인이5) 선발되었다.

제헌국회는 국회법의 시급함을 이유로 6월 3일(목) 국회규칙기초위원들에게 화요일(6월 8일)까지 기초안을 제출하라고 지시하였다. 그리고 제헌국회는 월요일까지 휴회에 들어갔고, 6월 8일 국회규칙기초위원회가 제출한 국회법에 대한 독회에 들어갔다. 국회규칙기초위원회가 제출한 10장 98조로 구성되어 있는 국회법(초안)은 현재 찾을 수 없지만 제안 이유와 주요 내용을 국회 의안정보시스템에서 엿볼 수 있다.6) 제안 이유와 주요 내용은 아래와 같은데, 위원회는 제안 이유에 대해 미국, 영국, 중국 등을 참조하였고, 헌법이 제정되기 전이기 때문에 헌법이 제정된 후 국회법을 개정한다는 양해하에 작성한 것이라는 점을 밝히고 있다(국회 본회의 회의록, 1948년 6월 8일).7) 원안이 없어 원구성 관련 내용을 자세히 파악할 수는 없지만 국회에

---

3) 전형위원을 도별로 선출하는 것에 대한 표결 결과(국회 본회의 속기록, 1948년 6월 1일) 재석 의원 198인 중 가 85인, 부 46인이었다. 이에 대해 과반수가 찬성하지도 않았고 반대하지도 않았다는 결정을 내려 받아들이지 않는다.

4) 전형위원으로 서울시 이윤영, 경기도 신익희, 충청북도 류홍열, 충청남도 이종린, 전라북도 윤석구, 전라남도 김장열, 경상북도 서상일, 경상남도 허정, 강원도 최규옥, 제주도 오용국이 추천되었다.

5) 국회기초위원은 장기영, 전진한, 최윤동, 이원홍, 김약수, 김장열, 정광호, 김봉두, 배헌, 김명도, 성낙서, 정구삼, 이유선, 서정희, 윤치영으로 서정희 의원이 위원장이었다.

6) 의안정보시스템으로 들어가 제안대수(제헌), 의안명(국회법)으로 검색하면 찾아볼 수 있다. 참고로 의안번호 010006, 제안일자는 1948년 6월 8일, 제안자는 국회법기초특별위원장으로 되어 있다.

7) 법률정신, 외국의 예, 원칙에 대해 설명해 달라는 나용균 의원의 요구에 대해 서정희 위원장은 미국, 불란서, 영국의 국회법을 참작하였고 중국과 일본의 국회법도 참작하였다고 대답하였다.

법제사법, 외무국방, 내무치안, 재정경제, 산업, 문교사회, 교통체신, 징계자격 등 8개 상임위원회를 두었다.[8] 상임위원은 임기 초에 국회에서 선거하고 임기 중 재임한다고 규정하였다.

제안 이유 및 주요 내용

제안 이유

국회의 구성 및 의사절차를 규정함을 내용으로 하는 이 법안은 국회법기초특별위원회에서 미국, 영국, 중국 등 각국의 입법례를 참작성안(參酌成案)하였으며 헌법 제정 전이기 때문에 추후, 헌법이 제정된 후 헌법과 저촉되는 조항을 개정할 것과 법률의 공포도 정부수립 후 한다는 양해하에 제정하려는 것임.

주요골자

국회의 집회, 개회, 휴회와 폐회를 국회 스스로가 행하고, 의원은 당선증서를 사무처에 제시하여야 하며 의원의 의석은 의원 임기 초에 의장이 정하도록 함(제1조)

1. 국회의 정기회의 회기는 90일, 임시회의 회기는 30일 이내로 하되 국회의 결의로 연기할 수 있게 함(제4조)

2. 의원은 상당한 보수와 여비를 받고 무료로 국유철도에 승용할 수 있게 함(제8조, 제9조)

3. 의원은 임기 중 국무의원 기타 법률로 허용되고 있는 경우를 제외하고는 국가 또는 지방공무단체의 상의 공무원을 겸할 수 없게 함(제10조)

4. 국회의 경비는 독립하여 국비예산에 계상하되 예비금을 두게 함(제13조)

5. 상임위원은 임기 초에 국회에서 선거하고 임기 중 재임함(제14조)

6. 국회는 특별한 안건을 부탁하기 위하여 의원 전원으로 전원위원회를 구성함(제

---

8) 그러나 회의록에 나온 상임위원회는 9개로 법제사법위원회, 외무국방위원회, 내무치안위원회, 재정경제위원회, 산업농노위원회, 문교후생위원회, 운수체신위원회, 자격심사위원회, 징계위원회다(국회 본회의 속기록, 1948년 6월 12일).

15조)

7. 국회에 법제사법, 외무국방, 내무치안, 재정경제, 산업, 문교사회, 교통체신, 징계자격 등 8개위원회를 두되 각 위원회에 분과를 둘 수 있게 함(제16조)

8. 상임위원회는 다른 상임위원회와 협의하여 연석위원회를 둘 수 있게 함(제21조)

9. 위원회는 중요하다고 인정되는 안건이나 전문지식을 요하는 안건에 대하여는 국무위원, 정부위원, 이해관계자 또는 학식경험이 있는 자로부터 의견을 들을 수 있게 함(제24조)

10. 의원은 10인 이상의 찬성으로 법률안, 건의안 또는 결의안을 발의할 수 있게 함(제33조)

11. 의안에 대한 수정동의는 20인 이상의 찬성으로 의제가 됨(제34조)

12. 법률안의 의결은 삼독회를 거치도록 하되 국회의 결의로 독회를 생략할 수 있게 함(제38조)

13. 의제에 대하여 발언하고자 하는 의원은 개의 전 반대 또는 찬성의 뜻을 의장에게 통지할 수 있게 함(제42조)

14. 의원의 질의, 토론, 기타 발언에 대하여는 특히 국회의 결의가 있는 때 외에는 시간을 제한할 수 없게 함(제46조)

15. 국회는 의장 또는 의원 10인 이상의 발의가 있을 때에는 토론없이 비밀회의의 여부를 결정함(제47조)

16. 의사는 특별한 규정이 없는 한 재적의원 과반수의 출석과 출석의원 과반수로써 의결함(제51조)

17. 예산안은 각 상임위원의 예비심사를 거쳐 재정경제위원회에 회부하여 심사한 후 국회에 보고케 함(제54조)

18. 국회는 의원의 사직을 허가하되 폐회 중인 때에는 의장이 처리할 수 있게 함(제76조)

19. 국회는 의안 기타 국정에 관한 사항을 심사 또는 조사하기 위하여 의원을 파견할 수 있게 함(제72조)

20. 의원이 법률에 의하여 겸직할 수 없는 직무에 취임한 때에는 퇴직됨(제78조)

21. 의원이 다른 의원의 자격에 대하여 이의가 있을 때에는 10인 이상의 연서로 자격심사 청심서를 의장에게 제출토록 함(제80조)

22. 국회에서 징계사범이 있을 때에는 의장은 이를 징계자격위원회에 심사보고케
   한 후 국회의 의결로써 선고함(제96조)
23. 징계사범의 의사는 비밀회의로 함(제100조)
24. 징계의 방법은 공개회의에서의 사과·10일 이상의 발언정지·30일 이상의 출석정
   지·제명으로 함(제103조)

　이러한 상임위원회와 특별위원회를 포함하는 국회법 제정에 있어 대한민
국임시정부 입법기관인 대한민국임시의정원과 남조선과도입법의원의 영향
이 컸을 것이다. 제헌국회는 제안된 국회법에 대한 논의가 헌법이 부재한 상
태에서 진행되는 것은 문제가 있다는 점을 인지하였다. 예를 들면, 만약 양
원제를 실시하거나, 대통령제 혹은 의원내각제를 실시할 경우 국회법의 내
용은 전면적으로 달라질 수 있기 때문이었다. 이로 인해 6월 10일 '헌법을
심의공포 후 지체없이 법제사법위원회로 하여금 국회법 개정안을 제출하기
로 하고 국회법의 심의에 대해서는 심의절차와 아울러 각 독회를 생략하고
즉시로 즉결로서 가결할 것' 그리고 '국회법안을 제2독회에 질의응답을 종
료할 때까지 동의를 보류함'에 대한 표결을 실시하여 재석의원 177인 중 가
153인으로 통과시켰다.

　제헌국회가 통과시킨 국회법기초위원회의 국회법은 제헌국회가 처음으
로 가결하여 통과시킨 법안이라는 점, 이를 통해 첫 원구성의 근거가 마련되
었다는 점에서 중요성이 크다고 하겠다. 제헌국회는 국회법에 따라 의원들
의 상임위원회 배정을 논의하였다. 국회법에 상임위원장은 위원들 중 호선
하게 되어 있었으므로 의원들의 상임위원회 배정이 있은 후에 상임위원장
선출이 가능하였다. 현재와 같이 정당 혹은 교섭단체가 있는 것이 아니었기
에 의원들의 의견을 묻고 정리하여 상임위원회 배정을 결정할 위원들이 필
요하였다. 이러한 이유로 다시 한 번 전형위원을 선출하였다. 과거 헌법, 국

회법 제정을 위한 전형위원 선출에서 얻은 교훈이 있어 시도별 전형위원을 선발하지만 이번에는 시도별 의원들의 수에 맞게 배정하였다.9)

6월 12일 전형위원 선출을 마치고 의원들은 어느 상임위원회를 희망하는 지 제1희망과 제2희망을 적어서 사무국에 제출하였으며, 선출된 전형위원 들에 의해 배정이 시작되었다. 6월 14일 전형위원들의 1차 보고가 있었지만 아직 희망 상임위원회를 적어 제출한 의원의 수가 110명뿐이어서 결정을 하 지 못하였다는 보고였다. 한편 위원회별 정원을 보면 법제사법위원회 20명, 외무국방위원회 20명, 내무치안위원회 20명, 재정경제위원회 40명, 산업노 농위원회 40명, 문교후생위원회 20명, 운수체신위원회 15명, 자격심사위원 회 15명, 징계위원회 15명이었다. 그런데 외무국방위원회의 중요성이 강조 되면서 제헌국회는 6월 14일 회의에서 외무국방위원회 정원을 20명에서 30 명으로 변경하였다. 6월 16일 전형위원들은 의원들의 상임위원 배정을 마치 고 이를 배포하였다. 그러나 여기에 대해 의원들의 이의 제기가 많아지면서 수정작업이 필요해졌다.10) 6월 17일 전형위원들은 상임위원회 배정을 수정 해 제출하였고 겸직 금지에 대한 논의가 있었지만 제헌국회는 전형위원들 이 6월 16일 제출한 수정안을 통과시켰다. 이로써 상임위원장 선임을 위한

---

9) 서울(10명 의원) 1명 배정, 경기도(29명 의원) 3명 배정, 충북(12명 의원) 1명 배정, 충남(19명 의원) 2명 배정, 전북(23명 의원) 2명 배정, 전남(29명 의원) 3명 배정, 경북(33명 의원) 3명 배 정, 경남(31명 의원) 3명 배정, 강원(12명 의원) 1명 배정, 제주도 0명 배정 합 19명을 선발한 다. 선출된 전형위원은 서울시-김도연; 경기도-이유선, 조봉암, 김경배; 충북도-홍순옥; 충 남도-진헌식, 손재학; 경북도-서상일, 정현모, 육홍균; 경남도-허정, 김약수, 문시환; 전북 도-신성균, 조재면; 전남도-조국현, 김준연, 이남규; 강원도-장기영 의원이다.

10) 6월 15일 김도연 의원의 보고에 따르면 법제사법위원회(정원 20명)에는 제1희망만 32명, 외 무국방위원회(정원 30명)에는 제1희망 19명, 제2희망 11명 합30명 희망, 내무치안위원회(정 원 20명)에는 제1희망 43명, 제2희망 41명, 산업노농위원회(정원 40명)에는 제1희망 48명, 제 2희망 50명, 문교후생위원회(정원 20명)에는 제1희망 23명, 제2희망 17명, 운수체신위원회 (정원 15명)에는 제1희망 3명, 제2희망 11명, 자격심사위원회(정원 15명)에는 제1희망 11명, 제2희망 18명, 징계위원회(정원 15명)에는 제1희망 2명, 제2희망 3명(제3희망 1명)이었다.

대한민국 국회제도의 형성과 변화

의원들의 상임위원회 배정이 마무리되었다.

6월 18일 전원위원장 선출 후에 의원들은 상임위원회별로 모여 위원장을 선임하였다. 6월 19일 국회 본회의 회의록을 보면 상임위원장 선임 결과에 대한 내용을 발견할 수 있다. 재정경제위원회[11]는 김도연 의원, 산업노농위원회는 서상일 의원, 자격심사위원회는 이문원 의원, 내무치안위원회는 신성균 의원, 문교후생위원회는 주기용 의원, 법제사법위원회는 백관수 의원을 위원장으로 선출하였다. 외무국방위원회는 7인의 결석이 있어 선출하지 못하였다고 보고하였지만 6월 21일 윤치영 의원을 위원장으로 선출하였다. 운수체신위원회는 이종린 의원을 선출함으로써 8개 상임위원회의 위원장 선출이 마무리되었다. 징계위원회 위원장 선임 결과에 대해서는 회의록에서 찾을 수 없지만 이후 회의록에 나오지 않는 것으로 보아 6월 21일 상임위원장 선출이 마무리된 것으로 볼 수 있을 것이다. 이로써 국회의 첫 원구성이 마무리되었다. 국회의장은 1인, 부의장은 2인이 선출되었고, 의원들의 상임위원회 배정 후 의원들에 의해 상임위원장이 선출되는 방식이었다.

이후 제헌국회는 헌법과 정부조직법, 그리고 반민족행위처벌법안 작성을 위해 많은 시간과 노력을 기울였다. 그리고 9월 10일이 돼서야 국회법 개정을 위한 작업을 시작하였다. 9월 10일 제1독회를 간단히 끝내고 제2독회를 시작하는데 원구성과 판련해서 논의된 내용을 살펴보면 '국회의원 총선거 후 최초의 임시회는 총선거 후 20일에 집회한다.'와 '국회에 의장 1인, 부의장 2인을 둔다. 그 임기는 그 의원으로서의 임기와 같다.'라는 언급으로 보아 커다란 이의 없이 통과된 것으로 보인다. 그러나 9월 14일 제2독회가 끝날

---

11) 6월 21일 회의록을 통해 재정경제위원회는 위원장 선출뿐만 아니라 5개의 분과를 두게 됨을 알 수 있다. 5개의 분과는 제1분과 예산·결산, 제2분과 금융·통화, 제3분과 세무·전매, 제4분과 무역, 제5분과 일반경제·통계이며, 분과에 의원들 배정도 마친다.

때 의장과 부의장의 임기를 4년으로 하는 것은 문제가 있다는 의견이 개진되면서 1년으로 하자는 논의가 시작되었다. 이에 대한 표결이 진행되었지만 원안대로 임기를 4년으로 두었다. 다음으로 중요하게 다루어진 사항은 새로 신설된 교섭회(교섭단체)에 관한 것이었다. 법제사법위원회의 개정안에는 '의원은 각파의 소속원 수로써 각파 교섭회를 구성하고 그 대표자는 회원의 연서한 명부를 국회에 제출하여야 한다.'와 '각파 교섭회의 구성원 수는 20인 이상이 되어야 한다', '의원의 선거는 각 위원회별로 각파 교섭회의 소속 위원 수의 비율에 의하여 각파에서 호선케 한다.' 등의 조항이 포함되어 있었다. 여기에 대한 찬반 논의가 이어지는데 9월 11일까지 심도 있게 다루어졌다. 제헌국회는 신설한 교섭회(교섭단체)를 두느냐를 두고 표결을 실시하였는데 재석 148인에 가 50, 부 84로 부결되었다. 이로써 교섭회(교섭단체)는 법제사법위원회가 개정한 국회법에서 사라지게 되었다.

두 번째로 원구성 관련한 논의는 상임위원회 구분과 정수에 관한 것이었다. 과거 9개의 상임위원회가 8개 상임위원회로 바뀌어 제출되었다. 8개 상임위원회는 법제사법위원회(20인), 외무국방위원회(30인), 내무치안위원회(20인), 재정경제위원회(40인), 산업위원회(40인), 문교사회위원회(20인), 교통체신위원회(15인→20인), 징계자격위원회(30인→20인)였다. 징계위원회와 자격심사위원회가 합쳐져 한 위원회가 되었다. 또한, 산업노농위원회가 산업위원회로, 문교후생위원회가 문교사회위원회로, 운수체신위원회가 교통체신위원회로 수정되어 제출되었다. 여기에 대해 김병회 의원은 행정조직법에 11부로 되어 있으니 행정부서와 대응하게 11개 상임위원회를 만들고 여기에 징계자격위원회, 예산결산위원회, 그리고 국회운영위원회를 두어 총 14개 상임위원회를 만들자고 주장하였다. 김병회 안은 표결에서 재적 138인에 가 59인, 부 65인으로 부결되었다. 이어 법제사법위원회가 제출한 원 수정안에 대해 표결하였고 재적 138인에 가 84인, 부 37인으로 가결됨으로써 8개 상임위원회 구조가 되었다.

다음으로 상임위원장 임기와 관련해서 논의가 이어졌다. '각 위원회는 위원장을 둔다. 위원장은 위원 중에서 호선한다.'라고 되어 있는 규정을 '각 위원회는 위원장을 두고 위원 중에서 호선한다.'라고 수정하였다. 그러나 강욱중 의원은 위원장의 임기를 4년으로 하는 것보다 한 회기마다 개선하고 위원장을 격려하고 감사해서 위원회를 운영하는 것이 좋다고 말하며 대안을 제시하였다. 대안에 대한 표결에서 재석 139인에 가 109, 부 4의 결과가 나와 대안이 통과되었다. 이로써 '각 위원회에 위원장을 둔다. 위원장은 매정기회 초에 위원 중에서 호선하고 1년 재임한다.'로 수정되었다. 제헌국회는 9월 14일 제2독회를 끝내고 제3독회 문구 수정은 법제사법위원회에 위임하기로 표결을 통해 결정하였다. 이로써 국회법 관련 논의는 종결되었다. 제헌국회에 의해 제정된 국회법 중 원구성 관련된 내용을 살펴보면 아래와 같다.

제1장 집회, 개회, 휴회, 폐회와 회기
제1조 국회의 집회, 개회, 휴회와 폐회는 국회가 스스로 행한다.
　개회 또는 폐회를 할 때에는 개회식 또는 폐회식을 행한다.
　의원은 임기 초에 당선증서를 국회사무처에 제시하고 등록하여야 한다.
　의원은 지정 또는 공고된 집회기일의 오전 10시에 국회의장에 집회하여야 한다.
　의원의 의석은 매회기 초에 추첨으로 정한다

제2조 국회의 임시회가 집회할 때에는 의장은 집회기일의 7일 전에 공고한다.
　국회의원총선거 후 최초의 임시회는 총선거 후 20일에 집회한다. 단, 당해일이 공휴일인 때에는 그 익일에 집회한다

제2장 의장, 부의장, 의원, 사무총장과 경비
제5조 국회에 의장 1인 부의장 2인을 둔다.

그 임기는 그 의원으로서의 임기와 같다.

제6조  의장, 부의장은 국회에서 무기명투표로 선거하되 재적의원 3분지 2 이상의
출석과 출석의원 과반수의 동의로써 한다.
집회된 의원이 전항 정수에 달한 때에는 출석의원 중 최고연장자의 사회로 의장
선거를 개시한다.
의장의 선거가 끝나면 전항의 방법으로 부의장의 선거를 한다.

제3장  위원과 위원회
제14조 국회에 좌의 위원을 둔다.
   1. 상임위원
   2. 특별위원
상임위원은 의원의 임기 초에 국회에서 선거하고 그 임기 중 재임한다. 의원은 1
개의 상임위원이 된다. 단, 필요에 의하여 2개의 상임위원이 될 수 있다.
의원으로서 국무위원 기타 다른 공무의 겸직이 허용되고 있는 자는 상임위원이
될 수 없다.
특별위원은 특별한 필요가 있을 때에 국회에서 선거한다. 단, 국회의 결의로 의
장에게 그 선임을 위임할 수 있다.

제17조 각 위원회에 위원장을 둔다.
위원장은 매정기회 초에 위원 중에서 호선하고 1년 재임한다.
위원장은 위원회의 기일을 지정하고 의사를 정리하며 그 질서를 유지한다.
(1948년 10월 2일 제헌국회 국회법)

## 2. 1948년 이후 국회법 개정에 따른 원구성의 변화

법제사법위원장은 1949년 국회법 개정을 위한 국회법 개정법률안(대안)
을 제안하였다. 이는 서우석 의원의 국회법 중 개정법률안(서우석 의원 외
13인: 1949년 5월 30일 제안, 7월 4일 대안 반영 폐기), 김병회 의원의 국회

법 중 개정법률안(김병회 의원 외 14인: 1949년 5월 30일 제안, 7월 4일 대안 반영 폐기)을 종합해서 법제사법위원회가 제안한 대안이었다. 법안 제안 이유를 보면 '국회의사의 원활한 운영을 위하여 20인 이상으로 교섭단체를 구성토록 하고 정부가 국회에서 심사통과한 법률에 대하여 이의가 있을 경우 폐회 중이라는 이유로 폐기통보를 해 온 사례가 있었는 바 이런 모순을 제거하기 위하여 폐회 중 국회에 환부(還付)된 법률안은 그 법률안을 의결한 의원의 임기까지는 계속되게 하는 등 현 국회법의 불비점(不備點)을 보완하기 위하여 서우석, 김병회 의원안을 각각 폐기하고 대안을 제안하는 것임'을 밝히고 있다. 여기에 원구성에 영향을 미치는 교섭단체에 대한 내용이 포함되어 있는 점이 주목을 끌었다.

국회법 '제3장 위원과 위원회'가 '단체교섭회, 위원과 위원회'로 수정되며, 제14조 1항에 '의사진행에 관한 중요한 안건을 협의하기 위하여 국회에 교섭단체를 둔다.'라는 조항을 신설하였다. 또 제5항에 '상임위원은 의원의 임기 초에 각 상임위원회별로 각 단체의 소속 의원수의 비율에 의하여 각 단체에서 호선하고 그 임기 중 재임한다. 의원은 1개의 상임위원이 된다.'라는 조항을 신설하였다. 1948년 국회법에서는 '상임위원은 의원의 임기 초에 국회에서 선거하고 그 임기 중 재임한다.'라고 하였지만 이를 교섭단체에 의해 결정된다고 함으로써 변화를 가져왔다. 국회법이 개정된 배경은 국회 내 비효율성 문제가 심각하다고 지적한 발언 내용들을 통해 찾아볼 수 있으며, 이를 시정하기 위한 조치였다는 점을 회의록을 통해 알 수 있다. 국회는 7월 7일부터 7월 9일까지 이에 대해 논의하였고, 법제사법위원회가 제안한 개정안(대안)을 의결하였다. 개정된 국회법은 원구성 방식의 변화보다는 회의를 효율적으로 이끌어 가기 위한 논의와 결정이었다. 1949년 개정된 국회법은 원구성에 커다란 영향을 미쳤다는 점에서 중요한 의미를 지닌다.

제1장 집회, 개회, 휴회, 폐회와 회기

제1조 ①국회의 집회, 개회, 휴회와 폐회는 국회가 스스로 행한다.

　⑤의원의 의석은 매정기회 초에 각 단체별로 추첨에 의하여 정한다.

제3장 단체교섭회, 위원과 위원회

제14조 ①의사진행에 관한 중요한 안건을 협의하기 위하여 국회에 단체교섭회를
　둔다.

　②단체교섭회는 국회내 각 단체 대표의원으로 구성하며 각 단체의 구성원수는
　의원 20인 이상이 되어야 한다.

　③각 단체대표자는 그 단체의원의 연서날인한 명부를 의원의 임기 초에 제출하
　여야 한다.

　④국회에 좌의 위원을 둔다.

　　1. 상임위원

　　2. 특별위원

　⑤상임위원은 의원의 임기 초에 각 상임위원회별로 각 단체의 소속 의원수의 비
　율에 의하여 각 단체에서 호선하고 그 임기 중 재임한다. 의원은 1개의 상임위원
　이 된다.

　⑥의원으로서 국무위원 기타 다른 공무의 겸직이 허용되고 있는 자는 상임위원
　이 될 수 없다.

　⑦특별위원은 상임위원회에 속하지 아니한 특별한 안건을 처리하기 위하여 각
　단체의 소속 의원수의 비율에 의하여 각 단체에서 호선하고 그 안건이 국회에서
　의결될 때까지 재임한다. 단, 국회의 결의로 의장에게 그 선임을 위임할 수 있다.

　(1949년 7월 29일 일부 개정 국회법)

# Ⅲ. 제2대 국회-제4대 국회까지 원구성

## 1. 1950년(제2대 국회) 원구성

제2대 국회(1950.5.30.-1954.5.30.)는 선거가 끝나고 1950년 6월 19일 임시회를 개최하여 국회법에 따라 의장 1인과 부의장 2인을 선출하였다. 의원 중 가장 연장자인 오하영 의원이 임시의장을 맡아 사회를 보았고, 의장에는 신익희 의원이, 부의장에는 장택상 의원과 조봉암 의원이 선출되었다. 제2대 국회 원구성은 1949년 통과된 국회법의 영향을 받게 되었다. 구체적으로 '상임위원은 의원의 임기 초에 각 상임위원회별로 각 단체의 소속 의원수의 비율에 의하여 각 단체에서 호선하고 그 임기 중 재임한다. 의원은 1개의 상임위원이 된다.'라는 규정에 따라 교섭단체를 구성하여야 했다. 1950년 6월 19일 국회가 개원하고 6월 20일에 열린 회의에서 신익희 의장은 '국회를 운영해 가는 데 있어서는 교섭단체가 기본이 되고 있는 것입니다.'라고 언급하고 있다. 또한 신익희 의장은 '오늘 우리 국회의 형편을 보면 법규에 작정한 대로 그대로 교섭단체를 국회 당국에 제출해서 그대로 순리있게 민속(敏速)하게 또 진행하기가 어렵게 되어 있는 형편입니다. 그러므로 교섭단체를 구성하지 않으면 이회를 진행하기 불가능한 형편이니 이 교섭단체 구성 문제에 있어서 여러분들의 의견 및 표시를 하루바삐 있기를 요청하는 것입니다.' 라고 발언하였다. 상임위원회 배정에 있어 교섭단체 구성이 먼저라는 점을 강조하는 내용이었다.

그는 이어 '여러분이 다 아시는 바이지만 국회법에 정하는 바에 의지해 가지고 각 분과에 위원들은 각자가 교섭단체에서 정해서 서로히 호선해서 정해 가지고 의장에게 제출하게 되는 것입니다. 뿐만 아니라 그 지정되어 있는 의원들이 한테 모여 가지고 위원장은 또한 호선하게 되어 있다 말이에요. 그러니 의사진행의 골간이 되는 각 상임위원회가 조직이 되자면 우선 먼저 교섭단체가 있어야 될 것은 여러분이 다 아실 것입니다.'라고 발언함으로써 의원들에게 교섭단체 구성을 독려하였다. 신익희 의장은 이틀 안에 상임위원회 선정을 마치라고 주문하였다. 그러나 무소속이 다수를 차지하고 있는 제2대 국회에서 교섭단체를 단기간에 구성한다는 것은 쉬운 일이 아니었다. 조광섭 의원의 '이번 다 의원 동지께서 아시겠습니다만 139명 3분지 2 이상이 무소속으로 나와 있읍니다. 이래서 귀추를 짓기에는 각자가 오늘 이틀 동안에는 매우 곤란한 이러한 처지에 있읍니다.'라는 발언을 통해 이러한 점을 알 수 있다.

조광섭 의원은 '아모리 시간이 촉진(促進)하고 급하다고 하드라도 여기서 이제 한 수 3, 4일의 여유 기간을 줘 가지고 과연 명실상부(名實相符)할 수 있는 단체교섭만에 관할 수 있고 여기에 논제가 나올 때에는 시시비비로서 자기의 뜻을 반영한다면 오로지 국민 전체의 의도를 반영할 수 있다는 이러한 정신으로 국회가 나가 주기 위해서 아모리 급하다고 하드라도 여기서 졸지에 급하게 이 회(會)가 된다면 도리혀 무리한 일이 있게 된다 해서 여기에 적당한 시일을 적당한 때에 여유가 있어 주시기를 바라 마지않는 바이올시다.'라고 발언하였다. 의원들은 교섭단체 구성에 있어 시간이 필요하다는 의견에 일치하여, 교섭단체의 구성을 6월 25일(월)까지 국회사무처에 제출하기로 결의하였다. 그러나 6.25 전쟁으로 인해 교섭단체 구성, 상임위원회 배정, 위원장 선출이 어떻게 진행되었는지 정확히 알 수 없다.[12]

---

12) 이는 6월 25일 발발한 전쟁 때문일 것이라 판단된다. 국회 회의록은 제2차(1950년 6월 20일)에서 제38차(1950년 10월 30일)로 건너뛰고 있어 4개월 동안 무슨 일이 있었는지 알 수 없는 상황이다.

대한민국 국회제도의 형성과 변화

한편, 1950년 10월 31일(제39차 회의) 본회의에서 한 신익희 의장의 발언을 통해 미진하지만 상임위원회 배정이 이루어졌음을 알 수 있다. 그는 '우리 국회가 남쪽으로 옮겨 갔을 때 각 상임위원회의 구성을 필요에 의지해서 원래 법규에 의지하고 보면 교섭단체에서 작정을 해서 보고하면 그대로 분배하게 되어 있지만 그렇게 되지 못해서 예외로 각 도별로 한 분씩을 뽑고 또 정·부의장을 합해서 전형위원회를 조직을 해서 그때에 남쪽에 와 계신 의원들이 143명으로서 잠시 8개의 상임위원회를 배정했든 것입니다.'라고 발언하고 있는데, 이는 부산에서 상임위원회 구성을 어느 정도 마쳤다는 점을 보여 주는 것이다. 신익희 의장은 전쟁 와중에서 국회에 합류한 의원들에게 '앞으로 법규에 의지한 배정은 다시 재정돈이 될 것이지만 위선 이 본회의를 진행하는 데에 각 상임위원회의 위원들이 다 배정이 되어야 되겠어요. 그러니 미처 배정이 안 되신 몇 분들은 오늘 안으로 각자 희망하시는 위원회를 기록해 가지고 제1희망, 제2희망의 차례대로 기입을 해서 사무처로 제출해 주십시요.'라고 말하였다. 상황이 여의치 않은만큼 상임위원회 배정이 교섭단체를 기본으로 하지 못하였음을 알 수 있는 발언이다.

## 2. 1951년 국회법 개정에 따른 원구성 변화

원구성에 영향을 미칠 수 있는 국회법 개정이 1951년에 제안(엄상섭 의원 외 51인)되었다. 이것은 국회의장과 부의장 임기와 국회운영위원회 신설을 주 내용으로 하고 있으며, 상임위원회의 재구성과 국회운영위원회 신설에 따른 상임위원회 정원의 조정도 포함되어 있었다. 제안된 법안 중 원구성 관련 내용을 살펴보면 다음과 같다.

1. 제5조를「국회의 의장 및 부의장의 임기는 1년으로 한다」로 개정할 것.

2. 제6조 중「최고연장자」밑에「또는 전기의 의장」을 삽입할 것.

3. 제7조제3항으로「의장 및 부의장은 당연히 국회운영위원회의 위원이 된다」를 신설할 것.

9. 제16조제1항을「상임위원회의 구분·정원 및 소관의 한계는 다음과 같다. 단 국회의 결의로 위원회 정원 또는 소관 사항을 증감할 수 있다.

1) 법제사법위원회 20인

2) 내무위원회 15인

3) 외무위원회 15인

4) 국방위원회 20인

5) 예산위원회 20인

6) 경제위원회 15인

7) 농림위원회 15인

8) 상공위원회 20인

9) 문교위원회 15인

10) 사회보건위원회 15인

11) 교통위원회 10인

12) 체신위원회 10인

13) 징계심사위원회 10인

14) 국회운영위원회 10인

국회는 의장과 부의장의 임기에 대해 오랫동안 논의를 이어가는데 수정안대로 1년으로 할 것인지, 아니면 현재와 같이 4년으로 할 것인지에 대해 토론하였다. 그러나 두 안에 대해 의원들은 동의하지 않고 대신 신중목 의원 외 26인이 제출한 '국회의장 및 부의장의 임기는 2년으로 한다.'라는 안을 가결하였다. 이에 의장과 부의장의 임기는 2년으로 결정되는데 이 결정이 중요한 의미를 지니는 것은 현재도 이 개정에 따라 의장단 임기는 2년으로 남아 있기 때문이다. 의장의 임기를 4년으로 고쳐야 한다는 의견도 있었지만 충분한 논의를 통해 2년으로 결정하였다.

　제2대 국회는 상임위원회 조정에 대해서도 진지하게 논의를 이어갔다. 국회는 운영위원회 신설에 동의하였고 과거 8개였던 상임위원회를 14개 대신 12개로 조정하였다. 1948년 제헌국회가 국회법을 개정할 때도 김병회 의원에 의해 총 14개의 상임위원회가 필요하다는 주장이 제기되었었다. 그러나 이는 받아들여지지 않았었는데 이러한 내용이 다시 반영되어 제안된 것이었다. 한편, 4년이었던 의장단의 임기가 2년으로 변경됨에 따라 국회가 전반기와 후반기로 나뉘게 되었고 후반기 의장단 선출이 필요해졌다. 이를 위해 제2조 2항을 수정하게 되는데 원래는 '국회의원총선거 후 최초의 임시회는 총선거 후 20일에 집회한다. 단 당해일이 공휴일인 때는 그 익일에 집회한다.'라고 되어 있던 조항을 '국회의원총선거 후 최초의 임시회는 총선거 후 20일에 의장과 부의장의 임기만료로 인한 임시회는 그 만료 전 7일에 집회한다.'라고 수정하였다. 아래는 개정된 국회법 중 원구성과 관련된 내용들이다.

제2조 ①국회의 임시회가 집회할 때에는 의장은 집회기일의 7일 전에 공고한다.
　②국회의원총선거 후 최초의 임시회는 총선거 후 20일에, 의장과 부의장의 임기만료로 인한 임시회는 그 만료 전 7일에 집회한다.

제5조 국회의 의장, 부의장의 임기는 2년으로 한다.
　임기는 당선일로부터 기산한다.

제7조 ③의장과 부의장은 당연히 국회운영위원회의 위원이 된다.

제16조 ①상임위원회와 그 위원 정원은 좌와 같이 두고 그 부문에 속한 의안을 입안심사하며 청원, 진정 기타 관계사항을 심사한다. 단, 국회의 결의로 그 위원회와 위원정수를 증감할 수 있다.

1. 법제사법위원회 20인

2. 내무위원회 20인

3. 외무위원회 15인

4. 국방위원회 20인

5. 재정경제위원회 30인

6. 농림위원회 20인

7. 상공위원회 20인

8. 문교위원회 20인

9. 사회보건위원회 20인

10. 교통체신위원회 15인

11. 징계자격위원회 10인

12. 국회운영위원회 10인

(1951년 3월 15일 일부 개정 국회법)

## 3. 1953년 상임위원장 선출방식 변화

1953년 원구성과 관련해서 상임위원장 선출에 관한 국회법 개정이 논의
되었다. 의장과 부의장에 대해서는 선출방식보다 임기에 대한 논의가 앞서
많이 나왔었는데 이번에는 상임위원장 선출방식에 대한 것이 핵심이었다.
상임위원장은 과거 해당 상임위원회 위원들에 의해 선출되었지만 본회의
전체 의원에 의해 선출되는 방식으로 개정하자는 의견이었다. 국회법 제17
조는 '각 위원회에 위원장을 둔다. 위원장은 매정기회 초에 위원 중에서 호
선하고 1년 재임한다.'로 되어 있었는데 이를 개정하자는 주장이었다. 상임
위원회에서 선출하는 것이 무엇이 문제인지, 국회에서 선출하는 것이 더 정
당하고 순수한 것이 아닌지 등 여기에 대해 이견이 표출되었다.

이 개정안이 나온 배경을 국회 속기록을 통해 살펴보면 상임위원장 선거

에서 많은 문제점이 있었기 때문이라는 것을 알 수 있다. 1953년 1월 15일 국회 본회의 정기회 속기록(제15회 제6호)을 보면 서범석 의원은 '우리가 국회법을 개정해야 된다는 이러한 생각은 지금 당면한 국회의 정세 또 우리가 국회 내의 건전성을 조속히 회복해야 되겠다는 이러한 건설적인 생각 아래에서 이 국회법 개정법률안이라는 것이 나왔다고 생각하는 바이올시다.'라고 국회법 개정안 배경에 대해 말하였다. 서범석 의원은 계속해서 '대체로 위원장 선거에 있어서 국회 내에서 좀 더 정당하고 순수하고 애국적인 입장에서 이 선거를 수행해야 되겠다는 그러한 생각 아래에서 이 선거를 국회 전체의 의사에 물어보자는 생각에서 결론을 가져왔다고 생각하는데 이것은 이때까지에 우리가 걸어온, 국회 내에서 걸어온 여러 가지의 불유쾌한 또한 타당치 아니한 결과가 이러한 필요를 갖다가 조성했다고 생각하는 바이올시다.'라고 말하였다.

이는 과거 상임위원장 선거에서 커다란 문제가 있었음을 말해 주는 내용으로, 이러한 점은 1월 14일 국회 정기회의 속기록(제15회 제5호) 곽상훈 의원의 발언에서도 찾을 수 있다. 곽상훈 의원은 '분과위원장이 무엇이든지 너무나 정치적으로 움직이게 된 것을 불쾌하게 생각합니다. 전원위원회에서 선거하자는 것을 절대로 찬성하는 한 사람인네 첫째 과거의 방식으로 한다면 그 인물은 너무 파당적으로 기우러진다는 것을…… 지금 김종회 의원의 말씀이 맞어요. 과반수를 가진 당이 있다고 하면 그 정당이 모든 것을 다 할 것입니다. 이런 폐단을 막기 위해서, 김종회 의원이 걱정하는 폐단을 막기 위해서 전원위원회에서 선거하자는 것이고 또한 우리들이 과거에 보는 바와 같이 사실인지 아닌지 모르겠읍니다마는 분과위원장 선거에 있어서 가장 추태가 많다는 것을 듣고 있습니다. 이런 등등을 우리는 시정해야 되겠에요.'라고 발언하였다.

이에 대해 반대의견도 개진되는데 상임위원장을 상임위원에 의해 선출하지 못하는 것은 모순된다는 점을 강조하였다. 그러면서 국회의장과 부의장 선출은 국민에 의해 이루어져야 하는 것이냐고 반론을 펼쳤다. 국회법 개정안에 대해 여당의원들과 야당의원들의 의견이 갈라지고 있다는 점을 류홍 의원의 발언을 통해 알 수 있다. 그는 '이때까지 발언하신 분이 대개 편을 보면 반대하시는 분은 대부분 여당이라고 할까요, 나왔고, 찬성하시는 분은 대부분 그와 반대되는 편에서 나왔든 것인데, 여러분 아시다싶이 나는 정말 무소속인데 내가 말하는 것이 정말 공평을 기하리라고 생각합니다.'라고 말하면서 개정안에 찬성하고 있다. 한편, 김정식 의원은 새롭고 신선한 의견을 제시하는데 '운영위원회와 각 파 대표가 재적원 수 비례로 분과위원장을 가릅시다. 그렇게 하면 싸우지 않고 잘해 나갈 수 있습니다.'라고 말함으로써 현재와 비슷한 방식의 상임위원장 배분 및 선출을 제시하였다. 많은 논의가 진행된 후 개정안 내용에 대한 표결이 실시되었고 결국 과거 상임위원회에서 선출하던 방식을 국회 전체에서 선출하는 방식으로 바꾸게 되었다. 이와 함께 상임위원장의 다른 상임위원회 겸직 금지, 특별위원회 위원장 선출에 대한 부분이 추가되며, 국무위원은 상임위원장이 될 수 없다는 내용도 포함되었다.

상임위원장 선출방식이 상임위원회에서 본회의로 바뀌게 됨에 따라 1953년에는 예측하지 못한 결과들이 초래되었다. 당시 자유당이 다수당이었지만 과반이 넘지 못한 상황이었기에, 야당의원들은 이들에 대한 견제가 가능할 것이라고 믿었지만 앞으로 나타날 과반 다수당의 출현은 상임위원장 배분에 있어 독식체계를 가져오게 되었다. 주요 개정 내용은 다음과 같다.

제15조 ①국회는 특별한 안건을 부탁하기 위하여 의원 전원으로 전원위원회를 구

성한다.

④전원위원장은 매 정기회기 초에 제7조 제6항에 준하여 국회에서 선거하고 1년 간 재임하되 임기 초에 선거된 위원장의 임기는 다음 정기회기 전까지로 한다. 단, 임기만료 전에 위원장이 퇴임하였을 때에는 본항에 의하여 선거하되 잔임기 간 중 재임한다.

제17조  각 상임위원회에 위원장 1인을 둔다. 상임위원장은 제15조 제4항에 준하 여 국회에서 당해 위원 중에서 선거하고 1년간 재임하되 임기 초에 선거된 위원 장의 임기는 다음 정기회기 전까지로 한다. 단, 임기만료 전에 위원장이 퇴임하 였을 때에는 본항에 의하여 선거하되, 잔임기간 중 재임한다. 상임위원장은 임기 중 다른 상임위원회의 위원을 겸할 수 없다. 단, 예산결산위원회의 위원장은 예 외로 한다. 특별위원회의 위원장은 그 위원 중에서 호선한다. 위원장은 위원회의 기일을 지정하고 의사를 정리하여 그 질서를 유지한다. 국무위원인 의원은 상임 위원장이 될 수 없다.

(1953년 1월 22일 일부 개정 국회법)

## 4. 1953년 개정법 통과 이후 원구성

앞서 보았듯이 제2대 국회는 1953년에 국회법을 개정하여 상임위원장 선 출방식을 개정하였다. 1953년 개정된 국회법은 앞으로 원구성뿐만 아니라 국회운영에 커다란 변화와 갈등을 초래하게 되었다. 제3대 국회(1954.5.31. −1958.5.30.) 구성을 위한 1954년 선거는 처음으로 정당의 후보자 공천제 가 실시된 선거로(국회 2008) 여당인 자유당과 제1야당인 민주국민당 등 많 은 정당과 단체, 그리고 무소속 후보들이 참여하였다. 자유당이 전체 203석 중 과반을 넘는 111석을 차지하였고[13] 민주공화당이 16석, 국민회 3석, 대

---

13) 다른 자료에서 자유당이 얻은 의석이 114석이라고 하는 데 비해 중앙선거관리위원회 홈페

한국민당 2석, 제헌국회의원동지회 1석, 무소속이 70석이었다. 원구성을 위해서는 의장단 선출과 의원 상임위 배정, 상임위원장 선출이 완료되어야 하였다. 그러나 의석 과반수의 정당이 출현하였고, 상임위원회 배정은 교섭단체에 비례하고, 상임위원장은 상임위원이 아니라 전체 의원에 의해 선출되는 것으로 규정되어 있었기에 과거와는 확연히 다른 원구성 방식이 적용되었다. 한편, 이러한 경향은 제1공화국 내내 이어졌는데 이는 정당 간 갈등의 원인으로 작용하게 되었다. 〈표 1〉은 제3대 국회와 제4대 국회(1958.5.31.–1960.7.28.) 임기 2년의 의장단과 임기 1년의 상임위원장의 소속 정당을 보여 주고 있는데 여당인 자유당이 독식하고 있음을 알 수 있다.

1960년 3월 15일 부정선거로 인해 발생한 4.19 혁명으로 이기붕 국회의장이 사망하자 민주당의 곽상훈 의원이 의장으로 선출되었고 1960년 7월

〈표 1〉 원구성시 의장단, 교섭단체, 상임위원장 현황

|  | 의장 | 부의장 | 교섭단체 | 상임위원장 |
|---|---|---|---|---|
| 제3대 국회 (1954년) | 이기붕 (자유당) | 최순주(자유당) 곽상훈(무소속) | 자유당, 무소속동지회 | 전원위원장 및 13개 상임위원장 모두 자유당 |
| 제3대 국회 (1955년) | 이기붕 (자유당) | 조경규(자유당) 곽상훈(무소속) | 자유당, 민주당, 헌정동지회 | 전원위원장 및 14개 상임위원장 모두 자유당 |
| 제3대 국회 (1956년) | 이기붕 (자유당) | 조경규(자유당) 황성수(자유당) | 자유당, 민주당, 헌정동지회 | 전원위원장 및 14개 상임위원장 모두 자유당 |
| 제3대 국회 (1957년) | 이기붕 (자유당) | 조경규(자유당) 이재학(자유당) | 자유당, 민주당, 헌정동지회 | 전원위원장 및 14개 상임위원장 모두 자유당 |
| 제4대 국회 (1958년) | 이기붕 (자유당) | 이재학(자유당) 한희석(자유당) | 자유당, 민주당 | 전원위원장 및 14개 상임위원장 모두 자유당 |
| 제4대 국회 (1959년) | 이기붕 (자유당) | 이재학(자유당) 임철호(자유당) | 자유당, 민주당 | 전원위원장 및 14개 상임위원장 모두 자유당 |

이지에는 111석이라 되어 있다. 여기에서는 중앙선거관리위원회 통계를 따르고 있다.

대한민국 국회제도의 형성과 변화

28일까지 의장으로 활동하였다. 그리고 민주당의 김도연 의원과 이재형 의원이 부의장으로 선출되었고 1960년 7월 28일까지 활동하였다. 새로운 헌법의 제정으로 제1공화국은 운명을 마쳤지만 원구성과 관련해서 중요한 규정은 대부분 제1공화국에서 만들어졌다고 해도 과언이 아니다. 의장단의 임기, 상임위원장 선출방식, 그리고 교섭단체 중심의 원구성 방식 등이 모두 제1공화국 국회에서 결정되었기 때문이다.

## Ⅳ. 제2공화국 원구성

제2공화국의 특징은 의원내각제로 제1공화국과는 많은 면에서 다르지만 원구성 방식은 크게 다르지 않았다. 의장단을 선출하고, 의원들을 상임위원회에 배정하며, 상임위원장을 선출하는 것으로 과거와 비교하여 차이는 양원제라는 점이었다. 특히, 원구성 관련 내용이 헌법에 들어가 있다는 특징을 보였다. 헌법 제3장 국회의 제31조는 '국회는 민의원과 참의원으로써 구성한다.'라고 규정하고 있다. 또한, 제36조 1항에 '민의원은 의장 1인, 부의장 2인을 선거한다.' 2항에 '참의원은 의상 1인, 부의장 1인을 선거한다.'라고 되어 있어 의장단 구성에 있어 민의원과 참의원에 조금 차이가 있음을 알 수 있다.

민의원과 참의원으로 구성되어 있는 양원제의 제5대 국회(1960.7.29.-1961.5.16.)를 위한 선거가 1960년 7월 29일 실시되었다. 헌법에 명시되어 있듯이 민의원과 참의원은 1960년 8월 8일 개원하여 의장단을 선출하였다. 민의원 의장에는 민주당의 곽상훈 의원이, 부의장에는 민주당의 이영준 의원과 무소속의 서민호 의원이 선출되었다. 참의원은 무소속의 백낙준 의원을 의장에, 민주당의 소선규 의원을 부의장에 선출하였다. 새롭게 국회법이 개정되어야 하기 때문에 제5대 국회는 8월 9일 국회법 개정 법률안 기초특별위원회 설치에 관한 결의안을 통과시켜 9인으로 구성된 특별위원회를 만들고 국회법 개정에 들어갔다. 국회는 9월 2일 개정된 국회법에 대한 제1독회를, 9월 3일 제2독회를 실시하였다. 9월 19일 민의원에는 국회법 개정 법률안 재의의 건이 상정되었는데 참의원에서 두 항에 대해 재의를 요구해 와 다시 심의하여 통과시켰다. 새롭게 만들어진 국회법 원구성 관련 내용을 살펴보면 아래와 같다.

제2조(정기회) ①국회의 정기회는 매년 1회 9월 1일에 집회한다. 단, 당해일이 공휴일인 때에는 그 익일에 집회한다.
②민의원의원의 총선거 또는 참의원의원의 통상선거 후 최초의 임시회는 정기회와 병합하여 집회할 수 있다.

제3조(임시회) ②민의원의원의 총선거 또는 참의원의원의 통상선거가 실시된 때에는 그 의원의 임기개시일 후 10일에 임시회를 집회한다. 단 당해일이 공휴일인 때에는 그 익일에 집회한다.

제14조(의장, 부의장의 선거) ①의장과 부의장은 각원에서 무기명투표로 선거하되 그 원의재적의원 3분지 2 이상의 출석과 출석의원 과반수의 투표를 얻어 당선된다.

제38조(상임위원) ①상임위원은 매 정기회 초에 선임하고 1년간 재임한다. 단, 임기 초에 선임된 위원의 임기는 다음 정기회 전까지로 한다.

제5장 단체교섭회, 위원회와 위원
제33조(단체교섭회) ①중요안건의 의사진행에 관한 협의를 하기 위하여 각 원에 단체교섭회를 둔다.
②단체교섭회는 의장, 부의장, 의원운영위원장과 각 단체의 대표의원으로 구성한다.

③각 단체의 구성의원수는 민의원에 있어서는 20인 이상, 참의원에 있어서는 10인 이상이어야 한다

제38조(상임위원) ①상임위원은 매 정기회 초에 선임하고 1년간 재임한다. 단, 임기 초에 선임된 위원의 임기는 다음 정기회 전까지로 한다.
②의원은 적어도 1개의 상임위원이 된다.

제39조(상임위원장) ①상임위원회에 위원장 1인을 둔다.
②상임위원장은 당해상임위원 중에서 각 원에서 임시의장선거의 예에 준하여 선거한다.
③상임위원장의 임기는 상임위원으로서의 임기와 같다.

제44조(위원의 선임) ①각 위원회의 위원은 각 단체의 소속 의원수의 비율에 의하여 각 단체에 할당하여 선임한다.
②어느 단체에도 속하지 아니한 의원의 위원의 선임은 전항에 준하여 의장이 선임한다.
(1960년 9월 26일 전부 개정 국회법)


제1공화국 마지막 국회법과 비교해 교섭단체 구성, 상임위원회 교섭단체 비율에 의한 할당 선임, 상임위원장 선출방식 등을 볼 때 크게 달라진 것은 없었다. 민의원에는 13개 상임위원회를, 참의원에는 9개의 상임위원회를 두었다. 민의원은 1960년 10월 2일 상임위원장 선출을 위한 선거를 실시하였고, 참의원은 10월 7일 선거를 실시하였다. 10월 2일 민의원 회의록을 통해 상임위원장 선출 전 논의를 보면 단체별로 상임위원회 배정이 있었고, 단체 간 상임위원장 선출을 위한 사전 논의가 있었음을 알 수 있다. 민의원에는 3개의 단체가 있었는데 민주당 구파, 민주당 신파, 그리고 비민주당 의원들이 구성한 민정구락부였다. 민의원 13개 상임위원장에 민주당 구파 5인, 신파 5인, 그리고 민정구락부 3인이 선출되었다. 참의원 9개 상임위원장에

민주당 구파 4인, 신파 3인, 무소속 2인이 선출되었다. 상임위원장 선출은 경선을 통해 이루어졌으며 단체별로 배분된 결과였다(유병곤 2006).

제2공화국은 5.16 쿠데타로 인해 임기를 1년도 채우지 못하고 해산되는 비운을 맞이하였다. 이로 인해 제5대 국회 원구성은 1960년 한 번만 이루어졌다. 의원내각제와 양원제 첫 실시로 인해 국회운영에 커다란 변화가 있었지만 원구성 방식에는 커다란 변화가 없었다. 다만, 제1공화국 제3대 국회와 제4대 국회에서 다수당이 의장단과 상임위원장을 독식한 것과는 달리 단체(교섭) 간 의장단과 상임위원장 배분에 있어 어느 정도 논의와 합의가 있었음을 알 수 있다.


# V. 제3, 4, 5공화국 원구성

## 1. 제3공화국 원구성

제3공화국, 제4공화국, 제5공화국의 원구성은 의장단 선출과 상임위원장 선출에 있어 동일한 모습을 보이는데 소수당에 대한 배려는 찾을 수 없고 다수당이 독식하는 방식이었다. 1963년 제3공화국 제6대 국회(1963.12.17.–1967.6.30.)를 위한 선거가 1963년 11월 26일에 실시되었다. 여기에서 민주공화당이 110석을 차지해 다수당이 되었고, 민정당이 40석, 민주당이 14석, 자유민주당이 9석, 국민의당이 2석을 얻었다. 제6대 국회 국회법은 제5대 국회법과 커다란 차이는 없지만 단체교섭회를 교섭단체로 바꾸었으며, 교섭단체가 20인에서 10인으로 바뀌었다는 점, 그리고 상임위원장과 위원들의 임기가 1년에서 2년으로 바뀌었다는 점 등이 변화라 하겠다. 제6대 국회는 12개의 상임위원회를 두었으며 예산결산위원회의 위상이 상임위원회에서 특별위원회로 바뀌었다.

의장과 부의장 선거가 1963년 12월 17일 치러져 민주공화당의 이효상 의원이 의장으로, 민주공화당의 장경순 의원과 민정당의 나용균 의원이 부의장으로 선출되었다. 제6대 국회 전반기에는 민주공화당, 민정당, 그리고 민주당, 자유민주당, 국민의당이 합하여 만든 삼민회 등 3개의 교섭단체가 있었다. 1963년 12월 24일 상임위원장 선거가 치러졌는데 이효상 의장은 '오늘 의사 일정은 각 교섭단체에서 상임위원회 명단이 들어왔고 지난번 본회의에서 여러 의원께서 발언하신 바와 같이 이 국회의 정상적인 구성을 빨리 완성시키기 위해서 오늘 먼저 각 상임위원회 위원장 선거를 하겠습니다.'라며 상임위원장 선거를 진행하였다. 상임위원장 선거에서 민주공화당 소속 의원들이 모든 상임위원장을 차지하는 것으로 제6대 국회 전반기 원구성이 마무리되었다. 제6대 국회 후반기 원구성을 위한 의장단 선출과 상임위원장 선출에서도 모두 다수당인 민주공화당이 독식하였다.

이러한 현상은 제7대 국회(1967.7.1.–1971.6.30.)에서도 이어졌다. 제7대 국회 구성을 위한 선거는 1967년 6월 8일에 치러졌고, 지역구 131명과 전국구 44명 합 175명이 선출되었다. 1967년 7월 10일 개회식 후 의장과 부의장 선출이 있었는데 의장에는 민주공화당의 이효상 의원이, 부의장에는 민주공화당의 장경순 의원이 선출되었다. 그러나 야당의원들이 6월 8일 부정선거에 대한 불만과 항의로 국회에 출석하지 않아 야당 몫으로 있던 나머지 1인의 부의장은 선출되지 못하였다. 제7대 국회는 9월 1일 정기회를 열어 야당의 등원 없이 회의를 지속하지만 10월 4일까지 휴회를 거듭하였다. 제7대 국회는 10월 5일 드디어 상임위원장을 선출하였는데 12인 상임위원장에 모두 민주공화당 의원이 선출되었다. 신민당이 국회 교섭단체 등록을 하지 않고 민주공화당만이 교섭단체로 등록되어 있는 상황에서 민주공화당은 제명된 의원들을 중심으로 십오구락부라는 제2교섭단체를 10월 5일 등록하였다. 두 교섭단체가 등록된 후 상임위원장 선출을 마무리한 것이었다. 신민당이 교섭단체 등록을 하지 않았다고 야당을 배제하고, 등록한 두 교섭단체 의원들만을 대상으로 상임위원회를 배정하고 상임위원장을 선출한 것이었다. 신민당 의원은 11월 27일 국회에 등록하고 11월 29일 교섭단체 등록을 마치면서 국회 등원 거부투쟁을 종료하였다. 한편 1968년 6월 7일 야당 몫인 부의장 자리에 신민당의 윤제술 의원이 선출되었다. 이로써 제7대 국회 전반기 원구성은 실질적으로 마무리되었다. 제7대 국회 후반기 원구성을 위한 의장단 선출과 상임위원장 선출은 앞서와 마찬가지로 다수당인 민주공화당의 독식이었다. 후반기 원구성은 국회의장의 자격 문제, 헌법 개정안 변칙 가결 처리, 선거법 개정 등을 놓고 쉽게 이루어지지 않았다. 1970년 9월이 돼서야 완전한 원구성이 이루어질 수 있었다. 제7대 국회는 여당과 야당 간 갈등이 첨예한 상태에서 임기를 마쳤다.

제8대 국회의원선거는 1971년 5월 25일 치러졌다. 지역구의원 153명과 전국구의원 51명 총 204명이 선출되었다. 정당별 의석을 보면 민주공화당 113석, 신민당 89석이었으며 국민당과 민중당이 지역구에서 각각 1석을 얻었다. 1971년 7월 1일 임기가 개시된 제8대 국회(1971.7.1.-1972.10.17.)는 7월 26일 개원하여 의장과 부의장을 선출하였다. 의장에는 민주공화당 백두진 의원이, 부의장에는 민주공화당 장경순 의원과 신민당의 정해영 의원이 선출되었다. 7월 27일 교섭단체(민주공화당, 신민당) 비율에 따른 13개 상임위원회 위원 배정이 논의되었고, 7월 28일 상임위원장 선거가 실시되어 원구성이 마무리되었다. 그러나 1972년 10월 17일 대통령 특별선언으로 국회는 해산되었고 제8대 국회는 짧게 임기를 마감하였다.

## 2. 제4공화국 원구성

제9대 국회의원선거 전 국회법이 전면 개정되었는데 국회에 의한 개정이 아니라 비상국무회의에 의한 것이었다. 비상국무회의에 의해 개정된 국회법에 의해 앞으로 구성될 제9대 국회(1973.3.12.–1979.3.11.)의 운영이 결정되었다. 원구성 관련된 내용을 살펴보면 의장과 부의장 임기가 3년이며, 교섭단체 구성을 위해서는 20석이 필요하였다. 상임위원회 위원 및 위원장의 임기도 3년이며, 위원장 선출은 제3공화국 때와 동일하였다. 원구성 관련 주요 국회법 내용은 아래와 같다.

제9조(의장·부의장의 임기) ①의장과 부의장의 임기는 3년으로 한다.

제15조(의장·부의장의 선거) ①의장과 부의장은 국회에서 무기명투표로 선거하되 재적의원 과반수의 득표로 당선된다.
②제1항의 1차투표에서 당선자가 없을 때에는 2차투표를 행하고, 2차투표에서도 당선자가 없을 때에는 최고득표자가 1인이면 최고득표자와 차점자에 대하여, 최고득표자가 2인 이상이면 최고득표자에 대하여 결선투표를 행하여 다수의 득표자를 당선자로 한다.

제35조(교섭단체) ①국회에 20인 이상의 소속 의원을 가진 정당은 하나의 교섭단체가 된다. 그러나 다른 교섭단체에 속하지 아니하는 20인 이상의 의원으로 따로 교섭단체를 구성할 수 있다

제40조(상임위원회의 위원) ①상임위원회의 위원(이하 "상임위원"이라 한다)은 회기 초에 선임하고 3년간 재임한다. 그러나, 총선거 후 최초의 임시회 초에 선임된 위원의 임기는 그 임기가 만료되는 해의 정기회 집회일 전까지로 한다.

제41조(상임위원회의 위원장) ①상임위원회의 위원장(이하 "상임위원장"이라 한다) 1인을 둔다.

②상임위원장은 당해 상임위원 중에서 임시의장 선거의 예에 준하여 국회의 회의(이하 "본회의"라 한다)에서 선거한다. 다만, 부득이한 사유가 있을 때에는 본회의의 의결로 상임위원장의 선임을 의장에게 위임할 수 있다.
③상임위원장의 임기는 상임위원으로서의 임기와 같다.
(1973년 2월 7일 전부 개정 국회법)

제9대 국회의원선거는 1973년 2월 27일에 치러졌다. 각 지역구에서 1구2인의 국회의원을 뽑는 중선거구제를 통한 직접선거로 146명을 선출하였고 간접선거로 유신정우회 소속 73명이 선출되어 전체 219명이 선출되었다. 지역구 선거에서 민주공화당이 73석, 신민당이 52석, 민주통일당이 2석, 무소속이 19석을 얻었다. 1973년 3월 12일 의장과 부의장 선출이 있었는데 의장에는 민주공화당의 정일권 의원이, 부의장에는 유신정우회의 김진만 의원이 선출되었다. 야당 몫의 부의장은 이날 선출되지 못하였는데, 임시의장은 '부의장 한 분을 더 선거를 해야 되겠읍니다마는 사정에 의해서 당분간 보류하겠읍니다.'라고 말한다(국회 본회의 회의록, 1973년 3월 12일). 회의록을 통해 부의장 1인을 선출하지 못한 이유를 정확히 알 수는 없다. 한편, 3월 16일 제9대 국회는 13개 상임위원회 위원장을 선출하였는데 교섭단체로 등록되어 있는 단체는 유신정우회, 민주공화당, 신민당이었다. 상임위원장에 민주공화당 소속 9인(국회운영위원회, 법제사법위원회, 내무위원회, 재무위원회, 경제과학위원회, 문교공보위원회, 농수산위원회, 상공위원회, 교통체신위원회)의 의원이, 유신정우회 소속 4인(외무위원회, 국방위원회, 보건사회위원회, 건설위원회)의 의원이 상임위원장으로 선출되었다. 여당의 두 교섭단체 간 사전 논의에 의한 상임위원장 배분이라 말할 수 있다. 의원들의 상임위원회 배정 그리고 상임위원장 선출에도 야당 몫으로 남아 있던 부의장 선출이 마무리되지 않아 제9대 국회 전반기 원구성은 끝나지 않은 상태였다. 국회는 1973년 5월 26일 야당 몫으로 남아 있던 부의장에 신민당의 이철승 의원을 선출하였다. 이로써 실질적인 원구성이 마무리되었다. 제9대 후반기 원구성은 전반기 원구성과 동일한 모습을 보였다. 1976년 3월 12일 실시된 의장단 선거에서 민주공화당 정일권 의원을 의장에, 부의장에는 유신정우회 구태회 의원과 신민당 이민우 의원을 선출하였다. 한편, 3월 15일에는 상임위원장을 선출하였는데 8인의 민주공화당 의원과 5인의 유신정우회 의원이 상임위원장으로 선출되었다. 이처럼 제9대 국회 후반기 원구성 또한 여당의 독식으로 마무리되었다.

제9대 국회 원구성의 특징은 간접선거로 선출된 통일주체국민회의 유정회 의원들의 국회 입성으로 인해 여당의 영향력이 확대되었다는 점이며, 이들은 민주공화당과 따로 교섭단체를 만들어 국회운영 및 원구성에 영향을 미쳤다. 한편, 야당은 원구성에 있어 부의장 외에는 다른 주요 요직을 차지할 수 없었는데 제3공화국 국회와 마찬가지로 여당의 독식이라 말할 수 있다.

제9대 국회의원들의 6년 임기가 끝나고 제10대 국회(1979.3.12.-1980. 10. 27.)를 위한 선거가 1978년 12월 12일 실시되었다. 전체 의석은 지역구 154석에 간접선거로 선출되는 통일주체국민회의 77석을 합해 총 231석이었다. 지역구에서 민주공화당이 68석, 신민당이 61석, 민주통일당이 3석, 무소속 의원이 22석을 얻었다. 1979년 3월 17일 회의를 열고 의장에는 유신정우회 소속의 백두진 의원을, 부의장에는 민주공화당 민관식 의원과 신민당의 고흥문 의원을 선출하였다. 유신정우회 소속의 의원이 국회의장으로 선출되는 것에 대해 야당의 반발이 있었지만 여당은 이를 강행하여 백두진 의원을 의장으로 선출하였다. 제10대 전반기에 민주공화당, 유신정우회, 신민당, 그리고 민정회 교섭단체가 있었지만 13개 상임위원회 중 민주공화당이

11곳, 유신정우회가 2곳(외무위원회, 농수산위원회)의 상임위원장을 맡았다. 제10대 국회는 제8차 개정 헌법에 의해 임기가 1980년 10월 27일 종료되었다.

제4공화국 국회에서 원구성은 3번 있었다. 이 시기의 중요한 특징은 여당인 민주공화당과 유신정우회에 의한 의장과 부의장 배분, 그리고 상임위원장 독식이라고 할 수 있다. 무엇보다 여당은 우월한 국회 내 의석 그리고 두 개의 교섭단체를 통해 국회 내 주요 보직과 운영을 독식하였다.

## 3. 제5공화국 원구성

국회법은 국가보위입법회의에 의해 1981년 1월 전면 개정되었다. 원구성과 관련해 크게 달라진 점은 의원의 임기가 4년으로 변경되면서 의장과 부의장, 상임위원장과 상임위원회 위원 임기도 2년으로 변경되었다는 점이다. 그 외에 커다란 변화는 없었으며 자세한 내용은 아래와 같다.

제10조(의장·부의장의 정수) 국회에 의장 1인과 부의장 2인을 둔다.

제11조(의장·부의장의 임기) ①의장과 부의장의 임기는 2년으로 한다. 다만, 보궐선거에 의하여 당선된 의장 또는 부의장의 임기는 전임자의 잔임기간으로 한다. ②의장선거일이 부의장선거일보다 먼저인 경우 부의장의 임기는 의장의 임기와 같이 종료한다

제35조(교섭단체) ①국회에 20인 이상의 소속 의원을 가진 정당은 하나의 교섭단체가 된다. 그러나 다른 교섭단체에 속하지 아니하는 20인 이상의 의원으로 따로 교섭단체를 구성할 수 있다

제41조(상임위원의 임기) ①상임위원은 선임된 날로부터 2년간 재임한다. 다만, 국회의원총선거 후 처음 선임된 위원의 임기가 폐회기간 중에 만료되는 때에는

다음 회기에서 위원을 새로 선임한 전일까지 재임한다

제42조(상임위원회의 위원장)  ①상임위원회에 위원장(이하 "상임위원장"이라 한
다) 1인을 둔다.
②상임위원장은 당해 상임위원 중에서 임시의장선거의 예에 준하여 국회의 회
의(이하 "본회의"라 한다)에서 선거한다. 다만, 부득이한 사유가 있을 때에는 본
회의의 의결로 상임위원장의 선임을 의장에게 위임할 수 있다.
③상임위원장의 임기는 상임위원으로서의 임기와 같다.
(1981년 1월 29일 전부 개정 국회법)

제11대 국회의원선거는 1980년 10월 27일에 개정된 헌법에 따라 1981년
3월 25일 실시되었다. 제11대 국회(1981.4.11.–1985.4.10.)는 중선거구제
에 의한 지역구의원 184명과 전국구의원 92명 총 276명으로 구성되었다. 당
시 여당인 민주정의당이 151석을 차지하였고, 민주한국당이 81석, 한국국
민당이 25석을 차지하였다. 그 외 정당들과 무소속의원들이 19석을 얻었다.
제11대 국회는 4월 11일 임기가 시작되었고 4월 11일 임시회를 소집해 의장
과 부의장을 선출하였다. 민주정의당의 정래혁 의원이 의장으로, 부의장에
는 민주정의당 채문식 의원과 민주한국당 김은하 의원이 선출되었다. 제11
대 전반기에 3개의 교섭단체(민주정의당, 민주한국당, 한국국민당)가 있었
으며 이들은 의석 비율에 따라 각 상임위원회에 의원을 배정하였다. 13개 상
임위원회 상임위원장은 민주정의당 소속 의원들이 모두 독식하였다. 제5공
화국 제11대 국회 전반기 원구성은 4월 14일 마무리되었는데 제3공화국, 제
4공화국에서의 원구성과 차이는 없었다. 제11대 국회 후반기 원구성도 전반
기와 비슷하게 마무리되었다. 1983년 4월 11일 제11대 국회는 국회의장에
민주정의당의 채문식 의원을, 부의장에는 민주정의당 윤길중 의원과 한국
민주당의 고재청 의원을 선출하였다. 4월 13일 상임위원장 선출에 들어갔으

며, 후반기에도 3개의 교섭단체(민주정의당, 민주한국당, 한국국민당)가 있었지만 모든 상임위원장은 민주정의당 의원들에게 돌아갔다.

제5공화국 제12대 국회(1985.4.11.−1988.5.29.)를 위한 국회의원선거가 1985년 2월 12일에 실시되었다. 이때 여당인 민주정의당이 148석, 민주한국당이 35석, 한국국민당이 20석, 신한민주당이 67석을 얻었다. 제12대 국회는 4월 11일 개원해야 했지만 5월 13일이 되어서야 개회식을 갖게 되었다. 이는 신한민주당이 등원을 전제로 제시한 구속자 석방 및 김대중 등의 사면·복권, 민주화 일정 청사진 요구 등에 대한 논의 때문이었다(국회 2008). 이에 대해 여야가 노력하기로 합의하면서 5월 13일 의장단을 선출하였다. 의장에는 민주정의당의 이재형 의원이, 부의장에는 민주정의당의 최영철 의원과 신한민주당 소속의 김록영 의원이 선출되었다.[14] 상임위원장은 5월 15일 선출하였다. 제12대 국회 전반기에 교섭단체를 구성할 수 있는 정당은 민주정의당, 신한민주당, 한국국민당으로 3개였지만, 민주한국당과 신한민주당이 1개의 교섭단체가 되었다. 그럼에도 민주정의당이 과반수 정당이었기에 13개 상임위원장 자리를 모두 차지하였다.

1986년 전두환 대통령의 호헌조치 이후 개헌의 목소리가 커지면서 1986년 국회는 개헌을 놓고 대립하는 모습을 보이게 되었다. 이러한 상황은 1987년에도 이어졌지만 제12대 국회는 5월 12일 의장 선출을 위한 후반기 원구성에 들어갔다. 임기가 만료된 민주정의당 소속 이재형 의장이 재선되었고, 부의장에는 민주정의당 장성만 의원이 선출되었다. 야당 몫의 부의장 선출은 사정으로 실시되지 않았으며, 제12대 국회가 끝날 때까지 공석으로

---

14) 김록영 부의장이 선출 2개월 만에 사망하여 신한민주당의 조연하 의원이 부의장으로 선출되었다.

남게 되었다. 이어 5월 13일 상임위원장을 선출하였는데 13인 모두 민주정
의당 소속 의원이었다. 제12대 국회 후반기 원구성은 전반기와 동일한 모습
이었으며, 제12대 후반기 원구성은 제5공화국 마지막 원구성이었다. 제12
대 국회는 제5공화국 헌법이 개정됨에 따라 1988년 5월 29일 임기가 일찍
만료되었다.

# VI. 제6공화국 원구성

제6공화국 헌법은 제5공화국과 비교하여 많은 차이를 보였는데 무엇보
다 직접선거를 통한 대통령 선출이었다. 한편 선거는 과거 중선거구제에서
소선거구제로 바뀌었고 비례대표(전국구)의원들도 포함되었다. 국회는 과
거와 같이 단원제였으며, 제13대 국회가 개원해 국회법을 전면 개정하였
다. 여기에는 국회의장의 권한 축소, 청문회 도입, 국정감사 실시, 국회 총
회기일수 제한 삭제, 상임위원회 증설 등이 포함되었으며 국회운영에 있어
교섭단체 간 타협이 중요하게 되었다. 그러나 원구성 관점에서 보면 커다
란 내용의 변화는 찾기 힘들다. 원구성과 관련된 제13대 국회(1988.5.30.-
1992.5.29.) 국회법의 주요 내용은 아래와 같다.

제5조(임시회) ①임시회의 집회요구가 있을 때에는 의장은 집회기일 3일 전에 공
고한다. 다만, 2개 이상의 집회요구가 있을 때에는 먼저 제출된 것을 공고하고,
동시에 제출되었을 때에는 집회일이 빠른 것을 공고하여야 한다.
②국회의원총선거 후 최초의 임시회는 국회의원임기개시일로부터 30일 이내에
집회한다.

제9조(의장·부의장의 임기) ①의장과 부의장의 임기는 2년으로 한다. 다만, 보궐선

거에 의하여 당선된 의장 또는 부의장의 임기는 전임자의 잔임기간으로 한다.

제15조(의장·부의장의 선거) ①의장과 부의장은 국회에서 무기명투표로 선거하되 재적의원 과반수의 득표로 당선된다.

②제1항의 득표자가 없을 때에는 2차투표를 하고, 2차투표에도 제1항의 득표자가 없을 때에는 최고득표자가 1인이면 최고득표자와 차점자에 대하여, 최고득표자가 2인 이상이면 최고득표자에 대하여 결선투표를 함으로써 다수득표자를 당선자로 한다

제33조(교섭단체) ①국회에 20인 이상의 소속 의원을 가진 정당은 하나의 교섭단체가 된다. 그러나 다른 교섭단체에 속하지 아니하는 20인 이상의 의원으로 따로 교섭단체를 구성할 수 있다.

제39조(상임위원회의 위원) ①의원은 하나의 상임위원회의 위원(이하 "상임위원"이라 한다)이 된다. 다만, 국회운영위원회의 위원을 겸할 수 있다.

제40조(상임위원의 임기) ①상임위원은 선임된 날로부터 2년간 재임한다. 다만, 국회의원총선거 후 처음 선임된 위원의 임기가 폐회기간 중에 만료되는 때에는 다음 회기에서 위원을 새로 선임한 전일까지 재임한다.

제41조(상임위원장) ①상임위원회에 위원장(이하 "상임위원장"이라 한다) 1인을 둔다.

②상임위원장은 당해 상임위원중에서 임시의장선거의 예에 준하여 국회의 회의(이하 "본회의"라 한다)에서 선거한다.

③상임위원장의 임기는 상임위원으로서의 임기와 같다.

제46조(위원의 선임) ①상임위원은 교섭단체소속 의원수의 비율에 의하여 각 교섭단체 대표의원의 요청으로 의장이 선임한다.

②어느 교섭단체에도 속하지 아니하는 의원의 상임위원선임은 의장이 이를 행한다.

(1988년 6월 15일 전면 개정 국회법)

원구성과 관련해서 국회법은 과거 제3공화국, 제4공화국, 제5공화국과 비교하여 커다란 차이를 발견하기 어렵다. 그러나 제13대 국회의원선거 결과는 국회운영 및 원구성에 커다란 변화를 가져왔다. 1988년 4월 26일 치러진 제13대 국회의원선거에서 여당인 민주정의당은 125석, 통일민주당은 59석, 평화민주당은 70석, 신민주공화당은 35석을 얻었다. 여당인 민주정의당이 의석 과반수를 획득하지 못한 것이다. 이로 인해 의장단 선출 및 상임위원장 선출에 있어 야당이 결심하면 모두를 차지할 수 있는 상황이 전개되었다. 원구성을 위한 협상이 1988년 5월 17일에 시작되었고, 여당이며 국회 다수당인 민주정의당이 국회의장을 차지하는 것에 대해 커다란 이견은 없었다. 또한, 여당과 야당이 나누어 가졌던 부의장 자리는 두 야당이 차지하는 것에 대해서도 합의에 도달하였다. 그러나 상임위원장 배분에 있어서는 이견을 보였다. 그럼에도 의석 비율에 따라 상임위원장 배분이라는 원칙에 묵시적 동의는 있었다(유병곤 2006). 다만, 어느 상임위원회를 어느 정당이 맡을 것인지에 대한 논의가 오랫동안 지속되었다. 의석 비율에 따라 상임위원장 16개를 배분하고 어느 정당이 어떤 상임위원장을 맡을 것인지에 대한 합의가 6월 17일이 되어서야 결정되었다. 야당은 정치 현안 관련 특별위원회 구성이라는 정치적 이득을 얻고 협상을 마무리하였다.

제13대 국회는 1988년 5월 30일 개원하여 의장과 부의장을 선출하였는데 의장에는 민주정의당 김재순 의원이, 부의장에는 평화민주당 노승환 의원, 통일민주당의 김재관 의원이 선출되었다. 그리고 6월 20일 상임위원장 선거를 실시하여 교섭단체 간 합의에 따라 16개 상임위원장 중 민주정의당은 7곳, 평화민주당은 4곳, 통일민주당은 3곳, 신민주공화당은 2곳의 상임위원장을 맡게 되었다. 이로써 제13대 국회 전반기 원구성이 마무리되었다. 제6공화국 첫 번째 국회의 원구성 협상 및 결과는 중요한 의미를 지니는데 무엇보다 과거 제3, 4, 5공화국 국회와 달리 상임위원장을 여당과 야당이 의석 비율에 따라 배분하였다는 점이다. 또한, 원구성이 과거와 달리 과반 다수당 의 독식에 의해 끝나는 것이 아니라 의석 비율에 따른 배분의 원칙이 적용되 다 보니 정당 지도자의 리더십과 협상능력을 실험하는 무대가 되었고, 원구 성 협상에서 정당들은 자기 당의 이익을 극대화하기 위해 정치 현안을 연계 하는 모습을 보이게 되었다(가상준 2010; 유병곤 2006).

제13대 전반기 원구성 협상에서 수립된 의석 비율에 따른 상임위원장 배 분이라는 원칙은 제6공화국 국회 원구성에 커다란 영향을 미쳤다. 이러한 원칙은 제13대 국회 후반기 원구성 협상과 결과에 의해 더욱 공고해졌다. 이 는 1990년 1월 22일 이루어진 3당(민주정의당, 통일민주당, 신민주공화당) 합당으로 인해 216석의 거대 여당인 민주자유당이 출현했음에도 불구하고 상임위원장 배분이라는 원칙이 지켜졌기 때문이다. 국회 절대 다수석을 차 지한 민주자유당은 국회의장뿐만 아니라 상임위원장을 독점하려 했지만 5 월 11일 시작한 원구성 협상에서 평화민주당은 이에 강하게 반발하였다. 민 주자유당은 5월 29일 임시회를 소집해 의장과 부의장에 박준규 의원과 김재 광 의원을 선출하였으며 관례대로 야당 몫의 부의장은 남겨두었다. 한편, 원 구성을 위한 야당과의 협상을 이어갔는데 김대중 총재와 노태우 대통령 간 영수회담에서 상임위원장 할애라는 의견을 나누고, 민주자유당 원내대책 회의에서 4개의 상임위원장을 야당인 평화민주당에 할애하기로 결정하면 서 17개 상임위원장을 13대 4로 나누기로 합의하였다(유병곤 2006). 그리고 1990년 6월 18일 국회는 임시회를 소집해 6월 19일 공석인 부의장에 평화 민주당 조윤형 의원을 선출하였으며, 이어 상임위원장을 선출하여 제13대 국회 원구성을 마무리하였다.

제13대 국회 전반기와 후반기 원구성은 원구성에 있어 중요한 원칙을 제

대한민국 국회제도의 형성과 변화

공하였다. 첫째, 의장은 국회 다수당이 차지한다는 것이었다. 둘째, 상임위원장은 국회 의석 비율에 따라 배분한다는 것이다. 즉 국회 과반수를 넘는 다수당이 있을지라도 과거와 같이 상임위원장 독식은 불가하며 의석 비율에 따라 소수당에 상임위원장을 할애해야 한다는 것이었다. 이러한 선례와 원칙은 제6공화국 원구성에 지속적으로 영향을 미쳤다. 그러나 어느 정당이 어떤 상임위원장을 맡을 것인지에 대해서는 원칙이 설정되지 못하였다. 이는 '누가(여당 혹은 야당) 다수당이 되는가? 정당 간 의석 비율이 어떻게 되는가? 원구성 협상 시 중요한 정치 현안으로 부상하고 있는 사안은 무엇인가?' 등이 상임위원장 배분에 영향을 미쳤기 때문이다. 또한 정당의 협상능력과 원구성 협상을 둘러싼 여론도 상임위원장 정당 배정에 영향을 미쳤다.

제14대 국회의원선거에서 여당인 민주자유당은 149석을 얻어 218석의 거대 정당에서 의석 과반을 넘지 못하는 정당이 되었다. 민주당은 97석을 얻어 선전하였으며, 통일국민당이 출현하여 31석을 차지하면서 3당 구도를 갖추게 되었다. 한편 무소속 후보가 강세를 보였는데 21명의 무소속 후보가 당선되었다. 여당인 민주자유당은 무소속 의원을 영입하여 교섭단체를 등록할 때는 의석이 156석으로 늘어났다. 원구성 협상에서 야당은 공조체제를 유지하였고, 지방자치제 연내 실시를 주장하며 원구성 협상의 전제조건으로 삼았다. 여당인 민주자유당은 법정 시한 내 원구성을 위해 1992년 6월 29일 임시회를 소집하여 의장과 부의장을 선출하였다. 의장에는 민주자유당의 박준규 의원이, 부의장에는 민주자유당의 황낙주 의원과 민주당의 허경만 의원이 선출되었다. 의장단 선출은 6월 29일 마무리되었지만 지방자치단체장선거에 대한 논의의 실마리가 풀리지 않아 원구성은 완결되지 못하였다. 그러나 협상을 통해 단체장선거 연기, 대통령의 공정한 선거관리 등에 합의하면서 원구성을 마무리하게 되었다. 국회는 10월 2일 원구성 협상에서의 결과를 처리하였는데, 17인의 상임위원장 중 민주자유당이 10곳, 민주당이 5곳, 통일국민당이 2곳의 상임위원장을 차지하면서 원구성을 마무리하였다. 제14대 국회 전반기 원구성을 위한 협상은 5월 28일 시작하여 10월 2일 마무리되기까지 127일이라는 시간이 소요되었다. 제14대 국회 후반기 원구성 협상은 통일국민당이 해체된 후 양당체제로 변환된 상황에서 두 정당 간 협상으로 진행되어 1994년 6월 28일 마무리되었다.

한편, 제14대 국회는 원구성이 지연되는 것을 방지하기 위하여 국회법을 개정하였다. 제14대 국회가 개정한 국회법은 국회 의장단 선출과 상임위원장 선출에 대한 법정 시한을 구체적으로 규정하여 15대 국회(1996.5.30.-2000.5.29.)부터 적용하게 하였다. 의장단의 경우 국회 전반기 의장 및 부의장 선거는 국회의원선거 후 최초 집회일에 실시하며, 처음 선출된 의장 또는 부의장의 임기가 만료되는 때에는 그 임기만료일 전 5일에 실시하도록 규정하였다. 한편 상임위원장 선출을 위한 선거는 국회의원선거 후 최초 집회일부터 3일 이내에 실시하며, 처음 선출된 상임위원장의 임기가 만료되는 때에는 그 임기만료일까지 실시한다고 규정하고 있다. 제14대 국회는 개정된 국회법을 1994년 6월 28일 본회의에 상정하고 표결하여 통과시켰다. 원구성 관련 개정된 내용은 아래와 같다.

제5조(임시회) ①임시회의 집회요구가 있을 때에는 의장은 집회기일 3일전에 공고한다. 다만, 2개 이상의 집회요구가 있을 때에는 먼저 제출된 것을 공고하고, 동시에 제출되었을 때에는 집회일이 빠른 것을 공고하여야 한다.
②국회의원총선거 후 최초의 임시회는 의원의 임기개시 후 7일에 집회하며, 처음 선출된 의장의 임기가 만료되는 때가 폐회 중인 경우에는 늦어도 임기만료일 5일전에 집회한다. 그러나, 그 날이 공휴일인 때에는 그 다음 날에 집회한다

제15조(의장·부의장의 선거) ①의장과 부의장은 국회에서 무기명투표로 선거하되 재적의원 과반수의 득표로 당선된다.

②제1항의 선거는 국회의원총선거 후 최초집회일에 실시하며, 처음 선출된 의장 또는 부의장의 임기가 만료되는 때에는 그 임기만료일 전 5일에 실시한다. 그러나, 그 날이 공휴일인 때에는 그 다음 날에 실시한다.

제40조(상임위원의 임기) ①상임위원의 임기는 2년으로 한다. 다만, 국회의원총선거 후 처음 선임된 위원의 임기는 그 선임된 날부터 개시하여 의원의 임기개시후 2년이 되는 날까지로 한다.

제41조(상임위원장) ①상임위원회에 위원장(이하 "상임위원장"이라 한다) 1인을 둔다.

②상임위원장은 제48조 제1항 내지 제3항의 규정에 의하여 선임된 당해 상임위원 중에서 임시의장선거의 예에 준하여 국회의 회의(이하 "본회의"라 한다)에서 선거한다.

③제2항의 선거는 국회의원총선거 후 최초집회일부터 3일 이내에 실시하며, 처음 선출된 상임위원장의 임기가 만료되는 때에는 그 임기만료일까지 실시한다. (1994년 6월 28일 일부 개정 국회법)

　

제15대 국회의원선거는 1996년 4월 11일 실시되었고 여당인 신한국당이 139석, 새정치국민회의가 79석, 자유민주연합(자민련)이 50석, 민주당이 15석, 무소속이 16석을 얻어 여당이 다시 한 번 과반을 확보하지 못한 선거가 되었다. 그러나 선거 후 신한국당은 무소속과 민주당 의원을 영입하여 원구성 협상이 이루어질 때까지 151석을 확보해 과반수 다수당이 되었다. 야당은 여당에 공조체제를 갖추면서 원구성 협상에 임하였는데 제15대 국회부터는 제14대 국회에서 통과된 개정된 국회법이 적용되었다. 이에 따르면, 의원의 임기 개시 후 7일에 집회하며, 상임위원장선거는 국회의원총선거 후 최초 집회일부터 3일 이내에 실시하도록 되어 있었다. 그러나 국회가 만든 국회법임에도 불구하고 원구성을 위한 협상은 지지부진하였다. 이는 여당의 의원 빼가기에 대한 야당의 반발에 기인한 것이며, 나아가 1997년 치러질 대통령선거에서 유리한 조건을 조성하기 위함이었다(유병곤 2006). 야당은 개원을 위한 조건을 내세우며 여당을 압박하였는데 법정 국회개원일인 6월 5일 소집된 제15대 국회의 의장단 선출은 정당 간 협상이 완료될 때까지 미루어졌다. 정당 간 원구성 협상은 7월 3일에 이르러서야 합의를 이루게 되었고, 제15대 국회는 임시회 마지막 날인 7월 4일 드디어 의장과 부의장을 선출하였다. 의장에는 신한국당의 김수한 의원이, 부의장에는 신한국당의 오세응 의원과 국민회의의 김영배 의원이 선출되었다. 제15대 국회는 7월 8일 임시회를 다시 열고 원구성 협상에서 합의한 대로 16인의 상임위원장 중 신한국당이 9곳, 국민회의가 4곳, 자민련이 3곳의 상임위원장을 맡게 되었다. 이로써 제15대 국회 전반기 원구성이 마무리되었다. 개정된 국회법에 의하면 6월 7일까지 원구성을 마쳐야 했지만 제15대 국회는 7월 8일이 되어서야 마칠 수 있었다.

제15대 국회 후반기 원구성과 관련한 협상은 정권교체로 인해 여당과 야당의 위치가 바뀐 상황에서 이루어졌다. 제15대 국회 전반기의 상황과 정반대로 한나라당의 의원들에 대한 의원 빼가기가 나타났고, 야당인 한나라당의 의원 수는 원구성 법정일인 5월 25일에 과반수 아래로 내려가게 되었다. 그리고 법정기일에 맞춰 후반기 원구성을 하겠다는 생각보다 국회의장을 확보하려는 여야 간 대치로 인해 원구성 협상은 지방선거(6월 4일)와 재보궐선거(7월 21일) 이후로 미뤄지게 되었다. 재보궐선거 후 한나라당의 의석은 다시 과반을 넘은 151석이 되었고 원구성 협상은 새로운 상황에서 시작되었다. 의장단선거를 자유경선으로 실시하자는 데 합의하고 8월 3일 의장선거를 실시하였다. 그런데 한나라당은 151석이 과반수 다수당인에도 의

대한민국 국회제도의 형성과 변화

장선거에서 지는 사태가 발생하였다. 결국 제15대 후반기 국회의장으로 자유민주연합 소속의 박준규 의원이 선출되었다. 선거 결과의 여파로 인해 부의장선거와 상임위원장선거는 8월 17일이 돼서야 치러지게 되었다. 부의장에는 한나라당의 신상우 의원과 새정치국민회의의 김봉호 의원이 선출되었다. 16개 상임위원장은 의석 비율에 따라 한나라당 8곳, 새정치민주연합 5곳, 자유민주연합 3곳으로 배분되었지만, 국회운영위원회와 법제사법위원회를 놓고 한나라당과 새정치민주연합은 강경하게 대립하였다. 결국 국회운영위원장은 여당인 새정치민주연합이 차지하는 대신 법제사법위원장은 야당인 한나라당이 차지하는 것으로 합의하여 원구성이 마무리되었다. 제15대 국회 후반기 원구성 역시 법정 기한을 지키지 못하였다. 과거 원구성이 상임위원장 배분을 둘러싼 정당 간 대립이었다면 제15대 국회 후반기 원구성은 의장직을 둘러싼 대립이었다.

제16대 국회의원의 수는 273명으로 과거보다 정수가 줄어든 국회였다. 2000년 4월 13일 선거에서 여당인 새천년민주당이 115석, 자유민주연합이 17석, 한나라당이 133석을 얻어 아무도 과반수를 확보하지 못하는 구도가 형성되었다. 새천년민주당은 의원을 영입하였고 DJP 연합을 복원시켜 국회의장직을 확보하였다. 제16대 국회(2000.5.30.-2004.5.29.)가 개원한 2000년 6월 5일 의장선거에서 새천년민주당의 이만섭 의원이 한나라당의 서청원 의원을 꺾고 의장으로 선출되었다. 부의장에는 한나라당 홍사덕 의원과 자유민주연합의 김종호 의원이 선출되었다. 상임위원장 배분에 있어서는 이견이 있어 협상이 조기에 마무리되지는 못하였으나, 의석 비율에 따른 배정 원칙이 있었고 제16대 국회에서의 경험이 있어 결국 한나라당은 9곳, 새천년민주당은 7곳, 자유민주연합은 1곳의 상임위원장을 맡는 데 합의하였다. 그 후 국회는 6월 16일 상임위원장선거를 통해 원구성을 마쳤다. 제16대 국회 전반기 원구성은 국회 과반 다수당이 없는 상태로 의장과 상임위원장 확보를 위한 협상 속에서 마무리되었다.

제16대 국회 후반기 원구성은 한나라당이 다수당이었고, DJP 연합도 깨진 상황이었기에 여당인 새천년민주당은 원구성 협상을 늦게 가져감으로써 분위기 반전을 통해 의장직을 확보하려 하였다. 그러나 성공하지 못하고 결국에는 자유경선에 합의하였다. 후반기 원구성 법정기일을 한참 넘긴 2002년 7월 8일 의장 선출을 위한 선거에서 한나라당의 박관용 의원이 136표로 새천년민주당의 김영배 의원(112표)을 누르고 국회의장으로 선출되었다. 이어진 부의장선거에서 새천년민주당의 김택식 의원, 자유민주연합의 조부영 의원이 선출되었다. 17개 상임위원장 배분은 한나라당이 10곳, 새천년민주당 6곳, 자유민주연합 1곳으로 귀결되었고, 7월 11일 국회는 상임위원장을 선출함으로써 원구성을 마무리하였다. 제16대 국회 후반기 원구성 또한 전반기와 마찬가지로 의장과 상임위원장을 최대한 확보하기 위한 협상이었다. 한편 제16대 국회 후반기 원구성에서는 최초로 야당 국회의장이 선출되었다는 특징을 보였다.

제17대 국회(2004.5.30.−2008.5.29.)부터 제20대 국회(2016.5.30.−2020.5.29.)까지 원구성 협상은 과거와 다른 모습을 보여 주었는데 무엇보다 의원 빼가기가 사라졌다는 점이다. 국회의원선거 후 (여당의) 의원 빼가기는 원구성 협상을 어렵게 하는 요인이었다. 이렇게 인위적으로 국회의 구도를 바꾸려는 시도는 제17대 국회부터 사라졌다. 정당 간 공천 갈등으로 인해 탈당하여 무소속으로 출마해 당선된 후 원래의 소속 정당으로 돌아오는 경우는 있었지만 다른 당 의원 및 원 소속이 아니었던 무소속의원을 영입하지는 않았다. 한편, 상임위원장 배분은 정당의 의석 비율에 상응한다는 원칙 외에도 국회운영위원장은 여당이, 법제사법위원장은 소수당이 맡는다는 원칙이 형성되었다. 이에 따라 여당은 소수당이든 다수당이든 상관없이 국회운영위원장을 맡게 되었다. 한편, 법제사법위원장은 소수당이 맡는 전통이 자리 잡게 되었는데, 국회의장이 다수당에서 선출되면 법제사법위원장은 소수당이 맡게 된 것이었다. 국회 과반수 다수당이 출현할 경우 당연히 국회의장을 맡게 되고 부의장은 다수당과 소수당이 각각 차지하게 되었다. 제20대 국회와 같이 3개의 교섭단체가 출현할 경우 다수당이 의장을 맡고 다른 두 정당이 부의장을 차지하게 되었다. 한편, 제16대 국회와 같이 과반 다수당이 출현하지 않을 경우 국회의장직을 어느 정당이 맡아야 하는지 제20대 국회에서 논의가 있었는데 의회 내 다수당이 의장직을 맡는 것으로 귀결되었다.

원구성 협상 결과 의장직과 상임위원장 배분이 결정되면 다수당과 소수당은 의장과 부의장 선출을 위한 당내 경선을 실시하였다. 제16대 후반기 의장단 선출을 위해 한나라당이 당내 경선을 실시한 것이 첫 경선이었다. 한나라당 서청원 의원은 박관용 의원을 눌러 의장 후보로 선출됐고, 홍사덕 의원은 서정화 의원을 제치고 부의장 후보가 되었다. 그러나 서청원 의원은 국회 경선에서 새천년민주당과 자유민주연합 공조 복원으로 추천된 이만섭 의원에게 져 국회의장에 당선되지 못하였다. 한편, 홍사덕 의원은 국회부의장으로 당선되었다. 제17대 후반기 국회에서 열린우리당은 국회의장 경선을 실시하였는데 임채정 의원이 승리하여 국회의장 후보로 결정되었고 결국 국회의장으로 선출되었다. 이후 국회의장 선출을 위한 당내 경선은 지속되고 있다. 또한, 상임위원장 배분 결과가 결정되면 예전에는 정당 지도부가 상임위원장을 내정하였지만 제18대 국회에서 한나라당 내 반발이 있어 경선을 실시하였다. 과거 정당 지도부가 정한 상임위원장에 반발하여 경선이 실시된 것은 제18대 국회에서 처음 있었던 일로, 이후 상임위원장 선정을 위한 당내 경선은 자주 목격되었다.

원구성에 있어 정당 간 지켜지는 원칙이 많아지고, 원구성 경험이 많은 교훈을 주고 있음에도 제17대 국회부터 제20대 국회까지 원구성은 법정기일을 지키지 못하였다. 이는 원구성 협상에 있어 두 가지 문제점이 항상 상존했기 때문이다. 무엇보다 어떤 상임위원장직을 가져갈 것인지에 대한 정당 간 절대적인 합의를 이루는 것이 어렵다는 점이다. 즉, 상임위원장 배분은 어느 정당이 과반수 다수당(혹은 상대 다수당)인지에 영향을 받으며 정당 간 의석 비율 또한 미묘하게 상임위원장 배정에 영향을 미치기 때문이다. 또한 상임위원장 배분에 있어 정당의 관심도 중요한 요인으로 작용하는데 외교, 경제, 환경, 노동 등 각 정당이 어느 사안에 관심을 갖느냐가 상임위원장을 배분하는 데 있어 또 다른 요인으로 작용하게 되었다.

국회의 원구성이 법정기일을 지키지 못하는 또 다른 이유는, 특히 개원 국회의 경우 원구성 협상은 새로 선출된 정당 지도부의 협상능력을 실험하는 무대며 정당 간 첫 번째 힘겨루기이기 때문이다. 정당 간 더 많은, 더 좋은 상임위원회를 얻기 위한 경쟁과 대립 구도가 형성되었으며 이는 원구성을 늦추게 하였다. 한편, 과거에는 지방자치 실시, 선거법 개정, 국회제도 개선 등 제도 개선을 위한 요구가 원구성과 연계되었지만 최근에는 중요 정치적 사건 및 이슈가 원구성과 연계되는 모습을 보인다. 2008년 쇠고기 촛불시위, 2014년 세월호 사건이 대표적으로 원구성에 영향을 미친 예라 하겠다. 원구성은 국회 내 정당 의석 비율과 같은 구조적 요인과 함께 비구조적 요인도 영향을 미치고 있다고 하겠다.

# VII. 결론

국회는 의장단 선출, 의원들의 상임위원회 배정 그리고 상임위원장 선출로 시작한다. 이는 제헌국회부터 시작하여 현재까지 다르지 않다. 원구성은 크게 3시기로 나누어 볼 수 있는데 제1공화국과 제2공화국이었던 제헌국회부터 제5대 국회까지가 제1기이며, 제3공화국부터 제5공화국이었던 제6대 국회부터 제12대 국회까지가 제2기이며, 제6공화국의 시작인 제13대 국회부터 현재까지가 제3기라 할 수 있다. 그리고 원구성 제1기를 다시 세부적으로 구분해 볼 수 있다. 이는 1953년 새로운 국회법 개정으로 인해 상임위원장을 선출하는 방식의 변화가 있었던 1954년부터는 다수당에 의한 상임위원장 독식이 이루어졌기 때문이다. 그런데 상임위원장 선출방식이 변화하면서 이러한 독식구조가 나왔다기보다는 정당이 선거와 국회운영에 중요하게 자리 잡은 1954년부터 변화가 일어났다고 보는 것이 옳을 것이다. 정당은 1954년부터 선거와 국회운영의 중심에 서게 되는데, 1954년 전 선거는 무소속 후보 위주의 선거였으며, 국회에서는 정당보다는 교섭단체가 의원들을 묶는 고리였다. 그러나 1954년 선거에서 정당공천제가 실시되고 정당 위주로 교섭단체가 만들어지자 정당의 이익을 위한 구조가 만들어졌다. 여당인 자유당은 1954년 선거부터 국회 과반수 다수당으로 자리 잡았는데 이는 의장과 상임위원장 독식이라는 결과를 가져왔다. 1953년 상임위원장 선출방식이 바뀌지 않고 상임위원회에 의해서 결정되었더라도 다수당인 자유당의 독식은 막지 못했을 것이다.

국회 원구성을 의장단과 상임위원장 임기로 보았을 때 제1공화국과 제2공화국은 다른 공화국과 차이가 있다. 이는 제1공화국과 제2공화국에서 상임위원장의 임기는 1년으로 원구성을 매년 새롭게 하였기 때문이다. 의장단의 임기도 1년으로 하자는 논의가 있었지만 임기가 2년으로 되면서 의장단은 전반기, 후반기로 나뉘어 선출되었다. 그러나 상임위원장은 1년마다 선출하였다.

제3공화국부터 제5공화국까지 원구성은 전혀 변화 없이 결정되었다. 여당이 의장과 부의장 2인 중 한 명의 부의장을 차지하고 모든 상임위원장을 독식하는 방식이었다. 야당을 위해 부의장을 배정한 것이 전부였다. 이 시기 의장단과 상임위원장 선출은 다수당 독식이라는 원칙이 계속 적용되었다. 그러나 제6공화국 들어와 의장단과 상임위원장 선출방식이 크게 달라졌는데 다수당 독식에서 정당 의석 비율에 따른 의장단 및 상임위원장 배정 원칙이 형성된 것이다. 의장의 경우 다수당에서 나오는 것이 관례가 되었고 상임위원장 배분 방식에 있어 묵시적 동의는 점점 커져 갔다. 그럼에도 원구성은 쉬운 일이 아니었고, 쉽게 마무리된 적도 없었다. 선거마다 국회 내 의석 비율에 따른 역학구도가 다르고 정당이 관심있어 하는 상임위원장직이 다르기 때문이었다. 과거에 비해 원구성에 대한 경험이 많아지고 점차 원칙이 형성되었지만 원구성이 쉽게 이루어지지는 못하였다. 과거와 비교해 제6공화국 원구성에 있어 중요한 차이점은 의장이 2년마다 바뀐다는 점이다. 과거에도 의장의 임기는 2년으로 되어 있었지만 재선되는 경우가 많았다. 그렇지만 제6공화국 들어와 재선된 의장은 없다. 과거 다수 여당에 의해 원구성 독식이 이루어졌을 때에는 의장 재임이 흔한 일이었지만 제6공화국 들어와 의석 배정에 의한 원구성 배분의 원칙이 중요하게 된 뒤 의장의 임기는 2년으로 마치는 관례가 정착되었다. 나아가 국회의장은 의원으로서 임기를 다하게 되면 정계에서 은퇴하는 모습이 만들어지고 있어 제5공화국까지의 국회의장과는 확연히 다른 모습이다.

국회 원구성은 정당 혹은 교섭단체 간 타협에 의한 결과다. 그렇다 보니

제도적 차원의 접근보다는 정당, 교섭단체의 행태에 초점을 맞추어 원구성 과정을 조명할 수밖에 없었다. 특히, 제6공화국 들어와 정당 간 합의가 중요해지면서 원구성은 쉽게 마무리되지 못하고 있는데 정당 간 타협이 쉽지 않기 때문이다. 국회는 국회법을 정교하게 개정함으로써 원구성의 문제를 해결하려 하였다. 그러나 국회는 성공적이지 못하였다. 이는 원구성이 제도적으로 해결되기 쉽지 않은 정당 간 협상이며, 정치 상황에 영향을 받는 타협이기 때문이다. 정당에게 중요한 것은 법정기일에 맞춰 원구성을 하는 것이 아니라 좋은 상임위원장 자리를 차지하고 나아가 국회 내 주도권을 잡는 것이다. 그렇다 보니 원구성을 제도적으로 해결한다는 것을 기대하기 힘든 상황이다. 정당 간 협상과 합의를 통해 국회 권력구조를 만든다는 점에 있어 고무적이지만 원구성으로 인해 너무나 많은 시간을 허비하고 있다는 점에 있어 문제시되고 있으며, 국회에 대한 불신이 높은 상황에서 원구성은 새로운 국회에 대한 기대를 현저하게 낮추는 요인으로 작용하고 있어 개선이 요구된다.

원구성의 역사는 국회의 역사이며, 새로운 국회는 원구성으로부터 시작된다. 과거 권위주의 시절 원구성은 다수당이 독식하는 구조였지만 이제는 정당 간 합의에 의해 결정되는 구조로 바뀌었다. 원구성이 합의의 방식으로 바뀌면서 정당은 국회 원구성에 많은 시간과 노력을 집중하고 있다. 국회에 대한 실망감과 불신을 낮추기 위해서는 원구성이 원활하게 이루어져야 하지만 새로운 국회는 원구성으로 인해 갈등과 대립으로 시작하는 경향을 보이고 있다. 그럼에도 원구성에 대한 정당들의 다양한 경험과 새롭게 형성되는 원칙들은 원구성을 정당 간 갈등과 대립이 아닌 합의의 장이 되도록 할 것이다. 새로 시작하는 국회의 첫걸음인 원구성이 법정기일 내 마무리되는 날을 기대해 본다.

## 참고문헌

가상준. 2010. "국회 원구성." 의회정치연구회. 『한국 국회와 정치과정』. 서울: 도서출판 오름.

김수용. 2014. "남쪽 해방공간에서의 주요 헌법쟁점의 수용과 배척." 『헌법학연구』. 20 (3): 1-40.

대한민국국회. 2008. 『대한민국국회 60년사』. 경기 고양: 예당문화.

유병곤. 2006. 『갈등과 타협의 정치: 민주화 이후 한국의회정치의 발전』. 서울: 도서출판 오름.

제3장

# 국회 교섭단체제도의 형성과 변화

조진만 • 덕성여자대학교

# I. 서론

본 장은 국회 교섭단체제도의 형성과 변화 과정에서 나타난 특징들을 다각적으로 고찰하고 있다. 지금까지 한국에서 국회에 대한 연구는 다양한 차원에서 이루어졌다. 하지만 제도사적인 측면에서 접근한 연구는 거의 없었다. 특정 제도가 형성되고 변화되는 과정에 대한 고찰은 제도의 경로의존성(path dependency)과 정치적 영향력을 고려할 때 중요한 의미를 가짐(North 1990)에도 불구하고 이에 대한 관심과 연구가 부족하였던 것이다. 이러한 이유로 국회제도의 형성과 변화에 대한 이해도가 낮을 뿐만 아니라 일부 잘못된 선입견이 형성되어 온 측면도 존재한다.

한국은 해방 이후 오늘날까지 정치사적으로 다양한 변화를 겪어 왔다. 한국 정치가 중요한 국면을 맞이할 때마다 국회의 제도도 개정되고 변화되어 왔다. 통치 권력구조의 변화와 운영상의 특징, 그리고 정당체계의 변화 등과 같은 상황 속에서 정치의 핵심 축을 구성하고 있는 국회의 제도도 필수적으로 변화할 수밖에 없었다. 다시 말해 한국 정치가 진퇴하는 과정 속에서 국회의 제도 역시 그에 수반하여 변화하는 모습을 보였던 것이다.

이러한 상황에서 본 연구는 국회의 다양한 제도들 중 교섭단체제도에 주목하고 있다. 교섭단체는 일반적으로 정치적·정책적 견해를 같이 하는 일정 기준 이상의 의석을 가진 원내 정당이나 집단을 의미한다. 본 연구가 교섭단체제도에 주목한 이유는 다른 어떤 제도보다도 교섭단체제도가 국회 내 권한과 운영의 문제와 관련하여 핵심적이고 논란이 많이 제기되는 제도라는 점을 고려하였기 때문이다. 즉 교섭단체제도는 정당의 국회 내 위상이나 특권 등과 관련하여 차이를 인정하는 제도인 동시에 이로 인하여 발생하는 정치적 대표성의 논란에 대한 논리적 설득의 문제도 포함하고 있다.

교섭단체제도에 대한 기존 연구는 다수 존재한다(김형철 2012; 박경미 2010; 2009; 2007; 신명순·이재만 2012; 이현출 2009; 임동욱·함성득 2005; 함성득·임동욱 2004). 하지만 역사적 관점에서 국회 교섭단체제도의 형성과 변화의 문제를 본격적으로 다룬 연구는 지금까지 없었다. 교섭단체 제도가 왜 형성되고 변화되고 유지되고 있는가에 대한 근원적 고찰이 부족 하였던 것이다. 이에 본 연구는 국회 교섭단체제도의 형성과 변화의 문제와 관련하여 새로운 고찰과 해석을 시도하고 있다.

구체적으로 본 연구의 주요 구성은 다음과 같다. 제Ⅱ절에서는 국회 교섭 단체제도의 기원과 관련한 쟁점을 살펴보고, 제헌국회에서 어떠한 논의들 을 통하여 교섭단체제도가 형성되었는지를 고찰하고 있다. 구체적으로 국 회 교섭단체제도의 기원이 일본으로부터 기인한다는 기존의 주장이 타당한 지, 최초에 국회법을 제정하는 과정에서 교섭단체제도에 대한 논의가 어떻 게 이루어져 국회법에 포함이 되지 않았다가 그 이후 어떠한 논리 속에서 국 회법에 명시되었는지를 논의하고 있다. 제Ⅲ절에서는 제헌국회 이후 제2공 화국까지의 시기에 교섭단체제도가 어떠한 변화의 모습을 보였는지, 이승 만 정부 붕괴 이후 의원내각제와 양원제가 채택된 장면 정부하에서 교섭단 체제도에 대한 논의가 어떻게 이루어졌는지를 고찰하고 있다. 제Ⅳ절에서 는 제2공화국 이후 1987년 대통령직선제 개헌을 통한 민주화가 이루어지기 이전까지 교섭단체제도가 어떠한 변화의 모습을 보였는지 살펴보고 있다. 즉, 장기 집권한 박정희 권위주의 정권과 민주화 직전 전두환 권위주의 정 권하에서 교섭단체제도가 어떠한 변화의 모습을 보였는가에 초점을 맞추어 관련 내용들을 검토하고 있다. 제Ⅴ절에서는 민주화 이후 오늘날까지 교섭 단체제도가 어떻게 변화되어 왔는가를 고찰하고 있다. 특히 민주화 이후 정 당체계나 선거제도의 변화 등과 연계하여 교섭단체제도에 대한 비판적 문제제기가 많음았에도 불구하고 어떠한 이유로 이 제도가 특별한 변화 없이 유지될 수 있었는가의 문제를 중점적으로 살펴보고 있다. 제Ⅵ절에서는 한국에서 교섭단체제도의 형성, 변화와 관련한 핵심적인 내용들을 정리하고, 본 장에서 진행한 연구의 시사점과 함의를 제시하고 있다.

## Ⅱ. 국회 교섭단체제도의 기원과 형성: 제헌국회

### 1. 국회 교섭단체 기원의 쟁점

한국 국회의 교섭단체제도는 어떠한 배경과 논의 속에서 형성된 것인가? 이 질문에 대하여 특별한 근거와 설명 없이 일본의 영향을 받았다고 서술하고 있는 연구들이 존재한다. 예를 들어, 박종흡(2001)의 경우 국회법 제정 당시 일본 국회법상의 의안 발의의 정족수를 참고하여 한국의 국회가 교섭단체 구성요건을 결정하였다고 주장한다. 일본이 한반도를 식민통치하면서 정치제도적으로 많은 유산을 남겼기 때문에 한국의 국회가 교섭단체 구성요건을 결정할 때 일본의 영향을 받았을 가능성이 높다고 생각하는 것이다. 이러한 주장이 면밀한 검증을 거치지 않은 상황 속에서 지속적으로 재생산되고 있다.

하지만 당시 일본의 국회법을 살펴보면 교섭단체라는 용어 자체가 나오지 않는다. 또한 지금까지도 일본 국회에는 교섭단체제도가 마련되어 있지 않다. 일본의 경우 한국 국회의 교섭단체와 유사한 회파(會派)가 존재하는데 이 회파는 의원 2인 이상으로 구성이 가능하다.[1] 오히려 일본에서 중의원은 20인 이상 그리고 참의원은 10인 이상의 의원을 보유한 회파만이 의원운영위원회에 위원을 보낼 수 있는데, 이 요건을 고려하여 교섭단체 구성요건을 결정하였을 가능성이 있다는 추론이 더 설득력 있게 들릴 수 있다. 즉 단순히 의원 2인 이상으로 구성한 일본의 회파는 한국 국회의 교섭단체와 같은 권한을 가질 수 없기 때문에 실질적으로 의원운영위원회에 참여 가능한 회파의 기준을 적용한 것이라는 추론은 가능하다. 하지만 이 역시 추론일 뿐 명확한 검증이 요구되는 부분이다.

교섭(交涉)이라는 용어는 사전적으로 어떤 일을 이루기 위하여 서로 논의하고 절충함을 의미한다. 유사어로서는 타협(妥協), 협상(協商), 협의(協議)가 있다. 실제로 『조선왕조실록(朝鮮王朝實錄)』에서 '교섭'이라는 단어를 검색해 보면 이미 일본 식민통치 이전부터 타 국가와의 외교와 통상 관련 협의와 협상을 담당하는 임무와 공직에 '교섭'이라는 단어가 사용되었음을 확인할 수 있다.[2] 또한 19세기 말부터 서구의 근대 문명이 한반도에 유입되면서 서양의 정치제도에 대한 논의들이 많이 이루어졌던 것도 사실이다. 당시 『한성순보(漢城旬報)』와 『독립신문』 등의 관련 자료들을 살펴보면 서구 국가들 중에서도 영국, 미국, 프랑스, 독일 등의 정치제도에 대한 소개가 많이 이루어졌다는 것을 알 수 있다. 더욱이 해방 정국하에서 일본의 정치제도를

---

1) 일본의 회파 구성요건은 중의원 선례집과 참의원 선례집에 따르면 다음과 같다(임동욱·함성득 2005, 308). 중의원 선례집에 의하면 '원외의 단체에 속하고 있는 의원이 1인일 경우에는 원내에서 무소속으로 취급한다.'라고 규정되어 있다. 참의원 선례집에는 '의원이 회파를 결정할 때에는 이를 의장에게 신고하며 회파의 소속 의원이 1인일 때에는 이를 회파에 속하지 않은 의원으로 취급한다.'라고 되어 있다. 이와 같은 선례집을 고려할 때 일본에서 회파는 원내에서 활동을 함께 하려는 의원의 단체로서 2인 이상으로 조직된다고 해석될 수 있다.

2) 예를 들어 『고종실록(高宗實錄)』에서 교섭통상사무참의(交涉通商事務參議), 교섭통상사무아문참의(交涉通商事務衙門參議), 교섭아문주사(交涉衙門主事), 교섭통상사무아문독판(交涉通商事務衙門督辦)과 같은 직책의 이름을 목격할 수 있다. 뿐만 아니라 제헌국회에서도 회의록을 보면 교섭이라는 단어 역시 국내외적 협상과 협의의 목적으로 이루어지는 임무들을 지칭할 때 사용되었다는 점을 확인할 수 있다.

그대로 수용하는 모습을 보이는 것도 쉬운 일은 아니었다.[3] 그러므로 한국 국회가 교섭단체제도를 채택하는 과정에서 어떠한 사례들을 참고하였고, 이와 관련하여 어떠한 논의들을 진행하였는가를 국회 회의록을 통하여 파악하는 작업이 필요하다. 왜냐하면 한국 국회가 교섭단체제도를 형성할 때 어떠한 사례를 참고하였을 가능성이 존재한다고 가정한다면, 이에 대한 논의는 국회법을 제정하는 과정에서 이루어졌을 것이기 때문이다.

## 2. 국회 교섭단체제도의 형성: 제헌국회

### 1) 국회 교섭단체제도의 최초 논의

국회 회의록을 살펴보면, 국회에서 교섭단체제도에 대한 최초의 논의는 제헌국회(1948. 5. 31.−1950. 5. 30.) 시기인 1948년 9월 10일 국회법 개정안 제1독회에서 이루어졌다. 당시 문시환 의원은 "개정 국회법에 '각과 교섭회'라는 것이 처음 나왔다."라는 점을 지적하면서 "이것이 별 필요가 없다고 생각하는데 그 필요성에 대한 제안자의 설명을 들어야 이 제도에 대한 선입감을 가지고 축조토론을 할 수 있다.'라고 요구하였다(국회 본회의 회의록, 1948년 9월 10일).

이와 같은 문시환 의원의 요구는 당시 제1독회의 생략을 결정한 이후에

---

3) 제헌국회에서 국회법 초안에 대한 축조심사가 진행되는 과정에서 나용균 의원이 '어느 선진 국가의 것을 참고하였는지에 대한 설명을 요구'한 바 있다. 당시 국회법 및 국회규칙기초위원회 위원장인 서정희 의원은 '멀리는 미국, 불란서, 영국의 모든 국회법을 참고하고 가깝게는 중국과 일본의 국회법을 참고하여 전문위원이 작성한 것'이라고 밝히고 있다(국회 본회의 회의록, 1948년 6월 8일 참조). 이처럼 최초의 국회법은 다양한 국가들의 사례를 참고하여 만들어졌으며, 특정 제도별로 참고한 부분이 차이를 보일 수 있는 것이 사실이다. 그러므로 국회의 법과 제도를 특정 국가를 참고하여 만들었다는 인식은 잘못된 선입견이다.

제기된 관계로 제2독회에서 법제사법위원장이었던 백관수 의원에 의하여 교섭단체제도에 대한 제안 설명이 이루어졌다(국회 본회의 회의록, 1948년 9월 10일).[4] 백관수 의원은 국회법 개정안에서 '의원은 각파의 소속원 수로써 각파 교섭회를 구성하고 그 대표자는 회원의 연서한 명부를 국회에 제출하여야 한다.'라는 것과 '각파 교섭회의 구성원 수는 20인 이상이 되어야 한다.'라는 신설 조항의 필요성에 대하여 다음과 같은 두 가지 이유를 제시하였다.

첫째, 당시 국회운영이 정당 중심으로 효율적으로 진행되지 못하는 폐단을 지적하면서 교섭단체를 둘 필요성이 있다고 언급하였다. 즉 백관수 의원은 '의회정치를 할 때는 불가분 각 정당을 인정하지 않으면 안 된다.'라고 언급하면서 '당초 국회법에 이같은 규칙이 없이 3개월 동안 지나온 결과 많은 폐단들이 있었다.'라고 주장하였다. 특히 백관수 의원은 '당시 국회에서 상임위원회나 특별위원회 등을 구성할 때 각 도별 대표성을 고려하는 준례(準例)가 존재하여 많은 폐단들이 발생하였는데 교섭단체를 활용하는 것이 국회에 산적해 있는 안건들을 가장 신속히 처리하는 방법이다.'라는 점을 강조하였다.

둘째, 교섭단체제도는 이미 구미 선진국가에서 행해지고 있다는 점을 지

---

4) 국회 교섭단체제도를 최초로 제안한 의원이 누구인지, 그리고 국회법 개정안에 교섭단체 조항이 어떻게 삽입되었는지를 국회 회의록만으로 파악하는 데에는 한계가 있다. 다만 문시환 의원의 교섭단체 조항 삽입에 대한 문제제기에 대하여 백관수 의원이 최초로 제안 설명을 하였다는 점을 고려할 때 당시 백관수 의원이 이를 최초로 제안하였을 가능성이 높아 보인다. 백관수 의원은 메이지대학(明治大學) 법학과를 졸업하고 조선일보사 영업국장과 동아일보사 사장을 역임한 인물로서 초대 법제사법위원장을 지냈다. 백관수 의원의 이러한 경력과 더불어 헌법 및 정부조직법 기초위원을 역임하였다는 점에서 국회법 제정 과정에서도 중요한 역할을 수행하였을 것으로 추정된다. 다만 백관수 의원은 한국전쟁 때 납북되었고 관련 자료들이 남아 있지 않다는 점에서 이러한 추론들을 명확하게 검증하지 못하는 한계가 존재한다.

적하였다. 백관수 의원은 '미국, 영국, 불란서에서 다 국회 내 교섭단체를 인정하고 있기 때문에 우리도 정당 단체를 인정할 필요가 있다.'라고 주장하였다.[5]

이와 같은 백관수 의원의 교섭단체제도 도입에 대한 제안 설명에 서우석 의원이 찬성의 입장에서 보충 발언을 하였다. 서우석 의원은 '지금과 같이 열 사람 스무 사람으로 각각 마음대로 발언할 수 있다면 차후 국회를 운영하는데 시간경제상으로 도저히 할 수 없다.'라는 점을 지적하면서 '각파 교섭회의 인원수에 의지하여 발언권이 결정되고, 그 교섭회의 전문지식을 가진 사람으로 하여 토론을 하게 하여 의사 결정을 한다면 국회운영상의 불편이 해결될 것이다.'라는 입장을 보였다(국회 본회의 회의록, 1948년 9월 10일).

서우석 의원의 보충 발언 이후 시간상의 이유로 교섭단체제도에 대한 논의는 다음 날인 1948년 9월 11일에 재개되었다. 이 날 문시환 의원은 교섭단체제도 도입에 대하여 전적으로 반대한다는 입장에서 다음과 같은 세 가지 문제점을 제기하였다(국회 본회의 회의록, 1948년 9월 11일).

첫째, 교섭단체제도는 제도 자체에 모순이 있다는 점을 지적하였다. 문시환 의원은 '교섭단체 대표들이 모여서 한 문제를 토의 결정할 때에 그 결정 방법을 다수결로 할 것은 물론이지만 그 수의 표준을 단체 수에 둘 것인지 아니면 소속 의원 수에 둘 것인지 하는 문제가 발생할 것이다.'라고 지적하였다.[6] 그러면서 '만일 단체 수를 표결 표준으로 한다면 소수 의원의 의견이

---

5) 미국의 경우 양당제의 전통이 확고하게 정착되어 있었기 때문에 교섭단체제도는 존재하지 않았다. 그리고 영국도 마찬가지의 특징을 보였다. 이러한 상황에서 당시 백관수 의원이 어떠한 자료들을 참고하여 이와 같은 주장을 하였는지는 명확하게 파악하기 힘들지만 적실성이 높은 주장이라고 보기는 힘든 것이 사실이다.

6) 문시환 의원은 이 발언과 관련하여 다음의 예시를 들었다: '예를 들어 설명하자면 우리 국회 내에 갑 을 병 정의 4개 교섭단체가 있다고 하고 한 문제를 토의 결정하는데 갑 단체 대표는

다수 의원의 의사를 억압할 수 있고, 그와 반대로 의원 수를 표결 표준으로 한다면 한 단체에 소속한 의원이 다른 단체 의원의 의견을 참고할 기회를 박탈당하는 관계로 원만한 토의가 어렵고 불합리한 결정을 할 가능성이 높다.' 라는 점을 지적하였다.

둘째, 당시 한국의 정당이 분열하고 새롭게 정립되어 가는 과정이라는 현실을 고려할 때 교섭단체제도의 도입은 시기상조라는 점을 지적하였다. 이 문제와 관련하여 문시환 의원은 '현하의 정계 동향은 다각적으로 정치단체의 분해 작용을 일으키고 있으며, 새 정강 새 정책을 향해서 여러 정당들이 대통하고 있는 이 때인만큼 정치단체의 분야가 선명치 못한 우리 국회 내에서 교섭단체제도를 채용하여 무리하게 의원으로 하여금 그 소속을 분명히 하라고 강요하는 결과를 초래하는 것은 결코 온당한 조치가 아니다.'라고 주장하였다.

셋째, 교섭단체제도는 독재성에 함입(陷入)되기 쉽다는 점을 지적하였다. 문시환 의원은 '교섭단체제도는 의원들의 우수한 의사를 매장하고 때로는 각 개인의 발언까지 억제할 우려가 십분 있다.'라는 우려감을 표명하였다. 그러면서 '특히 현재 우리 의원들이 제정 통과할 법안은 그 전부가 헌법에 부수되는 중대 법안이며, 이 법안에 대하여 입법자로서의 책임이 중대하므로 자기 의사를 박탈할 기회를 이 교섭단체제도로 인하여 박탈되어서는 절대로 안 된다.'라는 입장을 보였다.

이와 같은 문시환 의원의 교섭단체제도 도입 반대 발언에 대하여 사회를

---

이것을 찬성하고, 을 병 정 단체 대표는 이것을 반대하는 경우에 있어서 만일 그 표결의 표준을 단체에 둔다면 물론 을 병 정이 승리할 것이며, 그렇지 않고 이것을 단체 소속 의원 수에 두는 경우에 있어서 갑 단체의 소속 의원 수가 을 병 정 3 단체의 소속 의원의 합계보다 많으면 갑이 승리할 것입니다.'

보던 김약수 부의장, 그리고 이남규 의원이 반론을 제기하였다(국회 본회의 회의록, 1948년 9월 11일). 먼저 김약수 부의장은 교섭단체제도를 채택하더라도 교섭단체 내에서 사전적인 논의와 결정이 이루어지고, 본회의라는 보완적 장치가 국회에 존재하기 때문에 크게 우려하지 않아도 된다는 반론을 제기하였다. 즉, 김약수 부의장은 '4–5개의 교섭단체 또는 2–3개의 교섭단체로 나누어진다고 하더라도 어떤 문제가 발생하면 각 집단에서 미리 그 문제에 대한 의견을 얘기하고, 거기에서 결정된 의견을 그 대표가 교섭단체들과 협의하여 결정하게 된다.'라고 지적하였다. 또한 김약수 부의장은 '이 본회의에서 역시 주고받고 토론을 하게 되는 것이니만큼 결코 자기 단체의 성격이라든지 정책에 매몰되는 것은 아니다.'라고 하면서 '교섭단체제도의 경우 부정적 측면뿐만 아니라 긍정적 측면도 있다.'라고 강조하였다.

다음으로 이남규 의원은 다시 한 번 국회운영의 효율성을 강조하면서 교섭단체제도의 필요성을 제기하였다(국회 본회의 회의록, 1948년 9월 11일). 이남규 의원은 '국회가 각자의 의견들을 듣고 나와 임시적으로 발표하다 보니 시간도 많이 소비되고, 핵심에서 벗어나는 일도 적지 않았다.'라고 지적하면서 '교섭단체들이 사전에 자기 단체의 의사들을 종합하고 절충할 수 있는 수준을 결정해 온다면 본회의에서 효율적인 의사 결정이 가능할 수 있다.'라고 주장하였다.

이와 같은 김약수 부의장과 이남규 의원의 발언에 대하여 강욱중 의원이 반론을 제시했다(국회 본회의 회의록, 1948년 9월 11일). 강욱중 의원은 '교섭단체제도로 인하여 발언권을 정리하고 의사를 신속하게 진행하는 효과가 있는 것은 인정한다.'라고 하면서, 그럼에도 불구하고 '조그만 단체의 경우 큰 단체와 비교하여 발언권이 제한받을 수 있고, 이로 인하여 기성세력을 갖고 있는 특정 단체가 좋게 되는 것은 바람직하지 않다.'라는 의견을 피력하였다. 또한 '큰 단체와 비교하여 작은 단체가 질적으로 우수함에도 불구하고 발언권을 박탈당하고 말 것이다.'라는 주장도 제기하였다.

이와 같은 토의가 몇 차례 오고간 후에 김약수 부의장은 교섭단체제도 채택 여부를 표결에 부쳐 종결짓기를 권유하였다. 하지만 교섭단체제도에 대한 토론은 지속되었다. 먼저 문시환 의원이 다시 나섰다(국회 본회의 회의록, 1948년 9월 11일). 문시환 의원은 '의원의 선거는 각 위원회별로 각파 교섭회의 소속 위원 수의 비율에 의하여 호선케 한다.'라는 국회법 조항에 대한 문제제기를 하였다. 문시환 의원은 '상임위원회 위원은 그 부문에 연구가 있고 지식이 많은 사람으로 구성되어야 하는데 교섭단체 구성 인원수의 많고 적음으로 상임위원회 위원을 선정하는 것은 언어도단이다.'라고 비판하였다. 이에 이진수 의원은 '우리가 각파 교섭단체가 성립되지 않고 일하기가 매우 어렵다.'라는 점을 지적하면서 '의회정치의 본능은 각파 교섭에 있다.'라고 언급하였다.

이 시점에서 사회자였던 김약수 부의장은 다시 한 번 교섭단체제도 채택 여부를 표결에 부칠 것을 제안하였다. 하지만 교섭단체제도에 대한 토론은 또 다시 지속되었다. 특히 신현돈 의원은 간단하지 않은 이 문제를 김약수 부의장이 너무 속히 표결에 부치고자 한다는 점을 지적하면서 절충 의견을 제안하였다. 신현돈 의원은 구체적으로 당시 한국의 정당정치가 제대로 정착되지 않은 상태에서 교섭단체제도의 채택은 시기상조라는 점을 강조하였다(국회 본회의 회의록, 1948년 9월 11일). 신현돈 의원은 '우리가 처음 국회의원이 되어 가지고 가령 국회법에 교섭단체라는 것이 있다 그러면 어느 단체에 가겠느냐 이러한 문제를 생각할 때 막연할 것이다. 이것은 정당정치와 의회정치가 발달된 국가 같으면 반드시 대의원으로 출마할 때 벌써 자기의 갈 바를 정해가지고 오지만 우리의 현실에서는 이것이 단시일 내에 용이

한 것은 아니라고 생각한다.'라는 입장을 표명하였다. 그러면서 국회법상 의원이 의무적으로 교섭단체에 가입해야 한다고 볼 수 있는 현 조항을 '의원은 각 파에 소속한 원수(員數)로서 각 파 교섭회를 구성할 필요가 있을 때는 대표자가 회원의 연서한 명부를 국회에 제출하여야 한다.' 정도로 수정하면 무리가 없을 것 같다는 의견을 제시하였다.

이에 권태희 의원이 교섭단체제도 도입에 대한 반대 의견을 개진하였다 (국회 본회의 회의록, 1948년 9월 11일). 권태희 의원은 '(당시 국회법 기초위원들이 제안한) 현행 국회법에서는 10명 이상 의원의 찬성으로 의안을 발의할 수 있도록 되어 있다.'라는 점을 들어 '더 수정할 필요가 없는 완전한 이러한 법안을 가지고 실행함에도 불구하고 새삼스럽게 20명으로 고치자는 이유를 짐작하기 어렵다.'라는 주장을 하였다. 권태희 의원은 당시 의원 1인당 10만 명 정도의 유권자들을 대표한다는 점을 들어 '교섭단체제도가 채택되면 확실히 의원들의 발언권이 무시될 수 있을 뿐만 아니라 정당한 민의가 반영되지 못하고 특정 다수를 점하고 있는 단체의 의견이 국회를 지배할 가능성이 높다.'라는 비판을 제기하였다.

이와 같은 권태희 의원의 교섭단체제도 도입 반대에 대한 의견을 청취한 뒤 사회자인 김약수 부의장은 거수 표결을 통하여 교섭단체제도의 채택 여부에 대한 의원들의 의사를 확인하였다. 그 결과, 재석의원 148인 중 가결 50인, 부결 84인으로 부결 처리를 하였다. 제헌국회에서 최초로 교섭단체제도에 대한 논의가 이루어진 시점에서 의원들은 이 제도의 도입에 대하여 부정적인 입장을 많이 보였던 것이다. 이것은 당시 의원들의 다수가 명망가 출신의 무소속이었다는 점, 그리고 원내에서 정치적 성향과 친소관계 등에 따른 다양한 이합집산이 이루어질 가능성이 높았다는 점이 상당 수준 반영된 결과일 수 있다(이형 2016, 54-55).

## 2) 국회의 교섭단체제도에 대한 재논의

1948년 9월 11일 부결되어 채택이 되지 못한 교섭단체제도가 국회에 다시 상정되어 논의하게 된 것은 1949년 7월 7일이었다. 당시 교섭단체제도는 국회법 개정안의 형태로 제안되었다. 그런데 당일에는 법제사법위원장 백관수 의원이 국회법 개정안에 대한 낭독만을 한 이후 시간 관계상 다음 날로 제1독회를 연기하였다.

1949년 7월 8일 교섭단체제도에 대한 국회법 개정안 제1독회가 본격적으로 개시되었다. 이 날 서이환 의원이 교섭단체제도와 관련하여 포문을 열었다(국회 본회의 회의록, 1949년 7월 8일). 서이환 의원은 지난 1년 동안 국회의 운영이 제대로 이루어지지 못하였다는 점을 들어 교섭단체제도의 도입이 필요하다는 점을 제기하였다. 구체적으로 서이환 의원은 '지난 1년 동안 국회에서의 시간 낭비가 너무 많았다.'라고 언급하면서 '그 이유는 국회법상의 결함으로 인하여 200명의 의원들이 매일 의사당에 모여서 발언권을 획득하고자 하여 질서가 엉클어진 것'이 그 원인이라고 지적하였다. 그리고 '정당단체를 대표하는 단체교섭회가 구성되면 의원들이 개별적으로 발언권을 청구하지 않고 단체교섭회를 통하여 순서롭게 차례를 기다리게 됨으로써 국회의 의사가 정연해질 것이다.'라고 주장하였다.

이에 김광준 의원이 당초 20인 이상에서 30인 이상으로 교섭단체 구성요건을 높여 국회법 개정을 시도하려는 의원들에 대한 우려를 제기하면서 교섭단체제도의 도입에 반대하는 의견을 개진하였다(국회 본회의 회의록, 1949년 7월 8일). 특히 김광준 의원은 교섭단체 소속 위원 수 비율에 따라 발언권을 줄 경우 소수의 발언권을 무시하는 문제가 있을 수 있음을 지적하였다.

한편 이와 같은 김광준 의원의 발언에 대하여 조국현 의원은 반대 의사를 표명하였다(국회 본회의 회의록, 1949년 7월 8일). 조국현 의원은 '단체교섭권이라는 것은 반드시 30명 이상이 되어야 한다고 생각한다.'라고 언급하면서, 그 이유로 '20명으로 할 경우 10개 이상의 교섭단체가 생겨날 수 있기 때문에 국회운영의 효율성을 담보할 수 없다.'라는 점을 지적하였다.

그런데 1948년 9월 11일 국회법 개정안 제1독회 당시 교섭단체제도 도입에 반대하였던 권태희 의원이 입장을 바꾸어 교섭단체제도 도입의 필요성을 제기하였다(국회 본회의 회의록, 1949년 7월 8일). 당시 권태희 의원이 어떠한 이유로 1년 남짓한 시간에 교섭단체 도입에 대한 입장이 바뀌었는가를 명확히 파악하기는 힘들다. 다만 국회 본회의 회의록에 나타난 기록을 보면, 권태희 의원은 의원들이 발언권을 남용 또는 악용하고, 표결 과정에서 의원들의 표가 제대로 확인되지 않은 측면에 대한 반감 내지는 실망감이 존재하였던 것으로 보인다. 구체적으로 권태희 의원은 '국회의사당에서 의원들이 발언권을 남용하고 혹은 그 발언을 악용하여 깨끗한 의사당을 혼란시킨 일들이 있었기 때문에 이러한 일이 추호라도 없도록 할 필요가 있다.'라는 입장을 보였다. 그러면서 '국회의원이 200명밖에 되지 않지만 어떤 때에 숫자를 계산해 보면 표가 250명이 되기도 하고 300명이 되는 기현상이 나타나고 있다.'라는 점을 들어 '단체교섭권을 두어 분명하게 의원들이 자기 소속을 나타낸다면 국회가 명랑하고 신속하게 운영될 수 있을 것이다.'라고 주장하였다.

권태희 의원의 발언을 마지막으로 사회자였던 신익희 의장은 국회법 개정안 제1독회를 마치고 제2독회를 진행하는 것에 대한 동의 여부를 표결에 부쳤다. 거수 표결 결과, 재적의원 142인 중 찬성 80표, 반대 3표로 가결됨에 따라 곧바로 국회법 개정안에 대한 제2독회가 개시되었다. 1948년 9월 11일 교섭단체제도의 도입과 관련한 국회법이 제1독회에서 부결되었던 것을 고려할 때 불과 1년도 채 지나지 않은 시점에서 동일한 성격익 새로운 국회법 개정안에 대하여 제2독회가 진행되었다는 것은 교섭단체제도 도입에 대해서는 큰 이견이 없었다는 것을 의미한다. 그리고 이것은 달리 말하면 교섭단체가 없던 상황 속에서 국회가 운영되었던 당시 1년 동안 현실적으로 많은 문제들이 제기되었다는 것을 암시한다.

이러한 상황에서 제2독회에서의 최대 쟁점은 교섭단체제도 도입 여부가 아닌 교섭단체 구성요건에 대한 것이었다. 당일 백관수 법제사법위원장은 교섭단체 구성요건과 관련하여 당초 20인 이상에서 30인 이상으로의 수정안이 들어왔다고 보고하였다. 수정안 제안자는 박순석 의원 외 38인이었다. 사회를 맡았던 신익희 의장은 이에 대하여 수정안을 낸 박순석 의원으로부터 간단한 설명을 듣고, 그 이후 반대 의견을 들은 이후 표결을 진행하겠다고 밝혔다.

박순석 의원은 교섭단체 구성요건을 20인에서 30인으로 늘린 이유는 간단하다고 설명하였다(국회 본회의 회의록, 1949년 7월 8일). 박순석 의원은 '우리는 지난 1년 동안 국회운영을 정상적으로 하지 못한 쓰라린 경험이 있다.'라고 하면서 '국민이 기대하는 조속한 법률을 만들기 위해서는 더 적은 교섭단체를 구성하는 것이 필요하기 때문에 30명 이상의 수정안을 제안한 것이다.'라고 자신의 입장을 밝혔다.

박순석 의원의 주장에 대하여 최운교 의원이 곧바로 반박에 나섰다(국회 본회의 회의록, 1949년 7월 8일). 최운교 의원은 20인 이상의 의원으로 교섭단체를 구성한다는 원안에 찬성한다는 입장을 보이면서 '정당정치가 발전하지 못한 현실에서 의원 30명 이상으로 교섭단체를 구성할 경우 소수파의 의사를 반영할 방법이 없고, 교섭단체를 구성하는 정당을 강제적으로 발전시키는 결과를 초래할 수 있기 때문에 반대한다.'라고 문제를 제기하였다.

박순석 의원의 주장에 대하여 이진수 의원이 곧바로 동조하고 나섰다(국회 본회의 회의록, 1949년 7월 8일). 이진수 의원은 '의원 200명이 각자 정치, 경제, 문화 각 방면의 전문지식을 갖고 있기 때문에 10명 이상으로 교섭단체를 구성해도 문제가 없지만 국회운영의 효율성을 위하여 20명으로 교섭단체를 구성하겠다는 원안에 대해서는 양보할 수 있다.'라는 입장을 보였다. 그러면서 '의사진행 시간 쟁취에만 급급하지 말고 우리의 본래 사명, 즉 국민의 의사를 충분히 반영시켜 공명정대한 법률을 제정하는 것과 국가의 평등을 충분히 심의하는 것이 의원의 사명이라는 점에서 수정안에 반대한다.'라는 의견을 피력하였다.

이진수 의원의 발언을 마지막으로 사회자인 신익희 의장은 먼저 교섭단체 구성요건을 30인 이상으로 하는 수정안을 표결에 부쳤다. 그 결과, 재적의원 133인 중 찬성 59표, 반대 43표로 수정안이 부결되었다. 당시 국회법상 수정안이 부결되면 원안을 다시 표결에 부치도록 되어 있었기 때문에 신익희 의장은 20명 이상의 의원으로 교섭단체를 구성하도록 한 원안을 다시 표결에 부쳤다. 원안에 대한 표결 결과, 재적의원 133인 중 찬성 67표, 반대 27표로 원안이 가결되었다.

교섭단체 구성요건에 대한 합의가 이루어진 상황에서 교섭단체제도와 관련하여 남아 있는 쟁점은 교섭단체의 발언 비율을 동일하게 부여할 것인지(수정안), 아니면 교섭단체의 의원 수를 고려하여 차등적으로 부여할 것인지(원안)에 대한 것이었다.[7] 신익희 의장은 백관수 법제사법위원장으로부터 수정안에 대한 설명을 들은 후 곧바로 표결에 부쳤는데 재적의원 129인 중 찬성 40표, 반대 28표로 부결되었다. 이어서 원안에 대한 표결도 진행하

---

7) 구체적으로 당시 수정안은 '단체교섭회는 발언자를 지명하여 의장에게 발언자를 통지할 수 있다.'로 되어 있었다. 그리고 원안은 '단체교섭회는 각 단체의 소속 의원 수의 비율에 의하여 발언자를 지명하여 의장에게 발언을 통지할 수 있다.'라고 되어 있었다.

였는데, 재적의원 129인 중 찬성 62표, 반대 17표로 부결되었다.

신익희 의장은 교섭단체 발언 비율 부여 문제와 관련한 수정안과 원안이 모두 부결되자 수정안에 대한 설명이 부족하였다는 의견을 수용하여 추가 의견을 청취하기로 결정하였다. 이때 이 문제와 관련하여 남궁현 의원은 교섭단체의 발언 비율을 동일하게 부여하는 것이 본 개정안의 근본정신에 부합한다는 의견을 피력하였다(국회 본회의 회의록, 1949년 7월 8일). 구체적으로 남궁현 의원은 '30명을 가진 교섭단체에서 한 명의 발언권을 주면 90명을 가진 교섭단체는 세 명의 발언자를 갖게 되는데 이는 국회운영의 능률 제고를 위한 본 수정안의 취지에 부합되지 않는다.'라고 지적하였다. 그러면서 '90명을 가진 교섭단체에서 세 가지 의견이 있으라는 법이 없기 때문에 이 교섭단체 역시 한 의원이 나와서 대표로 의견을 진술하는 것이 옳다.'라는 입장을 피력하였다. 하지만 이에 대하여 이원홍 의원은 '100명 있는 사람이 하나 나오고, 10명 있는 사람이 하나 나오게 하는 것은 민주주의의 원칙에 위반되는 일이다.'라고 비판하였다(국회 본회의 회의록, 1949년 7월 8일).

이원홍 의원의 발언을 마지막으로 신익희 의장은 교섭단체의 발언권을 구성원의 수와 상관없이 동등하게 부여하자는 수정안에 대한 표결을 우선적으로 진행하였다. 표결 결과, 재적의원 133인 중 찬성 55표, 반대 41표로 부결되었다. 수정안은 결국 두 번의 표결에서 부결된 까닭에 폐기되었다. 신익희 의장은 곧이어 원안에 대한 표결을 진행하였다. 당시 원안도 부결된다면 새로운 안이 제시되어야 할 상황이었다. 다행히 표결 결과, 원안은 재적의원 133인 중 찬성 75표, 반대 17표로 가결되었다. 이로써 20인 이상으로 교섭단체를 구성하고, 교섭단체별 의원 수를 고려하여 차등적으로 발언권을 부여하는 교섭단체제도의 초기 골격이 형성되었다.

이러한 과정을 거쳐서 1949년 7월 29일 일부 개정되어 공포된 국회법 제 3장에 '단체교섭회, 위원과 위원회'라는 항목이 새롭게 만들어졌다. 의원 20 인 이상의 단체로 국회 의사 진행과 관련한 중요한 안건을 협의하기 위하여 단체교섭회를 둔다는 것이 국회법상 명시화된 것이다. 다시 말해 이것은 20 인 이상의 단체를 단체교섭회에 참석할 수 있도록 함으로써 국회운영의 효율성을 제고하기 위한 법적 조치가 마련된 것이라고 볼 수 있다. 이 밖에도 의원의 의석 배정, 상임위원회와 특별위원회의 위원 배정 원칙, 발언과 토론 관련 규칙 등이 교섭단체 문제와 연계하여 새롭게 마련되었으며, 이후 다소 간의 개정이 있었지만 관련 조항이 연속성을 가지며 유지되는 모습을 보이게 된다. 당시 국회법을 통하여 새롭게 마련된 교섭단체제도 관련 핵심 조항들을 정리하면 다음과 같다.

제1조 ⑤의원의 의석은 매 정기회 초에 각 단체별로 추첨에 의하여 정한다.

제14조 ①의사 진행에 관한 중요한 안건을 협의하기 위하여 국회에 단체교섭회를 둔다. ②단체교섭회는 국회 내 각 단체 대표의원으로 구성하며 각 단체의 구성원 수는 의원 20인 이상이 되어야 한다. ③각 단체 대표자는 그 단체 의원의 연서 날인한 명부를 의원의 임기 초에 제출하여야 한다. ⑤ 상임위원은 의원의 임기 초에 각 상임위원회별로 각 단체의 소속 의원 수의 비율에 의하여 각 단체에서 호선하고 그 임기 중 재임한다. 의원은 1개의 상임위원이 된다. ⑦ 특별위원은 상임위원회에 속하지 아니한 특별한 안건을 처리하기 위하여 각 단체의 소속 의원 수의 비율에 의하여 각 단체에서 호선하고 그 안건이 국회에서 의결될 때까지 재임한다. 단 국회의 결의로 의장에게 그 선임을 위임할 수 있다.

제42조 ③단체교섭회는 각 단체의 소속 의원 수의 비율에 의하여 발언자를 지명하여 의장에게 발언을 통지할 수 있다. ④ 의장은 전항의 발언통지가 있을 때에는 다른 발언 통지자보다 먼저 발언을 허가하여야 한다.

제49조 ②발언할 수 있는 자가 전부 끝나기 전이라도 토론이 충분히 되었다고 인정하는 때에는 의장의 제의 또는 의원의 동의로 토론을 하지 아니하고 토론 종결의 가부를 표결한다. 단체교섭회에서 지명 통지한 발언자의 발언이 끝나기 전에는 토론종결의 제의 또는 동의를 할 수 없다(1949. 7. 29. 개정 국회법).


## III. 제헌국회 이후 제2공화국까지의 교섭단체제도 변화: 제2대 국회-제5대 국회

### 1. 제헌국회 이후 교섭단체제도의 변화: 제2대 국회

제헌국회 이후 제2대 국회(1950.5.30.-1954.5.30.)는 1950년 6월 19일 개원한 지 6일 만에 한국전쟁이 발발하는 상황 속에서 대전, 대구, 부산으로 이전하면서 운영되었다. 이러한 상황 속에서 제2대 국회는 교섭단체와 관련한 국회법 개정을 두 차례 단행하였다. 먼저 1951년 3월 15일에 일부 개정되어 발표된 국회법 가운데 교섭단체 관련 주요 조항은 아래의 제16조의 2이다. 당시 개정된 국회법에서 국회운영위원회를 신설하고, ㄱ 수관 사항과 관련하여 제일 먼저 교섭단체와의 연락을 명시하였다는 점은 의미하는 바가 크다. 왜냐하면 국회의 운영은 국회법에 의하여 규정되는데 이와 관련하여 국회운영위원회의 역할은 매우 큰 것이 사실이고(김현우 2001, 201), 그 운영에 있어서 교섭단체가 핵심적으로 기능한다는 점이 이 시기 이후부터 지금까지 이어져오고 있기 때문이다.

제16조의 2 국회운영위원회의 소관사항은 다음과 같다. 1. 교섭단체와의 연락, 2.

의사 일정의 조정, 3. 국회 재정의 감독, 4. 국회 소속 기관의 설치와 폐합, 5. 국회 직원의 중요 인사(1951. 3. 15. 개정 국회법)

당시 국회운영위원회를 신설하고 교섭단체 중심의 국회운영을 도모한 배경에는 1950년 5월 10일에 실시된 제2대 국회의원선거에서 무소속이 전체 의석의 60%인 126석을 차지하고, 나머지 의석을 11개 정당과 사회단체들이 나누어 가지게 되었다[8]는 점이 중요하게 작용하였다(호광석 1996, 165). 실제로 제헌국회 이후 정당과 사회단체들이 난립하는 상황 속에서 국회의 효율적 운영에 많은 어려움을 겪었던 것이 사실이다. 이러한 맥락에서 제헌 국회는 단체교섭회 조항을 마련하였다. 그런데 제2대 국회에서는 과반수 이상의 무소속의원들이 존재하는 상황 속에서 좀 더 효율적인 국회운영을 위해서는 교섭단체 중심의 국회운영위원회 신설과 운영이 필요하였던 것이다.

제2대 국회에서는 이후 1953년 1월 22일 국회법 일부 개정을 단행하였다. 그 중에서 교섭단체와 관련한 핵심적인 내용은 새로 신설된 예산결산위원회와 관련한 교섭단체의 역할을 명시한 것이다. 이 국회법 개정이 있기 이전에 예산문제의 처리는 각 상임위원회의 예비심사를 거쳐 재정경제위원회가 종합심사를 진행하는 과정을 통하여 이루어졌다. 그런데 재정경제위원회는 방대한 업무량에 더하여 각 상임위원회와 예산문제를 다루는 과정에서 다양한 문제점들이 발생하였다(김현우 2001, 316). 이러한 점을 고려하여 재정경제위원회에서 예산안과 결산 심사 업무를 담당하는 예산결산위원회가 분리 신설된 것이었다. 그리고 예산결산위원회를 제외한 나머지 12개 상임위원회에서 3명씩 균등하게 예산결산위원회 위원을 선출하여 겸임하도록

---

8) 당시 단 한 명의 당선자도 못 낸 정당과 사회단체들이 29개나 되었다.

함으로써 예산문제를 둘러싼 논란을 줄이려고 하였다. 다만 당시 상임위원회 위원은 교섭단체의 의원 비율에 의하여 호선되었기 때문에 이와 같은 국회법 개정은 국회 예산 논의와 처리 과정에서 교섭단체의 비중과 역할을 강화시킨 측면이 있었다.

## 2. 제2공화국의 교섭단체제도 : 제5대 국회

제2대 국회 이후 교섭단체제도는 제4대 국회(1958.5.31.-1960.7.28.)까지 큰 변화 없이 유지되었다. 그 이유는 이 시기 이승만 정부가 자유당을 중심으로 정치적인 실권을 확장하는 과정 속에서 자유당이 과반 이상의 의석을 차지한 국회가 대통령과 행정부를 견제하고 비판하는 기능을 제대로 수행하기 어려운 측면이 있었기 때문이다. 그러나 3.15부정선거에 대한 저항으로 촉발된 4.19혁명으로 이승만 정부가 붕괴되고 새로운 헌법하에서 제2공화국이 출범하게 되자 국회법도 전문 개정을 하였다. 특히 1960년 6월 15일에 의결하고 공포한 제2공화국의 헌법[9]은 의원내각제와 양원제를 특징으로 하였기 때문에 이에 따른 국회법 전문 개정은 필수적이었으며, 교섭단체제도도 큰 변화의 국면을 맞이하게 되었다. 1960년 9월 26일 제5대 국회(1960.7.29.-1961.5.16.)에서 전문 개정되어 공포된 국회법 가운데 교섭단체 관련 핵심 내용들을 발췌하여 정리하면 아래와 같다.

---

9) 제2공화국의 헌법은 개헌 후에 국회 해산이라는 결정하에 제4대 국회에서 제정되었다. 당시 여당인 자유당이 과반수 이상의 의석을 확보하고 있었지만 개헌안에 대하여 찬성하는 모습을 보여 찬성 208표 대 반대 3표의 압도적인 차이로 개헌안이 통과되었다. 개헌안이 통과된 이후 1960년 7월 29일 민의원(233명, 소선거구제)과 참의원(58명, 대선거구제)을 대상으로 한 제5대 국회의원선거가 실시되었다. 당시 참의원은 특별시와 도를 선거구로 하여 선출되었고, 민의원 정수의 4분의 1을 초과할 수 없도록 하였다. 또한 민의원의 임기는 4년이었으며, 참의원은 임기 6년에 3년마다 의원의 2분의 1을 개선하도록 하였다.

제33조(단체교섭회) ②단체교섭회는 의장, 부의장, 의원운영위원장과 각 단체의 대표의원으로 구성한다. ③각 단체의 구성 의원 수는 민의원에 있어서는 20인 이상, 참의원에 있어서는 10인 이상이어야 한다. ⑤ 단체교섭회는 의장이 필요하다고 인정할 때 또는 각 단체 대표의원의 요구에 의하여 의장이 이를 소집한다.

제100조(토론의 통지) ①의사 일정에 기재된 안건에 대하여 토론하고자 하는 의원은 반대 또는 찬성의 뜻을 의장에게 통지하여야 한다. ②의장은 전항의 통지를 받은 순서와 그 소속 단체를 고려하여 반대자와 찬성자를 교대로 발언하게 한다 (1960. 9. 26. 전문 개정 국회법).

제5대 국회에서 전문 개정되어 공포된 국회법 중 교섭단체와 관련하여 이전의 국회법과 차이를 보인 부분은 단체교섭회의 구성을 의장, 부의장, 의원운영위원장, 각 단체의 대표의원으로 한다는 점과 의장과 각 단체 대표의원의 요구에 따라 소집한다는 점을 명시한 것, 양원제 채택에 따라 참의원과 민의원 각각에 대한 교섭단체의 구성요건을 마련하고 그 기준에 변화가 있었다는 점, 그리고 국회에서의 토론과 관련하여 의장이 교섭단체를 고려하여 발언을 진행하도록 한다는 점 등이다. 이 중에서 교섭단체 구성요건에 대하여 민의원 20인 이상과 참의원 10인 이상으로 정한 과정에 대해서는 좀 더 세부적인 고찰이 필요하다.

당초 제5대 국회에서 국회법 개정을 위한 목적으로 마련된 특별위원회에서는 민의원은 15인 이상, 참의원은 8인 이상으로 교섭단체를 구성하는 것으로 초안(원안)을 올렸다. 민의원의 경우 13개 상임위원회에 교섭단체 의원들이 최소한 한 명씩 들어가도록 하는 것이 적당하다는 점을 고려하여 위와 같은 결정을 하였다고 배경을 설명하고 있다. 그리고 참의원은 일단 민의원과의 의석 비율을 고려하고(당시 민의원과 참의원 의석 비율은 4 대 1 수준), 소수 의견을 충분히 보장하는 것이 필요하다는 차원에서 이와 같은 의견을 제출하였다고 설명하고 있다(민의원 회의록, 1960년 8월 27일).

이에 대한 최초의 반대 의견은 1960년 8월 29일 국회법 개정안 제1독회 과정에서 김동욱 의원에 의하여 제시되었다(민의원 회의록, 1960년 8월 29일). 김동욱 의원은 '내각책임제하에서는 소수 정당의 난립은 문제가 있기 때문에 국회 상임위원회 수에 대한 고려를 통하여 민의원 교섭단체 구성요건을 15명으로 축소하는 것은 이해하기 어려운 결정'이라고 비판하였다.

이와 같은 비판에 대하여 국회법 개정을 위한 특별위원회에 참가하였던 윤길중 의원은 위원장을 대리하여 다음과 같이 답변하였다(민의원 회의록, 1960년 8월 29일). 그는 먼저 '3대 국회에서 민주당이 15석의 의석을 확보하였음에도 불구하고 교섭단체를 형성하지 못한 전례'를 들면서 '민의원에서 법률안을 국회의원 10명이 발의할 수 있다는 점에서 당초 10명의 국회의원으로 교섭단체 구성요건을 형성하자는 주장도 많았지만 그럴 경우 국회 의사 진행의 능률성이 떨어질 수 있다는 점(소수 의견의 단일화가 어렵다는 점), 그리고 상임위원회의 관계와 연계를 하여 15명 정도로 설정하는 것이 적절할 것으로 판단하였다.'라고 밝혔다. 또한 참의원의 교섭단체 구성요건 문제와 관련해서도 '참의원의 경우 국회의원 5명 이상이면 법률안을 발의할 수 있는데 상임위원회 수가 그보다 많기 때문에 8명 정도로 설정하는 것이 옳다고 생각하였다.'라고 말하였다.

이와 같은 주장에 대한 본격적인 반론과 수정안 제출은 1960년 9월 2일 국회법 개정 제1독회에서 김응주 의원을 통하여 이루어졌다(민의원 회의록, 1960년 9월 2일). 김응주 의원은 '우리가 정치적으로 지향해야 할 모델은 미국과 영국과 같은 양당제도라는 점을 강조하면서 교섭단체 구성요건을 과거보다 완화시키는 것은 바람직하지 않다.'라는 의견을 제시하였다. 특히 김응주 의원은 '현재 민의원 233명 가운데 10분의 1도 안 되는 수로 교섭단체가 구성된다는 것은 양당정치 구축과 거리가 있는 것으로 오히려 교섭단체 구성요건을 국회의원 30명 이상으로 하고 싶은 생각이 있지만 과거와 같이 20명 이상의 수준으로 하는 것이 현실적이라고 생각한다.'라는 의견을 개진 하였다.

당시 곽상훈 국회의장은 교섭단체 구성요건의 원안과 수정안에 대한 표 결을 진행하고자 하였는데 이 상황에서 이종남 의원이 반대토론을 요구하 였다(민의원 회의록, 1960년 9월 2일). 이종남 의원은 '교섭단체 구성요건은 국회법의 다른 조항과도 비교하여 고려할 필요가 있다.'라는 점을 강조하면 서 '법안 발의와 수정안 발의 등 어떠한 동의에 대한 발의도 국회의원 10명 이상이면 가능한데 20명 이상으로 교섭단체를 구성하도록 하는 것은 이론 적인 근거가 없는 것'이라고 비판하였다. 그러면서 '10명 이상으로 교섭단체 를 구성하는 것이 이론적으로 근거가 있지만 현실적으로 교섭단체의 경우 13개 상임위원회에 최소 한 명씩은 위원들을 보낼 수 있어야 하는 것이 바람 직하기 때문에 원안대로 15명 이상으로 교섭단체를 구성하도록 하는 것이 바람직하다.'라고 강조하였다. 이종남 의원의 반대토론 이후 더 이상의 토론 은 진행되지 않고 원안(민의원 15인 이상, 참의원 8인 이상)과 수정안(민의 원 20인 이상, 참의원 10인 이상)에 대한 표결이 이루어졌다. 표결 결과, 재 적의원 147인 중 104인이 수정안에 찬성하여 원안이 폐기되고 수정안이 최 종적으로 가결되었다.[10]

---

10) 당시 민의원에서 가결시킨 국회법 개정안에 대하여 참의원에서도 제2독회를 진행하였다. 당 시 참의원은 교섭단체제도와 관련한 국회법 개정안에 대하여 특별한 수정을 가하지는 않았 다. 다만 그 이유가 당시 국회법 개정안을 마련하는 상황에서 민의원과 참의원 간의 교류와 소통에 있었던 것인지를 명확하게 파악하기는 힘들다.

# IV. 민주화 이전 국회 교섭단체제도 변화: 국가재건최고회의–제12대 국회

## 1. 박정희 정부 시기의 교섭단체제도 변화: 국가재건최고회의–제9대 국회

제2공화국의 국회법은 1963년 11월 26일 폐지 제정된다. 5.16쿠데타 이후 1961년 5월 26일부터 1963년 12월 16일까지 국가재건최고회의가 권력을 행사한 시기에 국회법 폐지 제정이 이루어진 것이다.[11] 이 당시 폐지 제정된 국회법에서 교섭단체 관련 주요 내용들을 발췌하여 정리하면 아래와 같다.

제35조(교섭단체) ①국회에 소속 의원 10인 이상의 정당을 단위로 하여 교섭단체를 둔다. 그러나 정당 단위가 아니라도 다른 교섭단체에 속하지 아니하는 10인 이상의 의원으로 따로 교섭단체를 구성할 수 있다. ②각 교섭단체의 대표의원은 그 단체의 소속 의원이 연서·날인한 명부를 의장에게 제출하여야 하며, 그 소속 의원에 이동이 있을 때에는 그 사실을 의장에게 보고하여야 한다.

제46조(위원회의 선임) ①각 위원회의 위원은 각 교섭단체의 소속 의원 수의 비율에 의하여 교섭단체에 할당하여 선임한다. 그러나 특별위원회의 위원 선임은 국회의 의결로 의장에게 위임할 수 있다. ②어느 교섭단체에도 속하지 아니하는 의원의 위원 선임은 의장이 이를 행한다. ③위원의 선임이 있은 후 각 교섭단체의 소속 의원 수의 이동이 있을 때에는 의장은 국회운영위원회의 동의를 얻어 각 위

---

11) 국가재건최고회의 시기 어떠한 논의를 통하여 국회법 폐지 제정이 이루어졌는가를 구체적으로 파악하기 위하여 국회회의록시스템 홈페이지(http://likms.assembly.go.kr/record/)에서 관련 자료들을 찾아보았지만 찾을 수 없었다. 현재 국회회의록시스템 홈페이지에는 1961년과 1962년 사이 진행된 국가재건최고회의의 회의 내용이 올라와 있는데 여기에서 국회법 폐지 제정이 어떻게 이루어졌는가를 확인할 수 있는 자료는 찾을 수 없었다.

원회의 교섭단체별 할당수를 변경하여 위원을 개선하게 할 수 있다.

제98조(교섭단체의 발언통지) ①국회운영위원회는 각 교섭단체와 협의하여 소속
위원 수의 비율에 의한 발언자 수 또는 발언시간을 정하여 의장에게 통지할 수
있다. ②의장은 전항의 발언통지가 있을 때에는 다른 발언통지자보다 먼저 발언
을 허가하여야 한다.

제99조(토론의 통지) ①의사 일정에 올린 안건에 대하여 토론하고자 하는 의원은
미리 반대 또는 찬성의 뜻을 의장에게 통지하여야 한다. ②의장은 전항의 통지를
받은 순서와 그 소속 단체를 고려하여 반대자와 찬성자를 교대로 발언하게 한다
(1963. 11. 26. 폐지 제정 국회법).

5.16쿠데타 이후 군사혁명위원회는 국가재건최고회의로 개칭하여 1961
년 5월 20일 군정(軍政) 내각을 출범시켰다. 또한 국가재건최고회의는 곧바
로 5월 22일 포고 제6호를 공포하여 모든 정치단체와 사회단체를 해산시키
는 조치를 취하였다. 이러한 상황하에서 헌법 개정안을 마련한 후 1962년
12월 17일 국민투표를 통하여 가결시키고 공포하였다. 당시 개정된 헌법의
핵심 내용은 대통령제와 단원제로의 복귀, 군소정당과 무소속의 난립을 방
지하기 위한 무소속 입후보 금지조항[12])이었다. 이것은 당시 군인들이 정부
를 장악한 상황 속에서 해방 이후 지속적으로 나타났던 군소정당의 난립과
다수의 무소속의원들의 존재가 안정적이고 효율적인 정국을 운영하는 데
있어 효과적이지 않다는 인식이 반영된 결과라고 볼 수 있다.

국가재건최고회의 시기에 폐지 제정된 국회법의 경우 교섭단체문제와 관
련하여 단체교섭회라는 용어를 사용하지 않았다는 점과 교섭단체의 구성요

---

12) 당시 개정 헌법 제7조에서는 무소속 입후보 금지를 규정하고 있었으며, 대통령과 국회의원
의 후보자가 되려는 사람은 반드시 소속 정당의 추천을 받도록 하였다(김현우 2001, 141).

건에 변화가 있었다는 점은 특이할 만하다. 그러나 이 점을 제외하면 당시 폐지 제정된 국회법의 경우 이전 국회법의 교섭단체 관련 조항들을 어느 정도 포괄적으로 계승하고 있다는 평가를 내릴 수 있다. 다만 의문은 이러한 상황하에서 왜 과거보다 교섭단체의 구성요건을 낮추었는가 하는 점이다.

이 점에 대해서는 박정희 정부의 경우 비효율적인 국회보다는 행정부 중심의 국정운영을 도모하는 과정에서 제1당에게 절대적으로 유리한 전국구 비례대표제를 신설[13]하고, 실질적으로 의원 수를 175명(지역구의원 131명, 전국구 비례대표의원 44명)으로 대폭 줄임에 따라 교섭단체 구성요건도 완화하는 조치를 취한 것이라고 볼 수 있다. 즉 당시 박정희 정부는 국회의 간여(干與)를 분열 내지 비능률로 간주, 그 규모가 작은 것이 정치적으로 유리할 수 있다는 판단이 작용한 결과인 것이다(박재창 2003, 59). 이와 더불어 교섭단체 구성요건을 완화할 경우 야당을 소규모로 분열시킬 수 있다는 점도 고려하였을 가능성이 높다. 뿐만 아니라 정당 단위가 아니더라도 10인 이상의 의원으로 교섭단체를 구성할 수 있도록 한 것도 국회에서 군소정당 소속 의원이나 무소속의원들도 교섭단체를 구성하도록 유도함으로써 국회에서의 야당 분열을 촉진시키고자 한 의도로 볼 수 있다.

국가재건최고회의 이후 제8대 국회(1971.7.1.-1972.10.17.)가 박정희 정부의 전국 비상계엄 선포와 국회 해산 등의 조치로 1972년 10월 17일 1년 3개월 만에 조기 해산되기 이전까지 세 차례의 국회법 일부 개정이 이루어졌다. 이 과정에서 교섭단체문제와 관련하여 예산결산특별위원회 위원 배정과 의원이 국무총리 및 국무위원의 직을 수행할 경우 교섭단체 내 상임위원

---

13) 박정희 정부하에서 신설된 전국구 비례대표제의 경우 제1당에게 무조건 전국구 비례대표 의석의 과반수를 우선적으로 배당하고, 만약 제1당 득표율이 50%를 넘으면 3분의 2까지도 가져갈 수 있도록 하였다.

회 교체에 대한 국회법 조항이 새롭게 마련되었지만 큰 의미를 갖기는 어렵다. 즉 국가재건최고회의 이후 제8대 국회까지 교섭단체와 관련하여 국회법상의 큰 변화는 없었다.

제8대 국회가 조기 해산된 이후 박정희 정부는 비상국무회의를 통하여 유신헌법을 제정하고, 국회의 권한을 대행하도록 하는 상황 속에서 국회법을 전문 개정하였다. 당시 비상국무회의는 1972년 10월 18일부터 제9대 국회(1973.3.12.-1979.3.11.)가 출범하기 직전인 1973년 3월 11일까지 운영되었다. 이 시기에 전문 개정되어 1973년 2월 7일에 공포된 국회법에서 교섭단체와 관련된 핵심 조항들을 발췌하여 정리하면 다음과 같다.

제35조(교섭단체)  ①국회에 20인 이상의 소속 의원을 가진 정당은 하나의 교섭단체가 된다. 그러나 다른 교섭단체에 속하지 아니하는 20인 이상의 의원으로 따로 교섭단체를 구성할 수 있다.

제40조(상임위원회의 위원)  ④ 각 교섭단체 대표의원은 국회운영위원회의 위원이 된다.

제56조(위원의 발언 제한)  위원장은 필요하다고 인정할 때에는 위원회에서 같은 의제에 대하여 각 교섭단체 소속 의원 수의 비율에 의하여 발언자 수와 발언시간을 제한할 수 있다.

제98조(발언자 수의 제한)  의장은 동일 의제에 대하여 발언자 수를 각 교섭단체별로 그 소속 의원 수의 비율에 따라 각 2인 이내의 범위 안에서 정하여야 한다(1973. 2. 7. 전문 개정 국회법).

당시 비상국무회의를 통하여 전문 개정된 국회법의 경우 이전 국회법과 비교할 때 교섭단체문제와 관련하여 세 가지 정도의 큰 특징을 보인다고 평가할 수 있다. 첫째, 교섭단체 구성요건에 다시 변화가 생겼다는 것이다. 즉

대한민국 국회제도의 형성과 변화

10인 이상으로 설정되어 있던 교섭단체 구성요건이 20인 이상으로 다시 상향 조정된 것이다. 이것은 제8대 국회에서 지역구의원과 비례대표의원 수를 늘리고,14) 여당에게 절대적으로 유리한 선거법과 제도 등을 구비하여 민주공화당과 신민당 중심의 양당체제를 구축하였다는 점과 무관해 보이지 않는다. 다시 말해, 당시에는 교섭단체 구성요건을 상향 조정하여 군소정당과 무소속의원들의 교섭단체 구성을 어렵게 하는 것이 정권의 유지와 안정에 도움이 된다는 인식이 작용하였을 가능성이 높다.

둘째, 교섭단체 대표의원이 국회운영위원회의 위원이 되도록 규정함으로써 국회운영과 관련한 교섭단체 대표의원의 기능과 역할을 강화시켰다는 것이다. 특히 제9대 국회부터 여당의 교섭단체 대표의원이 국회운영위원장으로 선출되는 관행이 정착되는 상황이었다(김현우 2001, 624)는 점을 고려할 때 이 시기부터 여당 중심으로 국회운영위원회를 활용한 국회운영을 도모하고자 하는 시도들이 이루어졌다고 평가할 수 있다.

셋째, 교섭단체제도를 통하여 의원의 발언 기회와 시간을 통제하는 모습을 보였다는 것이다. 즉 강력한 권위주의체제를 구축한 상황하에서 교섭단체의 구성요건을 강화하고, 교섭단체의 지위를 획득한 야당에 대해서는 다른 국회법 소항을 동하여 국회에서 대정부 비판 등을 할 수 있는 기회를 가급적 제한하였다.

비상국무회의를 통하여 전문 개정된 국회법은 1979년 10.26사태로 박정희 정부가 막을 내리기 이전까지 제9대 국회에서 한 차례 일부 개정이 이루어졌다. 1973년 12월 20일 일부 개정되어 공포된 국회법에서는 의장이 질의

---

14) 제7대 국회의 의원 정수는 지역구의원과 비례대표의원을 모두 포함하여 175명이었는데 제8대 국회에서는 이것이 204명으로 증가하였다. 그리고 9대 국회와 10대 국회에서도 219명과 231명으로 지속적으로 의원 정수가 증가하였다.

또는 토론이 미진하다고 인정할 때에는 각 교섭단체별로 1인에 한하여 발언을 다시 허가할 수 있다는 조항이 신설되었다. 이것은 이 시기 국회의 기능이 지극히 위축되어 있던 상황하에서 국회의 위상과 역할을 강화할 수 있는 국회법 개정이 제대로 이루어지지 못하였다는 점을 반증하는 것이다.

## 2. 전두환 정부 시기의 교섭단체제도 변화: 제10대 국회-제12대 국회

박정희 정부가 무너진 이후 12.12쿠데타로 전두환 소장을 중심으로 한 신군부 세력이 다시 정권을 장악하게 되자 제10대 국회(1979.3.12.-1980.10. 27.)도 결국 임기를 마치지 못하고 1년 7개월 만에 해산되었다. 신군부 세력은 1980년 5월 17일 자정을 기하여 전국 비상계엄을 선포하고 모든 정치활동을 중지시켰다. 그리고 1980년 12월 27일 제10대 국회가 해산된 이후 임시 입법기구인 국가보위입법회의를 설치해 1981년 4월 10일까지 기존 국회의 업무를 대행하게 하였다. 이러한 상황 속에서 1981년 1월 29일 국회법 전문 개정이 이루어지는데 당시 공포된 국회법에서 교섭단체 관련 내용들을 발췌하면 다음과 같다.

제35조(교섭단체) ①국회에 20인 이상의 소속 의원을 가진 정당은 하나의 교섭단체가 된다. 그러나 다른 교섭단체에 속하지 아니하는 20인 이상의 의원으로 따로 교섭단체를 구성할 수 있다. ②교섭단체의 대표의원은 그 단체의 소속 의원이 연서·날인한 명부를 의장에게 제출하여야 하며, 그 소속 의원에 이동이 있을 때에는 그 사실을 의장에게 보고하여야 한다.

제40조(상임위원회의 위원) ②각 교섭단체의 대표의원은 국회운영위원회의 위원이 된다.

제47조(위원의 선임) ①상임위원은 교섭단체 소속 의원 수의 비율에 의하여 의장

대한민국 국회제도의 형성과 변화

이 선임한다. ②어느 교섭단체에도 속하지 아니하는 의원의 상임위원 선임은 의장이 이를 행한다. ③특별위원회의 위원은 제1항 및 제2항의 규정에 따라 의장이 상임위원에서 선임한다. 다만 예산결산특별위원회의 위원은 교섭단체 소속 의원 수의 비율과 상임위원회의 위원 수의 비율에 의하여 선임하되 50인을 초과할 수 없다.

제57조(위원의 발언 제한) 위원은 위원회에서 동일 의제에 대하여 회수 및 시간 등에 제한 없이 발언할 수 있다. 그러나 위원장이 필요하다고 인정할 때에는 교섭단체 소속 의원 수의 비율에 의하여 발언자 수와 발언시간을 제한할 수 있다.

제97조(발언시간의 제한) ③의장은 교섭단체를 가진 정당을 대표하는 의원이나 교섭단체의 대표의원이 정당 또는 교섭단체를 대표하여 발언할 때에는 40분까지 허가할 수 있다. 이 경우에 그 교섭단체 소속의 다른 발언자의 발언시간은 10분을 초과할 수 없다.

제98조(발언자 수의 제한) ①의장은 동일 의제에 대하여 발언자 수를 교섭단체별로 그 소속 의원 수의 비율에 따라 각 3인 이내의 범위 안에서 정하여야 한다.

제101조(질의 또는 토론의 종결) ②각 교섭단체에서 1인 이상의 발언이 있은 후에는 의원의 동의로 본회의 의결이 있거나 의장이 필요하다고 인정할 때에는 의장은 질의나 토론의 종결을 선포할 수 있다. 그러나 질의 또는 토론에 참가한 의원은 질의나 토론의 종결을 동의할 수 없다(1981. 1. 29. 전문 개정 국회법).

교섭단체문제와 관련하여 당시 국가보위입법회의가 전문 개정한 국회법과 박정희 정부하의 국회법을 비교해 보면 의원의 발언 기회 등에 있어서 약간의 차이가 있지만 많은 차이를 목격하기는 힘들다. 이것은 쿠데타로 정권을 장악한 전두환 정부 역시 군사정권이자 권위주의정권으로서 박정희 정부와의 유사성이 높다는 점, 그리고 국가보위입법회의가 활동한 시간이 길지 않고 심도 깊게 국회법 개정 논의를 진행할 유인도 적었다는 점이 반영된 결과라고 볼 수 있다. 이후 제11대 국회(1981.4.11.-1985.4.10.)인 1983년

11월 17일 국회법이 일부 개정되는데 교섭단체문제와 관련하여 교섭단체가 할당된 발언시간 내에서 발언자 수를 조정할 수 있고, 의장이 교섭단체에 속하지 않은 의원의 발언자 수와 발언시간을 정할 수 있다는 조항들이 추가되었지만 민주화가 이루어지기 이전까지는 큰 변화 없이 유지되었다고 평가할 수 있다.

## V. 민주화 이후 국회 교섭단체제도 변화: 제13대 국회 이후

### 1. 노태우 정부 시기의 교섭단체제도 변화: 제13대 국회

전두환 정부 시기인 1985년 2월 12일에 실시된 제12대 국회의원선거에서 당초 예상과 달리 선명 야당인 신한민주당이 제1야당으로 부상하였다. 제12대 국회의원선거를 앞두고 전두환 정부가 유화조치를 단행하여 정치활동이 금지되었던 다수의 정치인들이 해금되었다. 이것은 전두환 정부가 그 동안의 경제 성장에 대한 자신감, 야당의 분열 조장을 이끌기 위한 다당화 전략, 여당의 의석 확보에 유리한 1선거구 2인 선출의 선거제도, 여당에게 유리한 전국구 비례대표제 유지 등을 통한 자신감의 표출이었다. 하지만 정치적 자유와 권리가 오랫동안 심각하게 침해되었던 상황 속에서 유권자들은 창당한 지 한 달도 채 되지 않았지만 선명성을 기치로 전두환 정부를 비판한 신한민주당에 큰 지지를 보내 주었다. 이것이 동력이 되어 민주화운동이 본격적으로 일어나고 전두환 정부가 1987년 6월 29일 대통령직선제를 수용하는 성과를 이끌어 내었다.

1987년 12월 16일에 실시된 제13대 대통령선거에서는 민주화 세력의 분열과 지역주의의 등장, 관권·금권선거 등의 영향으로 정권 교체가 이루어지지 못하고 민주정의당의 노태우 후보가 당선되었다. 하지만 1988년 4월 26일에 실시된 제13대 국회의원선거에서는 여당인 민주정의당이 국회 299석 중 125석(41.8%)만을 확보하여 여소야대의 정국이 형성되었다. 이러한 상황에서 야당들을 중심으로 국회법 개정을 포함하여 다양한 민주적 조치들이 마련되었다.

제13대 국회(1988.5.30.-1992.5.29.)가 여소야대 상황에서 개원한 이후 곧바로 비민주적인 기존의 국회법을 전면적으로 개정하기 위한 작업에 들어간다. 이러한 과정 속에서 1988년 6월 15일 전문 개정된 국회법이 공포된다. 당시 전문 개정된 국회법에서 교섭단체와 관련한 주요 조항들을 발췌하여 정리하면 다음과 같다.

제33조(교섭단체) ①국회에 20인 이상의 소속 의원을 가진 정당은 하나의 교섭단체가 된다. 그러나 다른 교섭단체에 속하지 아니하는 20인 이상의 의원으로 따로 교섭단체를 구성할 수 있다. ②교섭단체의 대표의원은 그 단체의 소속 의원이 연서·날인한 명부를 의장에게 제출하여야 하며, 그 소속 의원에 이동이 있거나 소속 정당의 변경이 있을 때에는 그 사실을 의장에게 보고하여야 한다.

제34조(교섭단체 정책연구위원) ①교섭단체 소속 의원의 입법활동을 보좌하기 위하여 교섭단체에 정책연구위원을 둔다.

제46조(위원의 선임) ①상임위원은 교섭단체 소속 의원 수의 비율에 의하여 각 교섭단체 대표의원의 요청으로 의장이 선임한다. ③특별위원회의 위원은 제1항 및 제2항의 규정에 따라 의장이 상임위원 중에서 선임한다. 다만 예산결산특별위원회의 위원은 교섭단체 소속 의원 수의 비율과 상임위원회의 위원 수의 비율에 의하여 선임하되 50인을 초과할 수 없다.

제48조(간사) ①위원회에 각 교섭단체별로 간사 1인을 둔다. ④ 위원장이 궐위된 때에는 소속 의원 수가 많은 교섭단체 소속인 간사의 순으로 위원장의 직무를 대리한다.

제67조(개의) 본회의는 본회의 의결 또는 의장이 각 교섭단체 대표의원과 협의하여 그 개의시를 정한다.

제70조(회의의 공개) ①본회의는 공개한다. 다만 의장의 제의 또는 의원 10인 이상의 연서에 의한 동의로 본회의의 의결이 있거나 의장이 각 교섭단체 대표의원과 협의하여 국가의 안전 보장을 위하여 필요하다고 인정할 때에는 공개하지 아니할 수 있다.

제72조(의사 일정의 변경) 의원 20인 이상의 연서에 의한 동의로 본회의의 의결이 있거나 의장이 각 교섭단체 대표의원과 협의하여 필요하다고 인정할 때에는 의장은 의사 일정의 순서를 변경하거나 다른 안건을 의사 일정에 추가할 수 있다.

제78조(심사기간) ①의장은 심사기간을 정하여 안건을 위원회에 회부할 수 있다. 이 경우 의장은 각 교섭단체 대표의원과 협의하여야 한다.

제97조(발언시간의 제한) ②교섭단체를 가진 정당을 대표하는 의원이나 교섭단체의 대표의원이 정당 또는 교섭단체를 대표하여 발언할 때에는 40분까지 발언할 수 있다.

제98조(발언자 수) ①의장은 각 교섭단체 대표의원과 협의하여 동일 의제에 대하여 발언자 수를 교섭단체별로 그 소속 의원 수의 비율에 따라 각 3인 이내의 범위 안에서 정하여야 한다. ②교섭단체에 속하지 아니하는 의원의 발언자 수와 발언시간은 의장이 각 교섭단체 대표의원과 협의하여 이를 정한다.

제99조(토론의 통지) ②의장은 제1항의 통지를 받은 순서와 그 소속 교섭단체를 고려하여 반대자와 찬성자를 교대로 발언하게 하되 반대자에게 먼저 발언하게 한다.

제101조(질의 또는 토론의 종결) ②각 교섭단체에서 1인 이상의 발언이 있은 후에

는 본회의의 의결로 의장은 질의나 토론의 종결을 선포한다.

제114조(국무위원 등의 출석 요구) ③제1항 또는 제2항의 요구가 있을 때에는 국무총리·국무위원 또는 정부위원은 출석·답변하여야 하며, 국무총리 또는 국무위원이 출석 요구를 받은 때에는 의장 또는 위원장의 승인을 얻어 국무총리는 국무위원으로 하여금, 국무위원은 정부위원으로 하여금 대리하여 출석·답변하게 할 수 있다. 이 경우 의장은 각 교섭단체 대표의원과, 위원장은 간사와 협의하여야 한다(1988. 6. 15. 전문 개정 국회법).

민주화 직후 제13대 국회에서 전문 개정된 국회법을 보면 이전의 국회법 개정과 달리 상당히 포괄적으로, 그리고 민주적인 방향으로 국회법이 개정되었다는 것을 확인할 수 있다. 특히 본 연구의 주제인 교섭단체제도와 관련해서도 교섭단체 구성요건에는 별 다른 변화가 없지만 교섭단체의 위상이나 역할과 관련해서는 다양하고 세부적인 조치들을 국회법으로 규정하고 있다는 것을 알 수 있다. 즉 이전 국회에서 진행된 국회법 개정과 비교하여 교섭단체제도 하나만 놓고 보더라도 새롭게 마련되고 개정된 내용들이 많다는 것은 민주화 직후 여소야대의 국면에서 야당들을 중심으로 국회의 위상과 역할을 새롭게 정립하고, 민주적인 장치들을 마련하기 위한 노력이 많았다는 것을 시사한다.

민주화 이후 교섭단체제도와 관련하여 가장 중요한 점은 국회의장이 국회의 대표자로서 국회를 운영함에 있어 거의 대부분의 사항에 대하여 교섭단체 대표의원과 협의를 하도록 한 것이다(김형철 2012, 12). 즉 1987년 민주화 이후 전문 개정된 국회법이 거의 모든 국회의 의사와 운영에 관한 권한을 원내 교섭단체 대표회담에 준 것은 여당의 독주를 막기 위한 것이었다. 실제로 5.16쿠데타 이후 전문 개정된 국회법은 국회의 의사에 관한 권한을 국회의장에게 주었고, 여당 소속 국회의장은 이를 바탕으로 정부 편향적인 국회운영을 해 왔던 것이 사실인데 이에 대한 저항으로 생겨난 것이 원내 교섭단체 대표회담이었다(이현출 2016, 187). 즉 민주화 직후 교섭단체제도는 교섭단체들을 중심으로 국회가 운영되도록 관련 조항들을 신설한 것이 가장 큰 특징이다. 그리고 이러한 상황 속에서 국회사무처 사무총장 임면 협의, 정책연구위원 배당, 상임위원회 간사 선임과 위원장 직무대리 권한 인정 등과 관련하여 교섭단체의 권한을 명시하고 있다는 특징들도 보여 주고 있다.

## 2. 김영삼 정부와 김대중 정부 시기의 교섭단체제도 변화: 제14대 국회-제16대 국회

제13대 국회에서 전문 개정된 국회법은 이후 큰 틀이 유지되면서 세부적인 내용들에 대한 보강이 이루어졌다고 평가할 수 있다. 다음은 제14대 국회(1992.5.30.-1996.5.29.)인 1994년 6월 28일에 일부 개정되어 공포된 국회법 중에서 변화가 있는 교섭단체 관련 핵심 항목들을 발췌하여 정리한 것인데, 여기에서도 이와 같은 특징이 잘 나타나고 있는 것을 목격할 수 있다. 즉 큰 틀에서는 국회의 위상과 교섭단체의 역할도 강화하면서 새로운 상황에 대처할 관련 조항을 구체적으로 마련하였다는 사실을 파악할 수 있다.

제5조의 2(연간 국회운영 기본일정의 수립) 의장은 각 교섭단체 대표의원과의 협의를 거쳐 매년 1월 10일까지 국회의 연중 상시 운영을 위한 대강의 연간 국회운영의 기본일정을 정하여야 한다.

제105조(4분 자유발언) ③4분 자유발언의 발언자 수와 발언 순서는 교섭단체별 소속 의원 수의 비율을 고려하여 의장이 각 교섭단체 대표의원과 협의하여 정한다.

제112조(표결방법) ⑤대통령으로부터 환부된 법률안과 기타 인사에 관한 안건은

무기명투표로 표결한다. 다만 겸직으로 인한 의원 사직과 위원장 사임에 대하여 의장이 각 교섭단체 대표의원과 협의한 경우에는 그러하지 아니하다.

제122조의 2(정부에 대한 질문) ③(대정부 질문) 의제별 의원의 질문(보충질문은 제외한다)에 소요되는 총시간은 의장이 각 교섭단체 대표의원과 협의하여 정한다.

제122조의 3(긴급현안 질문) ⑤긴급현안 질문시간은 총 60분으로 한다. 다만 의장은 각 교섭단체 대표의원과 협의하여 이를 연장할 수 있다.

제128조(보고·서류제출 요구) ①다만 폐회 중에 의원으로부터 서류제출 요구가 있는 때에는 의장 또는 위원장은 교섭단체 대표의원 또는 간사와 협의하여 이를 요구할 수 있다(1994. 6. 28. 일부 개정 국회법).


민주화 이후 교섭단체제도에 대한 논의가 꾸준히 진행되었던 것은 사실이지만 제16대 국회(2000.5.30.-2004.5.29.)에서 이 문제가 크게 대두된 바 있다. 1997년 12월 18일에 실시된 제15대 대통령선거를 통하여 민주화 이후 최초로 여야 간 평화적 정권 교체가 이루어졌다. 당시 김대중 후보가 대통령으로 당선될 수 있었던 것은 김영삼 정부의 IMF 경제 위기, 여당인 한나라당 이회창 후보의 아들 병역 논란, 그리고 충청 지역의 맹주였던 김종필 자유민주연합 명예총재와의 선서언내(DJP연대) 등이 복합적으로 작용하였기 때문이었다. 이러한 이유로 김대중 정부가 출범한 이후 김종필 명예총재는 막강한 실권을 갖는 국무총리로 임명되어 국정을 공동 운영하는 모습을 보여 주었다.

문제는 2000년 4월 13일에 실시된 제16대 국회의원선거에서 자유민주연합이 단 17석의 국회 의석을 확보하는 데 그쳐 교섭단체를 구성하지 못하였다는 데에서 발생하였다. 김대중 정부의 탄생과 운영에 있어서 한 축을 담당하였던 자유민주연합이 무너져버린 것이다. 이러한 상황 속에서 여당을 구성하고 있던 새천년민주당과 자유민주연합을 중심으로 교섭단체 구성요건을 20석에서 10석으로 축소하자는 논의가 제기되었다. 그리고 2000년 7월 24일 새천년민주당과 자유민주연합은 한나라당의 반대 속에 국회운영위원회에서 교섭단체 구성요건을 10석으로 낮추는 국회법 개정안을 날치기 처리하는 모습을 보였다. 이후 12월 18일 이 국회법 개정안을 본회의에 상정하려고 하였으나 한나라당의 거센 반대로 결국 가결시키지 못하였다. 상황이 이렇게 되자 2000년 12월 30일에 배기선, 송석찬, 송영진 의원이, 그리고 2001년 1월 10일에는 장재식 의원이 새천년민주당을 탈당하여 자유민주연합에 입당함으로써 자유민주연합은 비로소 교섭단체 구성요건을 충족시키게 된다.

실제로 교섭단체제도는 주요 정당들에게 매우 유리한 제도이다. 이러한 이유로 교섭단체 구성이 가능한 주요 정당들의 경우 현행 교섭단체제도를 유지하는 것이 이득이 된다. 그러나 제16대 국회의 자유민주연합 사례에서 확인할 수 있듯이 특수한 정치적 상황하에서 정치권은 교섭단체제도의 변화를 꾀하기도 한다. 다시 말해 교섭단체 구성요건에 대한 절대적이고 객관적인 기준을 마련하기 힘든 상황 속에서 정당들은 자신들의 정치적 입지에 따라 그 입장을 정하고 변화를 도모한다. 다만 기존에 교섭단체의 지위를 유지하는 정당들이 자신의 기득권을 포기하려 하지 않고, 정당들 간에 정파적인 갈등이 존재할 경우에는 이러한 시도가 국회법 개정으로까지 이어지기 힘든 것 또한 사실이다.

제16대 국회에서 또 하나 주목할 만한 점은 2000년 2월 16일 국회법이 일부 개정되었는데 여기서 국회가 고위 공직자의 임명 과정에 개입할 수 있도록 관련 조항이 새롭게 마련되었다는 것이다. 당시 개정된 국회법 제46조 3항에는 '국회는 헌법에 의하여 그 임명에 국회의 동의를 요하는 대법원장,

헌법재판소장, 국무총리, 감사원장 및 대법관과 국회에서 선출하는 헌법재판소 재판관 및 중앙선거관리위원회 위원에 대한 임명동의안 또는 의장이 각 교섭단체 대표의원과 협의하여 제출한 선출안 등을 심사하기 위하여 인사청문특별위원회를 둔다.'라고 명시되어 있다. 인사청문제도는 삼권 분립의 원칙이 적용되는 대통령제하에서 국회가 대통령의 자의적 인사권 행사를 방지하기 위한 목적으로 마련된 것으로 국회의 권한이 그만큼 강해졌다는 것을 의미한다. 위 조항은 인사청문제도와 같이 국회의 권한을 강화하는 제도가 마련됨에 따라 국회법상 관련 조항이 마련된 것이고, 그 과정에서 교섭단체의 역할이 중요하다는 점을 명시한 것이다.

교섭단체제도와 관련하여 제16대 국회에서는 2003년 2월 4일 국회법 일부 개정을 통하여 몇 가지 조항들이 추가된다. 다음은 당시 일부 개정된 국회법에서 교섭단체 관련 주요 조항들을 발췌하여 정리한 것이다. 그 내용을 살펴보면 교섭단체 대표의원의 공식적 연설 기회를 명문화하고 있다는 점, 정부에 대한 질문에 있어서 교섭단체의 권한을 강화하고 있다는 점 등을 파악할 수 있다.

제104조(발언원칙) ②교섭단체를 가진 정당을 대표하는 의원이나 교섭단체의 대표의원이 정당 또는 교섭단체를 대표하여 연설(이하 "교섭단체 대표연설"이라 한다) 기타 발언을 할 때에는 40분까지 발언할 수 있다. 이 경우 교섭단체 대표연설은 매년 첫 번째 임시회와 정기회에서 각 1회 실시하되, 전·후반기 원구성을 위한 임시회의 경우와 의장이 각 교섭단체 대표의원과 합의를 하는 경우에는 추가로 각 1회 실시할 수 있다.

제122조의 2(정부에 대한 질문) ③의제별 질문 의원 수는 의장이 각 교섭단체 대표의원과 협의하여 정한다. ④의장은 제3항에서 규정한 의제별 질문 의원 수를 교섭단체별로 그 소속 의원 수의 비율에 따라 배정한다. 이 경우 교섭단체에 속하

지 아니하는 의원의 질문자 수는 의장이 각 교섭단체 대표의원과 협의하여 정한
다. ⑦각 교섭단체 대표의원은 질문의원과 질문순서를 질문일 전일까지 의장에
게 통지하여야 한다. 이 경우 의장은 각 교섭단체 대표의원의 통지내용에 따라
질문순서를 정한 후 이를 본회의 개의 전에 각 교섭단체 대표의원과 정부에 통지
하여야 한다(2003. 2. 4. 일부 개정 국회법).

## 3. 노무현 정부 시기의 교섭단체제도 변화: 제17대 국회

제17대 국회(2004.4.15.-2008.5.29.)에서는 제17대 국회의원선거에서 1
인 2표 병립제가 새롭게 채택되고, 그 효과로 민주노동당이 전국구 비례대
표를 중심으로 10석의 의석을 확보하자 군소정당의 국회운영 참여를 명분
으로 교섭단체 구성요건을 완화하자는 주장이 또 다시 제기되었다. 민주화
이후 김영삼 정부 시기에 실시된 제15대 국회의원선거부터 정당의 득표율
을 기준으로 전국구 비례대표 의석이 배분됨에 따라 전국구 비례대표 의석
배분 방식에 대한 논란은 일단락되었다. 하지만 1인 1표제하에서 후보자 투
표를 정당 투표로 의제(擬制)하여 전국구 비례대표 의석을 배분하는 것은
직접선거의 원칙에 위반되기 때문에 1인 2표제를 도입해야 된다는 주장이
1990년대 중반부터 학계와 시민단체를 중심으로 제기되었다(박찬욱 2004,
42). 그리고 2000년도에 들어서 청렴정치국민연합, 민주노동당창당준비위
원회, 새천년민주당 소속 의원들이 연달아 헌법재판소에 1인 1표에 의거한
전국구 비례대표 의석 배분의 위헌성 여부에 대한 심판을 청구하였다. 이에
헌법재판소는 2001년 7월 19일 1인 1표제 방식으로 전국구 비례대표 의석
을 배분하는 것은 직접선거, 평등선거, 자유선거의 민주주의 원리에 부합되
지 않는다[15]고 지적하면서 위헌 판결을 내렸다. 그 결과 2002년 3월 7일 선
거법 개정을 통하여 제17대 국회의원선거에서 1인 2표제가 도입되었다.

이로 인하여 제17대 국회의원선거에서 민주노동당은 정당 투표 득표율 7.1%로 전국구 비례대표 의석 8석을 얻어 지역구 2석 포함 총 10석의 의석을 확보하게 되었다. 이처럼 민주노동당이 원내에 진입하여 제3당의 지위를 차지할 수 있었던 것은 1인 2표제하에서 정당 투표는 비례적인 방식으로 의석이 배분되는 특징을 보이기 때문에 유권자들은 자신의 선호에 따라 순수 투표(sincere vote)를 하는 경향을 보이기 때문이다(박찬욱 2004). 다시 말해 1인 2표제에서 후보자 투표의 경우 정당 투표와 달리 다수결적인 방식으로 의석이 배분되는 관계로(1등만이 당선되는 관계로) 유권자들은 자신의 선호뿐만 아니라 당선 가능성을 고려하여 사표 방지를 위한 전략적 투표 결정을 하게 된다(Duverger 1954).

이처럼 선명한 진보 성향을 보이는 민주노동당이 1인 2표 병립제 도입의 효과로 10석의 의석을 확보하여 원내 제3당의 위치를 갖게 되자 교섭단체 구성요건 완화를 요구하는 목소리들이 나오게 된 것이다. 하지만 제17대 국회에서 열린우리당과 한나라당 양대 정당만이 교섭단체를 구성할 수 있었던 상황하에서 정치적 기득권을 급진적 성향의 민주노동당과 나누는 것에 동의할 가능성은 상대적으로 낮았다. 이러한 이유로 당시 교섭단체 구성요건의 완화를 요구하는 목소리는 높았지만 국회법 개정을 통히어 현실화되지는 못하였다. 다만 17대 국회에서는 교섭단체문제와 관련하여 의사 일정의 변경, 심사기간 지정에 있어서 2005년 7월 28일 국회법 일부 개정이 이루어졌다. 그 핵심 내용을 정리하면 아래와 같다.

---

15) 1인 1표에 의거한 전국구 비례대표 의석 배정은 무소속을 지지하는 유권자들의 표가 인정되지 않는다는 점에서 평등선거의 원칙에 위반된다. 또한 지지하는 정당의 후보자가 선거구에 출마하지 않은 경우와 지지하는 정당과 후보자가 다를 경우 일방적인 선택을 강요하게 된다는 점에서 의사 형성의 자유를 제한하는 문제점도 있다(김재한 2002).

제77조(의사 일정의 변경) 의원 20인 이상의 연서에 의한 동의로 본회의의 의결이 있거나 의장이 각 교섭단체 대표의원과 협의하여 필요하다고 인정할 때에는 의장은 회기 전체 의사 일정의 일부를 변경하거나 당일 의사 일정의 안건 추가 및 순서 변경을 할 수 있다.

제85조(심사기간) ①의장은 위원회에 회부하는 안건 또는 회부된 안건에 대하여 심사기간을 지정할 수 있다. 이 경우 의장은 각 교섭단체 대표의원과 협의하여야 한다(2005. 7. 28. 일부 개정 국회법).

## 4. 이명박 정부와 박근혜 정부 시기의 교섭단체제도 변화: 제18대 국회-제20대 국회

제17대 국회 이후에도 교섭단체 구성요건과 관련한 논의들이 지속적으로 이루어졌다. 한 예로, 제18대 국회(2008.5.30.-2012.5.29.)에서 자유선진당이 18석을 확보하여 단 두 석 차이로 교섭단체를 구성하지 못하게 되자 또 논란이 제기되었다.[16] 하지만 한나라당과 통합민주당만이 교섭단체를 구성할 수 있는 요건을 만족시킨 상황하에서 교섭단체 구성요건 완화는 현실화되지 못하였다. 제19대 국회(2012.5.30.-2016.5.29.)에서 새누리당과 민주통합당의 양당 구도가 보다 견고하게 구축됨에 따라 이러한 특징은 지속되었다. 제20대 국회에서는 제3당인 국민의당이 총 38석의 의석을 확보하여 교섭단체를 구성할 수 있는 충분한 자격을 갖춤에 따라 교섭단체 구성요건에 대한 논의가 중요하게 대두되지 않았다. 요컨대, 국회에서 교섭단체 지위

---

16) 당시 자유선진당은 제18대 국회의원선거 직후인 2008년 8월 28일 '교섭단체 의석수 완화에 관한 공청회'를 개최하여 교섭단체 구성요건 완화의 문제를 공론화시키기도 하였다. 당시 공청회에서 자유선진당은 외국의 사례와 비교하여 한국의 교섭단체 구성요건이 상대적으로 높다는 것과 대의민주주의하에서 군소정당의 권한을 보호하는 것이 중요하다는 점 등을 중점적으로 피력하였다.

를 갖는지의 여부가 의사 진행이나 각종 혜택 등과 관련하여 중요하기 때문에 군소정당은 그 구성요건을 낮추고자 노력하는 반면 정치적 기득권을 갖춘 주요 정당들은 교섭단체 관련 논의와 변화에 상당히 소극적인 태도를 보인다는 점을 알 수 있다.

제18대 국회에서 교섭단체 구성요건을 완화하는 국회법 개정이 이루어지지 못하였지만 이 시기에 국회법 일부 개정이 여러 차례 이루어지면서 교섭단체제도와 관련해서도 여러 가지 사항들이 추가되고 보완되었다. 첫째, 2010년 3월 12일 일부 개정되어 공포된 국회법에서는 교섭단체 대표의원 간의 합의가 있는 경우 취지 및 내용의 직접 관련성이 없어도 법안의 수정동의가 가능하다는 점을 명시하였다.[17]

둘째, 2010년 5월 28일에 일부 개정되어 공포된 국회법에서는 교섭단체 문제와 관련하여 윤리심사자문위원회 구성, 국회 산회, 표결방법과 관련한 지위와 역할들이 추가되었다. 아래는 그 주요 내용을 발췌하여 정리한 것이다.

제46조의 2(윤리심사자문위원회) ②자문위원회(윤리심사자문위원회)는 위원장 1인을 포함한 8인의 자문위원으로 구성하며, 자문위원은 각 교섭단체 대표의원의 추천에 따라 의장이 위촉한다. ③각 교섭단체 대표의원이 추천하는 자문위원 수는 교섭단체 소속 의원 수의 비율에 따른다. 이 경우 소속 의원 수가 가장 많은 교섭단체 대표의원이 추천하는 자문위원 수는 그 밖의 교섭단체 대표의원이 추천하는 자문위원 수와 같아야 한다.

---

17) 구체적인 내용은 다음과 같다: 제95조(수정동의) ⑤ 제1항에 따른 수정동의는 원안 또는 위원회에서 심사보고(제51조에 따라 위원회에서 제안하는 경우를 포함한다)한 안의 취지 및 내용과 직접 관련성이 있어야 한다. 다만 의장이 각 교섭단체 대표의원과 합의를 하는 경우에는 그러하지 아니하다.

제74조(산회)  ②산회를 선포한 당일에는 회의를 다시 개의할 수 없다. 다만 내우·외환·천재·지변 또는 중대한 재정·경제상의 위기, 국가의 안위에 관계되는 중대한 교전상태나 전시·사변 또는 이에 준하는 국가 비상사태의 경우로서 의장이 각 교섭단체 대표의원과 합의한 때에는 그러하지 아니하다.

제112조(표결방법)  ⑨의장이 각 교섭단체 대표의원과 합의를 하는 경우에는 제2항, 제4항부터 제7항까지에 따른 기명 또는 무기명투표를 전자장치를 이용하여 실시할 수 있다(2010. 5. 28. 일부 개정 국회법).

셋째, 2011년 5월 19일에 일부 개정되어 공포된 국회법에서는 인사청문특별위원회에서 필요한 경우 국회사무처, 국회예산정책처, 국회입법조사처 소속 공무원과 더불어 교섭단체 정책연구위원을 위촉하여 사전조사를 실시할 수 있다는 조항을 추가하였다.[18]

넷째, 제18대 국회 임기가 일주일도 채 남지 않았던 2012년 5월 25일 일부 개정된 국회법이 공포되는데, 이 국회법에는 새롭게 마련된 조항들이 많이 추가되었다. 교섭단체와 관련해서도 다양한 조항들이 신설되었다. 그 이유는 이 국회법이 개정되기 이전인 2012년 5월 2일 국회 본회의에서 국회선진화법이 표결을 통하여 통과됨에 따라 이와 관련한 국회법 개정이 요구되었기 때문이다. 당시 국회선진화법의 핵심적인 내용은 국회의장의 직권상정 제한, 안건조정위원회 설치, 안건 자동 상정 등이었는데 이에 대응하여 마련된 교섭단체 관련 국회법 개정 내용은 다음과 같다.

제57조의 2(안건조정위원회)  ④제3항에 따라 조정위원회(안건조정위원회)를 구성하는 경우에는 소속 의원 수가 가장 많은 교섭단체(이하 이 조에서 "제1교섭단

---

18) 구체적인 내용은 다음과 같다: 제65조(청문회) ⑤ 위원회는 필요한 경우 국회사무처, 국회예산정책처 또는 국회입법조사처 소속 공무원이나 교섭단체의 정책연구위원을 지정하거나 전문가를 위촉하여 청문회에 필요한 사전조사를 실시하게 할 수 있다.

체"라 한다)에 속하는 조정위원의 수와 제1교섭단체에 속하지 아니하는 조정위원의 수를 같게 한다. 다만 제1교섭단체가 둘 이상인 경우에는 각 교섭단체에 속하는 조정위원 및 어느 교섭단체에도 속하지 아니하는 조정위원의 수를 위원장이 간사와 합의하여 정한다. ⑤조정위원은 소속 위원 중에서 위원장이 간사와 협의하여 선임하고, 조정위원장은 조정위원회에서 제1교섭단체 소속 조정위원 중에서 선출하여 위원장이 이를 의장에게 보고한다.

제85조(심사기간) ①의장은 다음 각 호의 어느 하나에 해당하는 경우에는 위원회에 회부하는 안건 또는 회부된 안건에 대하여 심사기간을 지정할 수 있다. 이 경우 제1호 또는 제2호에 해당하는 때에는 의장이 각 교섭단체 대표의원과 협의하여 해당 호와 관련된 안건에 대하여만 심사기간을 지정할 수 있다. 1. 천재지변의 경우, 2. 전시·사변 또는 이에 준하는 국가비상사태의 경우, 3. 의장이 각 교섭단체 대표의원과 합의하는 경우

제85조의 2(안건의 신속 처리) ⑧의장이 각 교섭단체 대표의원과 합의한 경우에는 신속 처리 대상 안건에 대하여 제2항부터 제7항까지를 적용하지 아니한다.

제85조의 3(예산안 등 본회의 자동 부의 등) ②위원회가 예산안 등과 제4항에 따라 지정된 세입예산안 부수 법률안(체계·자구 심사를 위하여 법제사법위원회에 회부된 법률안을 포함한다)에 대하여 제1항에 따른 기한 내에 심사를 마치지 아니한 때에는 그 다음 날에 위원회에서 심사를 마치고 바로 본회의에 부의된 것으로 본다. 다만 의장이 각 교섭단체 대표의원과 합의한 경우에는 그러하지 아니한다 (2012. 5. 25. 일부 개정 국회법).

제19대 국회에서는 국회법 개정의 빈도와 폭이 크지 않았던 것이 사실이다. 따라서 교섭단체제도와 관련한 국회법 개정 내용도 주목할 만한 부분이 많지는 않다. 일단 2013년 8월 13일에 일부 개정되어 공포된 국회법에는 윤리심사자문위원회 구성과 관련한 교섭단체의 역할과 상임위원회위원 선임과 관련한 내용이 추가되었다.[19] 다음으로 2014년 3월 18일 일부 개정되어

공포된 국회법에는 폐회 중 보고나 서류 등의 제출 요구와  관련한 교섭단체의 역할을 명시하였다.[20]

## VI. 결론

지금까지 본 연구는 교섭단체제도가 어떠한 정치적 배경과 논의 속에서 형성되었는지, 그리고 그 제도적 변화는 어떠한 상황과 논리하에서 이루어졌는지를 국회 회의록을 중심으로 다각적으로 고찰해 보았다. 연구 결과, 한국은 해방 이후 오늘날까지 다양한 정치적 변화를 겪으면서 국회와 관련한 법과 제도가 개정되고 변화되어 왔으며, 그 과정에서 교섭단체제도도 연계되어 변화되어 왔다는 점을 목격할 수 있었다. 특히 본 연구를 통하여 밝혀진 주요 내용들을 간략하게 정리하면 다음과 같다.

첫째, 갑작스러운 해방이라는 상황 속에서 국가 통합과 건립의 목적을 위하여 제헌국회에서 국회법이 최초로 제정되었을 당시 교섭단체와 관련한 조항이 존재하지 않았다. 뿐만 아니라 제헌국회는 해방 정국에서 억눌려 있

---

19) 구체적인 내용은 다음과 같다: 제46조의 2(윤리심사자문위원회) ②자문위원회(윤리심사자문위원회)는 위원장 1인을 포함한 8인의 자문위원으로 구성하며, 자문위원은 각 교섭단체 대표의원의 추천에 따라 의장이 위촉한다. ③각 교섭단체 대표의원이 추천하는 자문위원 수는 교섭단체 소속 의원 수의 비율에 따른다. 이 경우 소속 의원 수가 가장 많은 교섭단체 대표의원이 추천하는 자문위원 수는 그 밖의 교섭단체 대표의원이 추천하는 자문위원 수와 같아야 한다. 제48조(위원의 선임 및 개선) ⑦의장 및 교섭단체 대표의원은 의원을 상임위원회의 위원으로 선임하는 것이 공정을 기할 수 없는 현저한 사유가 있다고 인정하는 때에는 해당 상임위원회의 위원으로 선임하거나 선임을 요청하여서는 아니 된다.
20) 구체적인 내용은 다음과 같다: 제128조(보고·서류 등의 제출 요구) ③제1항의 규정에 불구하고 폐회 중에 의원으로부터 서류 등의 제출 요구가 있는 때에는 의장 또는 위원장은 교섭단체 대표의원 또는 간사와 협의하여 이를 요구할 수 있다.

던 정치적 욕구들이 폭발하는 상황 속에서 많은 정당들이 명망가 중심으로 운영되어 개별 의원들의 자율성과 발언권이 줄어들 수 있는 교섭단체제도에 대하여 비판적인 모습을 보였다.

둘째, 교섭단체제도를 마련함에 있어 일본 국회의 내용을 많이 참고하였다는 일반적인 인식과 주장은 사실과 달랐다. 제헌국회에서 교섭단체제도와 관련한 논의가 어떻게 진행되었는지를 자세하게 살펴본 결과, 일본의 사례에 대한 논의는 이루어지지 않았다는 점을 파악할 수 있었다. 즉 당시 해방 정국에서 일본의 사례를 참고할 수 있는 분위기가 형성되어 있지 않았을 뿐만 아니라 일본의 회파가 국회의 교섭단체제도와 관련하여 특별하게 연결되어 참고할 만한 내용도 많지 않았다. 오히려 제헌국회에서 진행된 교섭단체제도 관련 논의 내용을 보면 서구 민주국가들의 사례를 참고하고, 다양한 차원에서의 고민과 논의가 이루어졌다. 의회정치에 대한 경험과 지식이 부족하였음에도 불구하고 제헌국회 의원들은 교섭단체제도에 대한 많은 고민과 노력을 하였던 것이다. 그러므로 한국의 교섭단체제도가 일본 중의원에서 법안을 발의하기 위해서는 20인 이상 의원들의 동의가 필요하다는 점을 참고하였다는 주장이 특별한 근거 없이 보편적으로 인정되고 있지만 본 연구 결과를 놓고 보면 그것은 사실이 아니라고 보여진다

셋째, 그럼에도 불구하고 제헌국회에서 교섭단체제도가 마련된 것은 제헌국회 초부터 국회의 효율적 운영과 관련하여 많은 문제가 제기되었고, 특히 기존 정당과 지연 등을 중심으로 의원들이 집단화하여 행동을 통일하는 현상이 나타났기 때문이었다. 다시 말해 교섭단체제도에 대한 논란 속에서 결국 20인 이상의 의원들로 교섭단체를 구성하여 단체교섭회를 운영한다는 것에 최종적으로 합의한 것은 당시 해방 정국의 정치적 상황과 제헌국회의 구성적 특성으로 인하여 국회의 효율적 운영에 어려움이 많았다는 점이 중

요하게 고려되었다는 것을 보여 준다.

넷째, 제5대 국회에서 의원내각제와 양원제가 채택됨에 따라 전문 개정된 국회법하에서 교섭단체 구성요건 등을 포함하여 교섭단체제도에 많은 변화가 있었다. 당초 제5대 국회에서 국회법 개정을 위한 목적으로 마련된 특별위원회에서는 민의원의 경우 15인 이상으로, 그리고 참의원의 경우 8인 이상으로 교섭단체를 구성하는 것을 초안으로 올렸다. 하지만 논의 과정에서 민의원 20인 이상, 참의원 10인 이상으로 교섭단체 구성요건이 수정되었다. 이와 같은 수정은 제헌국회 때와 마찬가지로 국회의 효율적 운영과 군소정당의 정치적 대표성 보장이라는 두 가치 중에서 전자에 무게를 두는 경향이 지속적으로 이어진 것을 보여 준다.

다섯째, 권위주의체제를 유지하였던 박정희 정부와 전두환 정부하에서 국회법은 국회의 위상과 지위를 위축시키는 방향으로 개정되었다. 교섭단체제도의 경우에도 국회의 효과적 통제와 국회 내 야당 세력의 분열 내지는 정부 비판의 기회 제한 등의 차원에서 관련 조항들이 개정되고 신설되는 모습을 보였다.

여섯째, 민주화 직후 13대 국회의 경우 여소야대의 국면에서 상당히 포괄적으로, 그리고 민주적인 방향으로 국회법이 전문 개정되었다. 이러한 상황 속에서 교섭단체 구성요건에는 별 다른 변화가 없었지만 교섭단체의 위상이나 역할과 관련하여 다양하고 세부적인 조치들이 마련되는 특징을 보였다.

일곱째, 제16대 국회의원선거에서 김대중 정부의 탄생과 운영에 있어서 한 축을 담당하였던 자유민주연합이 단 17석을 얻음으로써, 그리고 제17대 국회의원선거에서 1인 2표 병립제 도입의 효과로 민주노동당이 10석을 확보하여 원내 제3당의 지위를 차지함으로써 교섭단체 구성요건을 낮추자는 논의와 시도가 있었다. 하지만 이것이 국회법 개정으로까지 이어지지는 못

대한민국 국회제도의 형성과 변화

하였다. 이것은 국회에서 교섭단체의 지위를 갖는지의 여부가 의사 진행이나 각종 혜택 등과 관련하여 중요한 요소로 작용하기 때문에 군소정당은 그 구성요건을 낮추고자 하는 반면 정치적 기득권을 갖춘 주요 정당들은 특수하고 예외적인 경우가 아니라면 이에 대한 논의와 변화에 상당히 소극적인 태도를 보이게 된다는 점을 시사한다.

교섭단체 구성요건과 관련하여 절대적인 기준을 마련하기는 어렵다. 하지만 유권자의 의사가 정치적 결과로 반영되는 선거제도가 민주적이고 바람직하다고 인식되는 것처럼 국회의 운영도 유권자의 의사가 비교적 공평하게 반영될 수 있도록 하는 것이 민주적인 선택일 수 있다. 한국 국회는 현재 20인 이상의 국회의원들이 모여 교섭단체를 구성할 수 있도록 하고 있다. 국회의원 총수가 300명이라는 점을 고려하면 전체 국회의원의 6.6% 참여가 있어야 교섭단체의 구성이 가능한 것이다. 이와 같은 교섭단체 구성요건은 여타 서구 민주국가들의 교섭단체 구성요건과 비교하여 매우 높게 설정되어 있는 것이 사실이다. 그러므로 향후 국회의 효율적 운영과 더불어 정치적 대표성 제고를 위하여 교섭단체 구성요건을 낮추는 방향으로 제도적 개혁안을 모색하는 것이 바람직하다. 그리고 현행 교섭단체제도에서 정치적 기득권을 보유하고 있는 주요 정당들이 이와 같은 제도적 개혁안을 수용하는 관용적 태도를 보일 필요가 있다. 이러한 노력들이 가시적인 성과를 거둘 때 한국의 국회가 좀 더 합의제적인 방향에서 비정파적으로 운영될 가능성이 높아질 것이다.

# 참고문헌

김재한. 2002. "합헌적 비례대표의원 당선결정방식." 진영재 편.『한국의 선거제도 Ⅰ』. 서울: 한국사회과학데이타센터.

김현우. 2001.『한국국회론』. 서울: 을유문화사.

김형철. 2012. "한국 원내 교섭단체의 변천과 제도화를 위한 모색."『글로벌정치연구』. 3(1): 7-34.

곽진영. 2001. "한국 정당체계의 민주화: 정당-국가 간 관계를 중심으로."『의정연구』. 7(1): 34-62.

박경미. 2007. "민주화 이후 한국의 교섭단체제도와 정당 경쟁."『한국정당학회보』. 6(1): 5-26.

_____. 2009. "17대 국회의원의 법안 발의와 처리 결과: 국회의원의 상임위원회 선호도와 교섭단체 소속 여부를 중심으로."『의정연구』. 15(2): 159-185.

_____. 2010. "교섭단체제 운영의 정치적 결과: 주요 정당의 합의와 배제의 구조."『오토피아』. 25(1): 191-213.

박재창. 2003.『한국의회정치론』. 서울: 오름.

박종흡. 2001. "국회 개혁의 방향과 과제."『국회정치개혁특별위원회 국회관계법 개정에 관한 공청회 자료집』.

박찬욱. 2004. "제17대 총선에서 2표 병립제와 유권자의 분할투표: 선거제도의 미시적 효과 분석."『한국정치연구』. 13(2): 39-85.

손봉숙. 2004. "교섭단체, 폐지되어야 한다."『국회보』. 455.

신명순·이재만. 2012. "국회 교섭단체제도가 입법활동에 미치는 영향: 제15-17대 국회에서 의원 발의 법안의 가결 비율 분석."『동서연구』. 24(1): 5-27.

이완범. 2000. "박정희 군사정부 '5차 헌법 개정' 과정의 권력구조 논의와 그 성격: 집권을 위한 '강력한 대통령제' 도입."『한국정치학회보』. 34(2): 171-192.

이현출. 2009. "원내 교섭단체제도와 당론."『의정논총』. 4(1): 5-32.

_____. 2016.『세계화 시대의 한국 정치과정』. 서울: 건국대학교출판부.

이형. 2016.『한국 의정사 30년』. 경기 파주: 청아출판사.

임동욱·함성득. 2005. "원내 교섭단체 요건 및 지위의 변화 필요성과 실천전략: 의석수와 정당 득표율을 중심으로."『사회과학연구』. 13(1): 292-314.

함성득·임동욱. 2004. "원내 교섭단체 구성요건의 변화에 따른 정치역학." 한국정치학회 편.『한국 의회정치와 제도 개혁』. 서울: 한울아카데미.

호광석. 1996. 『한국 정당체계 분석: 제헌국회부터 제14대 국회까지 한국 정당체계의 환경과 구조』. 서울: 들녘.

Duverger, Maurice. 1954. *Political Parties: Their Organization and Activity in the Modern State*. New York: John Wiley & Sons, Inc.

North, Douglas C. 1990. *Institutions, Institutional Change and Economic Performance*. Cambridge: Cambridge University Press.

제4장

# 국회의장의 권한과 역할:

# 제도의 근원과 역사적 변화

전진영 · 국회입법조사처

# Ⅰ. 서론

현재 국회의장은 대한민국 권력 서열 2위로, 대내외적으로 국회를 대표한
다. 국회법에 명문화된 규정은 없지만, 국회의장은 원내 의석이 가장 많은
정당의 의원 중에서 선출되는 것이 일반적이며, 임기는 의원 임기의 절반인
2년이다. 국회법에 명문화되어 있는 국회의장의 제도적 권한은 국회를 대표
하는 것뿐만 아니라, 국회 회의를 주재하고 의사를 정리하며, 원내 질서를
유지하고, 국회 사무를 감독하는 것을 포함한다.

국회의장의 제도적 권한은 제헌국회 이래로 크게 변하지 않았지만, 국회
의장의 실질적인 위상에는 상당한 변화가 있었다. 특히 제3공화국 이후 박
정희 정권에서 사실상 대통령이 지명한 후보자가 국회의장으로 선출되면서
국회의장의 위상은 이전에 비해서 약화되었다. 국회의장은 국회 전체를 대
표하기보다는 집권 여당을 대표하여 여당의 정책의제를 충실히 입법하는
역할을 담당하였다. 이로 인해서 국회의장과 야당 간의 갈등이 빈번하게 발
생하고, 야당은 국회의장의 당파적인 의사 운영에 항의하는 뜻으로 불신임
결의안을 제출하기도 하였다. 유신헌법에 의해 구성된 제9대 국회에서는 국
회의장 불신임결의안이 네 차례나 제출되었다.

이와 같은 경험은 민주화 이후 제13대 국회에서 국회운영의 틀을 다시 짜
는 과정에서 이전까지 국회의장에게 부여되었던 권한을 약화시키는 방식으
로 영향을 미쳤다. 이전까지는 국회의장 단독으로 결정했던 사안들 중에서
상당 부분을 국회의장이 교섭단체 대표의원과 협의하여 결정하도록 바꿈으
로써 실질적으로 국회의장의 제도적 권한을 약화시킨 것이다.

그럼에도 불구하고 민주화 이후의 국회에서도 국회의장이 집권 여당의
대변인 역할을 한다는 논란은 계속되었다. 그 논란의 배경에는 '국회의장의

직권상정'이라는 제도적 권한이 자리 잡고 있다. 즉, 여야의 입장이 상충하는 쟁점 법안의 처리를 둘러싸고 국회가 입법 교착에 빠진 상태에서 국회의장이 직권상정권한을 이용하여 법안을 신속 처리하는 경우가 빈발하였는데, 해당 법안이 대부분 대통령과 집권 여당이 주도하는 주요 입법의제였던 것이다(전진영 2011a).

제도적으로 국회가 표방하는 국회의장 모델은 의사 운영에 있어서 불편부당(不偏不黨)한 입장을 견지하는 중립적 중재자이다. 이는 2002년의 국회법 개정에서 의장 선출과 동시에 당적 이탈을 의무화한 것으로 확인된다. 그러나 의장의 당적 이탈이 의무화된 이후로도, 특히 제17대 국회와 제18대 국회에서 직권상정을 통한 법안 처리는 그 어느 국회보다 많았다. 이는 의장의 역할에 대한 기대에 있어서 제도와 현실 간에 상당한 괴리가 존재함을 의미한다. 즉, 제도적으로는 중립적 중재자로서의 의장을 지향하지만, 실제로는 당파적 정치지도자로서의 역할이 더 두드러졌던 것이다. 다만 최근 국회로 올수록 대통령 지명이 아닌 다수당의 당내 경선을 통해 국회의장이 선출되면서 이전에 비해 국회의장의 위상은 강화되는 추세이다.

이 장은 국회의장과 관련된 다양한 제도적 요인들, 즉 국회의장의 선출, 권한, 의사 운영에서의 역할, 원내 교섭단체와의 관계 등이 제헌의회에서 처음으로 틀 지워질 때 어떤 논의들이 있었는지, 그리고 현재의 제도에 이르기까지 제도 변화의 동인과 맥락은 무엇이었는지 살펴보는 것을 목적으로 한다. 모든 제도 변화는 경로의존성이 있다는 점에서 현재의 제도를 이해하는 데 있어서 역사적 기원과 맥락을 추적하는 것은 매우 중요하다고 하겠다.

일련의 국회제도가 처음으로 명문화된 것은 1948년에 구성된 제헌의회에서 의결된 제정국회법을 통해서이다. 그런데 제정국회법의 초안을 담당했던 '국회규칙위원회'와 관련된 회의록이나 일체의 자료들이 남아 있지 않다는 점은 이 연구의 제약 요인이다. 따라서 이 장에서는 제헌국회의 회의록과 국회법 규정 등을 중심으로 국회의장 제도의 역사적 기원과 변화 과정을 살펴보고자 한다. 제II절에서는 먼저 제1공화국 제헌국회에서 국회의장 선출 및 권한에 대한 제도적 원형과 관련 논의를 살펴볼 것이다. 그리고 제III절에서는 제2공화국과 제3공화국, 제IV절에서는 제4공화국과 제5공화국하에서 국회의장의 제도적 권한이 어떻게 약화 또는 강화되었는지를 국회법 개정을 중심으로 논의할 것이다. 제V절에서는 제6공화국(제13대 국회) 이후 현재까지 국회의장 관련 주요 제도 변화를 살펴본 후, 제2공화국부터 제6공화국까지 공화국별로 국회의장의 선출 및 권한에서의 변화를 국회법 개정을 중심으로 논의할 것이다. 마지막 제VI절 결론에서는 앞의 내용을 종합적으로 검토하여 국회의장 제도의 변화와 지속성을 논의할 것이다.

## II. 국회의장의 제도적 권한의 기원: 제1공화국 제헌국회

### 1. 국회임시준칙: 국회법의 제도적 원형

1948년 5월 10일 제헌국회의원 선출을 위한 총선이 실시된 후, 국회는 5월 31일에 최초로 소집되었다. 그러나 첫 회의를 운영하기 위한 국회규칙(국회법)은 마련되어 있지 않았다. 국회의 첫 본회의는 '국회임시준칙'에 기반하여 진행되었는데, 이 국회임시준칙은 총선에서 선출된 제헌국회의원 중 일부 의원이 헌법 제정 절차를 논의하기 위해 5월 27일에 국회의원 예비회의를 열어서 결정한 것으로 알려져 있다.[1]

제헌국회 첫 본회의에서 토의할 안건 5건 중에는 '국회임시준칙 결의의

건'이 포함되어 있었다. 당시 회의록에 따르면 국회임시준칙 결의는 '국회법과 국회규칙이 제정될 때까지 국회의 임시준칙으로 기능하기 위한 것임'을 목적으로 하고 있다(국회 본회의 회의록, 1948년 5월 31일). 국회임시준칙에는 제헌국회의 최초 집회일, 의원 등록, 의석 배정 등의 내용이 포함되어 있다. 이 중에서도 국회의장선거에 관한 사항이 핵심이라고 할 수 있다. 왜냐하면 회의체로서 국회의 기능을 수행하기 위해 가장 급선무는 회의를 주재할 의장을 선출하는 것이었기 때문이다.

국회임시준칙 결의안의 본문은 총 9개의 조문으로 구성되어 있는데, 이 중 제3조부터 제5조까지가 국회의장 선출에 대한 내용이다. 국회임시준칙 제3조는 의장 선출을 위한 의사정족수에 대한 규정으로, '집회한 의원이 3분지 2에 달한 때에는 의장 1인과 부의장 1인의 선거를 개시할 것'을 명시하고 있다. 여기서 주목할 만한 점은 의장 선출을 위해서 일반 의사정족수가 아니라, '재적의원 3분지 2'라는 가중 의사정족수를 요구하고 있다는 점이다. 그 배경을 확인할 만한 자료는 남아 있지 않지만, 국회에서 의장 지위의 중요성을 반영한 것으로 추측할 수 있다. 제4조의 내용은 의장이 선출될 때까지 출석의원 중 최연장자가 임시의장의 역할을 담당하도록 하는 것인데, 현재는 최다선의원이 담당하도록 하고 있다.[2]

국회임시준칙 제5조는 의장선거 절차를 구체적으로 규정하고 있다. 선거는 무기명투표로 이루어지며, 국회의장 당선자 결정방식으로 절대다수제를 채택하였다. 국회임시준칙 제5조 제3항은 '투표가 끝난 후 투표를 점검 계산하야 과반수를 얻은 자를 당선인으로 할 것. 만일 과반수를 얻은 자가 없으

---

1) 박병탁. 2016. "제헌국회시절 이모저모: 대통령제가 선택된 사연." http://www.naon.go.kr/content/html/2016/07/15/b9b5129a-28e1-452a-8c2b-e1ddea5aa938.html
2) 최다선의원이 2인 이상인 경우에는 연장자가 임시의장을 담당한다(국회법 제18조).

면 다점자 순위로 1인을 선정하여 결선투표를 행할 것'이라고 규정하고 있다. 이처럼 절대다수제가 국회의장의 당선자 결정방식으로 작동하기 시작한 것은 제헌국회에서부터라는 점에서 국회임시준칙이 현행 제도의 원형이라고 하겠다. 의장선거가 끝나면 같은 방식으로 부의장에 대한 선거를 실시하도록 하였다.

### 국회구성과 국회준칙에 관한 결의(안)

一. 본 결의는 국회법과 국회 규칙이 제정될 때까지의 국회의 임시준칙으로 할 것

二. 본 결의(안)를 국회예비회의에서 예비적으로 통과하고 국회의원이 정식으로 집회된 후에 그 결의에 의하야 시행할 것

### 결의안(본문)

一. 국회의원은 단기4281년5월31일 오전 10시에 국회의사당에 집회할 것

二. 집회한 의원은 당선증서를 사무처에 제시하고 의원등록부에 서명 등록할 것

三. 집회한 의원이 재적의원 3분지 2에 달한 때에는 의장 1인과 부의장 1인의 선거를 개시할 것

四. 의장이 선거될 때까지는 출석한 의원 중 최연장자가 임시의장(임시사회)이 될 것

五. 의장과 부의장의 선거는 단기(單記) 무기명투표에 의하야 좌의 방법으로 하되 의장이 선거된 후에 부의장을 선거할 것

  1. 임시의장은 투표 전에 의원 중에서 감표원 2인을 선정하고 사무직원을 배치할 것

  2. 의원은 투표용지에 의장 후보 1인의 성명을 기입한 후 투표함에 투입할 것

  3. 투표가 끝난 후 투표를 점검 계산하야 과반수를 얻은 자를 당선인으로 할 것 만일 과반수를 얻은 자가 없으면 다점자 순위로 1인을 선정하여 결선투표를 행할 것

六. 의장과 부의장이 선거되면 의장은 의석의 배정 방법을 결정하여 선포할 것

대한민국 국회제도의 형성과 변화

【참고】

  1. 도별

  2. 추첨

七. 회의의 의사 진행 방법은 일반회의 통례에 의할 것

八. 좌의 위원을 선거할 것

  1. 헌법 급(及) 정부조직법기초위원 30인

  2. 국회법 급(及) 국회규칙기초위원 15인

위원 선출의 방법은 전형위원 10인을 선출하여 선임케 할 것

각 위원회에는 전문지식을 가진 직원(차를 전문위원이라 칭함)과 녹사(서기)를 둘 것

전문위원의 정원은 5인 내지 10인으로 하고 녹사는 각 3인으로 할 것

九. 국회 개회식은 단기4281년5월31일 오후 2시 국회의사당에서 거행할 것

  1. 개회식 절차는 좌에 의할 것(일략(日略))

    一. 주악(송구여지곡)

    二. 개회

    三. 애국가 봉창(구왕궁아악부·국민학교 아동 합창)

    四. 국기에 향하야 경례

    五. 순국선열에 대한 묵념

    六. 식사(의장)

    七. 선서식(서서문 낭독)

    八. 축사

  1. UN 대표

  2. 하지 중장

  3. 띤 군정장관

    九. 주악(만파정식지곡)

    十. 만세삼창(의장)

    十一. 폐회

국회임시준칙에 따라서 제헌국회 1차 본회의에서는 노진설 국회선거위

원장의 추천을 받아 출석의원 중 최연장자인 이승만 의원이 임시의장이 되었다. 임시의장 선출 후 토의한 첫 안건은 국회임시준칙 결의안이었다. 애초 제출된 국회임시준칙 결의안에는 부의장을 1인 선출하도록 되어 있었지만, 결의안에 대한 축조심사 과정에서 부의장 1인은 부족하다는 주장이 제기되었다. 결국 최종적으로 의결된 국회임시준칙 규정에서 부의장은 2인으로 늘어났다(국회 본회의 회의록, 1948년 5월 31일). 부의장을 2인 선출하는 규정은 현재까지 그대로 유지되고 있다.

국회임시준칙 제6조는 의장과 부의장 선출이 끝나면 의장이 의석 배분 방식을 결정하여 선포하도록 하였는데, 당시 회의록을 보면 의원들 사이에서 이 조문을 둘러싼 논란이 있었던 것으로 보인다. 즉, 의석 배분 방식을 의장에게 결정하도록 할 것이 아니라, 첫 본회의의 의석 배분 방식처럼 도(道)별로 정하거나 추첨에 의해서 해야 한다며 반대 의견을 제기한 의원이 있었던 것이다. 의석 배정에 관한 의장의 재량권을 반대한 의원이 많았다는 것은 제헌국회 의원들이 의장에게 권한이 집중되는 것을 견제하고 있었음을 보여준다. 결국 이승만 임시의장이 제비뽑기가 민주주의 원칙이라고 주장하며 추첨으로 결정할 것을 제안[3]하면서 논의가 일단락되었다.

국회임시준칙을 의결한 후에 국회의장과 부의장 선거가 실시되었다. 국회의장의 경우 이승만 임시의장이 198명의 의원 중에서 188표를 얻어 의장으로 선출되었다. 부의장 2명은 모두 1차 투표에서 과반 득표를 한 의원이 없어서 2차 투표까지 실시하여 결정되었다.

---

3) 이승만 임시의장의 발언은 다음과 같다. '이제 도별로 하자는 데 있어서는 나는 조금 주저합니다. 왜냐하면 도별로 정해 논다면 앞에 앉으신 여러분은 좋으시지만 저 뒤에 앉은 분은 좋지 않아요. 문제가 안 됩니다. 제비를 뽑아서 작정한다면 누가 무엇이라 할 사람 있어요. 이것이 민주주의 원칙이라고 생각합니다. (박수)제비 뽑아 하는 것을 나는 찬성합니다.'(국회 본회의 회의록, 1948년 5월 31일).

대한민국 국회제도의 형성과 변화

한편 국회임시준칙은 헌법을 제정하기 위한 헌법기초위원뿐만 아니라, 국회규칙을 만들기 위한 국회규칙기초위원 15인을 별도로 선출하도록 하는 내용도 담고 있었다. 국회임시준칙의 의결에 따라 제2차 본회의에서는 국회규칙을 만들기 위한 국회규칙기초위원 15인을 선출하였다. 제헌국회의 국회법 초안을 작성한 주체는 바로 이 '국회법 및 국회규칙기초위원회'였다. 이 위원회에서 구체적으로 어떤 논의가 있었는지 파악하는 것은 국회법의 역사적 기원을 이해하기 위해서 필수적이다. 그러나 위원회 회의록이 남아 있지 않아서 '국회법 및 국회규칙기초위원회'가 국회법 초안을 만드는 과정에서 어떤 논의가 있었는지 확인하는 것이 불가능하다.

그러나 이 위원회가 1948년 6월 8일 제5차 본회의에 제출한 국회법 초안에 대한 축조심사 과정을 살펴보면 국회법 초안의 작성과 관련된 논의를 발견할 수 있다. 국회법 초안에 대한 축조심사를 시작하기에 앞서서 나용균 의원은 '축조에 들어가기 전에 법률의 정신이라든지 어느 선진국가의 것을 참작하였다든지 그것을 먼저 설명해 주시기를 바랍니다.'라고 요구하였다(국회 본회의 회의록, 1948년 6월 8일). 이에 대하여 '국회법 및 국회규칙기초위원회' 위원장인 서정희 의원은 '국회법이라는 것이 멀리는 미국의 또 불란서, 영국의 모든 국회법을 참작하고 또 가까운 데에는 중국이라든지 일본의 국회법을 참작해서 전문위원이 서 가지고 여러 의논이 있는 뒤에 이것이 된 것이올시다.'라고 답하였다. 이를 통해 국회법 초안을 작성함에 있어서 미국이나 프랑스 영국, 그리고 중국과 일본의 국회법까지도 참조했음을 알 수 있다.

한편 국회임시준칙의 의결 과정에서 논란이 되었던 '의석 배정 방식'은 제정국회법의 논의 과정에서 다시 문제가 되었다. '국회법 및 국회규칙기초위원회'가 작성한 국회법 초안에는 의석 배정을 의장이 결정하도록 하였기 때문이다. 제6차 본회의에서 김교현 의원은 국회법 제1조 제5항에서 임기 초에 의장이 의석을 정하도록 한 방식에 대해서 문제를 제기하였다. 그는 "제5항에 있어서 '의원의 의석은 의원 임기 초에 의장이 정한다' 이렇게 해 놓았으니까 의원의 임기가 4년이라든지 3년이라든지 언제든지 정한 데에 늘 그대로 그 자리에 앉지 않으면 안 될 그러한 종류라고 생각하는데 이것은 너무 좋지 않다고 생각합니다. 뒤에 있는 사람들은 3년이나 4년이나 꼭 뒤에 앉으라는 법이 어디 있습니까? 그러니까 이것은 적어도 국회 소집할 때에 의장이 정할 수 있다고 보며는 그 소집할 때마다 의석을 정할 수가 있게 융통성이 있게 만드는 것이 좋다고 생각합니다."라고 주장하였다. 이에 대해 정광호 의원은 외국의 사례를 봐도 의석 배정은 의장의 권한이며, 의사당이 개축되어 시설이 좋아지면 앞뒤 자리에 큰 차이가 없을 것이라 문제가 없다고 답변하였다.[4]

결국 제정국회법에서 의석 배정 방식은 '국회법 및 국회규칙기초위원회'의 제안이었던 의장의 결정사항에서 추첨에 의한 결정으로 변경됨으로써, 제1조에 '의원의 의석은 매 회기초에 추첨으로 정한다.'라고 규정되었다. 제헌국회에서 의석 배정을 의장의 권한으로 할 것인지, 추첨에 따르도록 할 것인지를 놓고 이렇게 논란이 되었다는 점은 매우 흥미롭다. 현재 국회의원의 의석배정은 의장이 교섭단체 대표의원과 협의하여 정하도록 규정하고 있다.

---

[4] 정광호 의원의 구체적인 발언은 다음과 같다. '의석 문제에 대해서는 각 나라의 전례가 당연히 의장이 석차를 정해서 드리는 것입니다. 그러면 지금 임기 초에 한 이것은 의사당을 반드시 표준한 것이 아니고 앞으로 좋은 의사당이 되면 앞에 앉으신 분이나 뒤에 앉으신 분이 큰 차이가 없으리라고 생각해서 임기 초라고 말한 것이고, 국회가 모일 때마다 서로 불편한 자리와 불편치 아니한 자리를 늘 의장이 따로 변동한다면 그때에 가서는 대단한 혼란을 일으킬 뿐만 아니라 좋은 자리에 온 분은 의장의 처사를 좋와할 것이고, 불편한 자리에 가는 사람은 의장의 처리를 그때마다 원망하는 그런 점도 있을까 해서 의석에 대해서는 이 현재의 의사당을 표준하지 않고 잘 모든 편의가 다 완비된 의사당을 표준해서 이 법을 정한 것임니다.'(국회 본회의 회의록, 1948년 6월 9일).

대한민국 국회제도의 형성과 변화

## 2. 의장 선거제도와 의장 임기

제정국회법에 나타나 있는 의장 선거제도는 가중 의사정족수와 절대다수제를 골자로 하는 국회임시준칙의 내용을 그대로 계승하고 있다. 제정국회법 제6조는 의장 선거제도를 규정하고 있는데 국회임시준칙에서보다 선거절차를 보다 구체화하고 있다. 즉, 투표의원의 수를 확인하기 위해서 투표와 동시에 명패함을 투입하도록 하여, 투표 수와 명패 수를 비교하도록 하였으며, 사무총장이 선거관리를 하도록 하고 있다. 의장선거 방법과 절차를 규정하고 있는 제정국회법 제6조는 아래와 같다.[5]

제6조  의장, 부의장은 국회에서 무기명투표로 선거하되 재적의원 3분지 2 이상의 출석과 출석의원 과반수의 동의로써 한다.
집회된 의원이 전항 정수에 달한 때에는 출석의원 중 최고연장자의 사회로 의장선거를 개시한다.
의원은 투표함에 투표하는 동시에 각기 명패를 명패함에 투입한다.
투표가 끝나면 사무총장은 직원으로 하여금 투표를 점검계산한다. 투표의 수가 명패의 수보다 많을 때에는 재투표를 한다. 단, 선거의 결과에 이동이 미칠 염려가 없을 때에는 재투표를 할 필요가 없다.
점검계산이 끝나면 사회자는 피선거자의 득표수를 의원에게 보고하고 과반수를 얻은 자를 당선인으로 한다.
투표의 과반수를 얻은 자가 없을 때에는 2차 투표를 한다. 2차 투표에도 과반수를 얻은 자가 없을 때에는 다점자 순위로 2인을 선정하고 결선투표를 하여 다수를 얻은 자를 당선인으로 한다.
의장의 선거가 끝나면 전항의 방법으로 부의장의 선거를 한다.

---

5) 제정국회법은 각 조문별로 별도의 항목 구분이 없었다. 여기에서는 당시 국회법에서 항목 구분을 하지 않았던 그대로 표기하기로 한다.

제헌국회에서 정한 국회의장 선출 요건 '재적의원 3분의 2 이상의 출석과 출석의원 과반수의 찬성'은 제 2공화국까지 그대로 유지되었다. 3분의 2 이상의 출석이라는 가중 의사정족수를 요구하고 있기는 하지만, 현행 선출 요건인 '재적의원 과반수의 찬성'과 비교하면 현재의 의장 선출 요건이 더 강화된 것이라고 볼 수 있다.

한편 제헌국회에서 의장 및 부의장의 임기는 국회의원의 임기와 동일한 4년이었다. 제정국회법 제5조는 '국회의 의장 1인, 부의장 2인을 둔다. 그 임기는 그 의원으로서의 임기와 같다.'라고 규정함으로써 의장 임기를 의원 임기와 같게 하였다. 국회 역사상 의장 임기와 의원 임기가 같았던 시기는 제헌국회가 유일하다.

의장단의 임기가 현재처럼 의원 임기의 절반으로 단축된 것은 1951년 제2대 국회에서 국회법 개정안이 통과되면서이다. 당시 엄상섭 의원이 발의한 국회법 개정안 원안을 보면, 의장의 임기를 1년으로 단축할 것을 제안하였다. 개정안의 제안 이유에 대해서는 '국회운영에 원활을 기하고, 의장·부의장의 불신임결의안을 제기하는 폐단을 없애는 데 일조가 될 것'이라고 밝히고 있다.[6] 소관위원회인 법제사법위원회의 심사 과정에서 임기는 의원 임기의 절반인 2년으로 되었고, 그대로 본회의에서 의결되었다.

개정안은 의장 임기 단축의 명분으로 '불신임결의안 제기의 폐단 방지'를 들었지만, 제헌국회 임기 동안 의장과 부의장에 대한 불신임결의안이 제출된 사례는 한 건도 없었다. 제3대 국회에 와서야 처음으로 의장·부의장에 대한 불신임결의안이 제출되었다(국회사무처 2016, 312). 이런 측면에서 볼 때, 당시에 의장단의 임기 단축을 원활한 국회운영에 도움이 될 것으로 판단

---

6) 국회 의안정보시스템, http://likms.assembly.go.kr/bill/billDetail.do?billId=000397

대한민국 국회제도의 형성과 변화

한 근거를 이해하기란 쉽지 않다.

## 3. 의장의 의사정리권

국회의장의 권한이자 직무는 질서유지권, 의사정리권, 사무감독권, 국회 대표권으로 정리되는데, 제정국회법 제7조는 '의장은 국회의 질서를 유지하며 의사를 정리하고 국회의 사무를 감독하며 국회를 대표한다.'라고 규정하고 있다. 현행 국회법 제10조에서 '의장은 국회를 대표하고, 의사를 정리하고, 질서를 유지하고, 사무를 감독한다.'라고 규정하고 있는 의장의 직무와 비교해 보면 그 순서만 다를 뿐, 의장의 직무규정은 제정국회법을 그대로 유지하고 있다.

국회대표권은 대외적으로 국회를 대표하는 권한으로, 국회의 대행정부 관계나 대국민 관계 등의 외부 활동이 모두 대표자인 국회의장의 이름으로 행해짐을 의미한다. 사무감독권은 국회 사무 전반에 대한 감독권으로, 국회 소속 공직자에 대한 인사권, 국회 소관 예산의 편성과 집행권, 국회 시설의 관리운영권 등을 포함한다.

네 가지 권한 중에서 무엇보다도 중요한 것은 의사정리권이다. 이는 의사지휘권이라고도 불리는데, 국회 회의를 능률적이고 합리적으로 운영하기 위한 권한이다. 이 권한에는 본회의 의사 일정의 작성을 비롯해 의사 준비에 관한 사항과 본회의 개의·회의 중지·산회 등 기타 의사에 관한 사항 등이 포함된다. 국회는 합의제 기관으로서 구성원의 의사가 토론과 타협에 의해서 국회의 의사로 결정되기 때문에, 의장의 의사정리권은 국회의 의사 결정에서 절대적으로 요구되는 권한이다.

의장의 의사정리권 중에서도 가장 핵심적이면서 현재까지도 여야 간 쟁점이 되는 사항이 바로 본회의 의사 일정 작성 및 변경과 관련된 권한이다. 제정국회법 제32조는 의장의 의사정리권을 규정하고 있다. 이에 따르면 의장은 국회에 부의될 안건과 개의 일시를 기재한 의사 일정을 작성할 권한을 갖는다. 또한 의장이 긴급 안건으로 인정하는 경우에는 토론 없이 의결에 회부하여 의사 일정을 변경할 권한도 가졌다.

> 제32조 의장은 국회에 부의될 안건과 개의일시를 기재한 의사 일정을 작성하고 의안의 인본을 첨부하여 미리 의원에게 배부한다.
> 의장은 회의를 마칠 때에 차회의 의사 일정을 의회에 보고한다.
> 의사 일정에 기재된 안건이 있음에도 불구하고 다른 긴급안건 상정에 대하여 10인 이상의 찬성으로 동의가 있거나 또는 의장이 긴급안건이라고 인정하는 때에는 토론을 하지 아니하고 결의에 부하여 의사 일정을 변경할 수 있다.
> 의사 일정에 지정된 날에 그 기재안건에 대하여 회의를 열지 못한 때 또는 회의를 끝마치지 못한 때에는 의장은 다시 일정을 정한다.

의장의 의사 일정 작성 권한이 중요한 이유는 본회의에 부의될 안건이 의사 일정에 기재되기 때문이다. 어떤 법안을 의사 일정에 올릴 것인지는 곧 어떤 법안이 통과될 것인지와 직결되는 문제이기 때문에, 의사 일정 작성권이 의장에게 있다는 것은 곧 의장이 법안의 운명에 상당한 영향력을 행사할 수 있음을 의미한다. 의사 일정의 변경 역시 마찬가지이다. 의사 일정에 기재되지 않은 안건이라도, 의장이 긴급 안건으로 인정한다면 본회의 의결을 거쳐서 의사 일정을 변경할 수 있도록 한 것은 본회의 안건 상정에서 의장의 재량권을 상당히 인정하는 것이다. 이 점에서 의사 일정 작성권과 변경권은 이후로도 의장의 권한을 축소하거나 확대할 때 핵심적인 사항이라고 할 수 있다.

한편 본회의 입법 과정에서 의장이 행사할 수 있는 재량권 역시 중요하다.

제정국회법이 입법 과정에서 국회의장에게 어느 정도의 제도적 재량권을 부여하고 있는지 살펴보자. 우선 법안이 국회에 발의 또는 제출[7])되면 의장이 어느 위원회로 회부할지 정한다. 제정국회법 제33조는 '의안이 발의 또는 제출되었을 때에는 의장은 이것을 국회에 보고한 후 적당한 위원회에 부탁하고, 그 심사가 끝난 후에 본회의에 부의한다.'라고 규정하고 있다. 이 내용은 제정국회법 제39조에서 다시 반복적으로 규정되어 있다. 제39조 제1항은 '법률안이 제출 또는 발의되었을 때에는 의장은 이것을 국회에 보고한 후 적당한 위원회에 회부하여 심사보고케 한다.'라고 규정하고 있다. 앞의 제33조 제2항은 '의안'이 제출 또는 발의되었을 경우인데, 법률안은 의안 중 하나이기 때문에 사실상 두 조항은 중복되는 조문이라고 할 수 있다. 이는 제정국회법의 전체적인 조문체계가 완벽하게 정비되어 있지 못했음을 단적으로 보여 준다.

국회법 제39조와 제40조는 법률안의 본회의 심사 과정을 규정하고 있다. 국회의장은 법안을 소관위원회에 회부(부탁)하는 역할뿐만 아니라, 제1독회와 제2독회에서 의안의 낭독을 생략할 수 있는 권한을 갖고 있었다. 특히 제2독회 시에 의장은 축조심의의 순서를 변경하거나, 여러 개의 조문을 합하거나, 1개의 조문을 나누어서 토의에 부의할 수 있는 권한을 행사할 수 있었다.

제39조  법률안이 제출 또는 발의되었을 때에는 <u>의장은 이것을 국회에 보고한 후 적당한 위원회에 회부하여</u> 심사보고케 한다.
　　위원회에서 채택된 법률안은 그 보고에 의하여 제1독회를 개시하고 의안낭독,

---

7) 의원이 법안을 제안하는 경우는 발의, 정부가 제안하는 경우는 제출이라고 부르는데, 이하에서는 편의상 법안제출로 통일하기로 한다.

질의응답과 그 의안의 대체에 대하여 토론한 후 제2독회에 부의할 여부를 결의한다.

의장은 필요한 때에는 의안낭독을 생략하며 또는 국회의 결의로 대체토론을 생략할 수 있다.

제2독회에 부의하지 아니하기로 결의된 때에는 그 법률안은 폐기된다.

제40조  제2독회에서는 의안을 축조낭독하며 심의한다. 단 의장은 의안의 낭독을 생략할 수 있다.

의장은 축조심의의 순서를 변경하거나 수조를 합하거나 혹은 1조를 갈라서 토의에 부할 수 있다.

의원은 제2독회 개시 전일까지 서면으로 예비수정안을 제출할 수 있다.

예비수정안은 국회에 특별한 결의가 없는 한 위원회에 회부하여 심사정리한 후 보고케 한다.

제2독회에서는 20인 이상의 연서로 수정동의를 제출할 수 있다.

제41조  제3독회는 의안 전체의 가부를 의결한다.

제3독회에서는 의안의 가부를 결정하되 문자 정정 이외의 수정동의를 할 수 없지만, 의안이 상호 저촉되거나 다른 법률과 상충되는 경우에는 수정할 수 있었다. 이때 수정 사항의 정리를 법제사법위원회나 의장에게 부탁할 수 있도록 하였다(제41조). 제1공화국 시기에 이 조문에 의거하여 수정 사항의 정리를 의장 또는 위원장에게 위임한 사례는 6차례 있었다.

본회의 의사 진행에서 국회의장이 행사하는 또 다른 중요한 권한은 발언할 의원과 발언 순서를 정하는 것이다. 제헌국회에서부터 본회의에서 발언을 희망하는 의원에게 발언권을 부여하는 재량권은 국회의장에게 있었다. 의사 일정에 기재된 의제에 대해 발언을 원하는 의원은 개의 전에 찬반의 입장을 의장에게 통지하고, 의장은 찬성자와 반대자를 교대하여 발언케 해야 했다. 또한 발언을 희망하는 의원은 기립하여 의장의 허가를 얻은 후에 발언할 수 있으며, 2인 이상이 발언을 원할 경우에는 먼저 기립한 자를 의장이 지정하여 발언하게 하였다(제43조).

제42조  의사 일정에 기재된 의제에 대하여 발언코저 하는 의원은 개의 전 반대 또는 찬성의 뜻을 의장에게 통지할 수 있다.
　의장은 전항의 통지를 받은 순서로 발언표에 기입하고 반대자와 찬성자를 되도록 교대하여 발언케 한다.
　발언을 통지하지 아니한 의원은 통지한 의원전수의 발언이 끝난 뒤가 아니면 발언할 수 없다. 단, 통지를 한 갑방의원의 발언이 끝나지 못하고 을방의원의 발언이 끝난 때에는 통지를 하지 아니한 을방의원이 발언을 청할 수 있다.

제43조  의원이 발언코저 할 때에는 기립하여 <u>의장의 허가</u>를 얻은 뒤에 발언한다.
　2인 이상이 발언을 청할 때에는 먼저 기립한 자를 <u>의장이 지정</u>하여 발언케 한다.

본회의 발언의 허가 여부는 의장의 결정사항이었지만, 발언시간의 결정, 즉 발언시간을 제한할 수 있는 재량권은 의장에게 없었다. 왜냐하면 제헌국회에서는 국회의 의결이 없이는 의장이 의원의 발언시간을 제한할 수 없었기 때문이다. 제정국회법 제46조 제1항은 '의원의 질의, 토론 기타 발언에 대하여는 특히 국회의 결의가 있는 때 외에는 제한할 수 없다.'라고 규정하였다. 그리고 시간제한으로 발언을 마치지 못한 부분에 대해서는 의장이 인정하는 범위 내로 속기록에 기재할 수 있도록 하였다. 이 규정에 따라서 1948년 9월 22일 제헌국회 제1회 임시회 제72차 본회의에서 제1독회 중 김철 의원, 김용재 의원, 원장길 의원 등이 발언을 마치지 못하였는데, 이 부분을 회의록에 게재한 바 있다.

제46조  의원의 질의, 토론 기타 발언에 대하여는 특히 국회의 결의가 있는 때 외에는 시간을 제한할 수 없다.

의원이 시간제한됨으로써 발언이 끝나지 아니한 부분에 대하여서는 특히 국회의 결의가 있는 때를 제하고 의장이 인정하는 범위 내로 이것을 속기록에 기재할 수 있다.

국회의 의결이 없는 한 본회의에서 발언 중인 의원의 발언을 제한할 수 없도록 한 것은 사실상 무제한발언(필리버스터)[8]을 허용한 것이다. 따라서 1973년 제8대 국회에서 본회의 발언시간 제한 규정이 생길 때까지 본회의에서 장시간 발언이 허용되었다고 할 수 있다. 제헌국회에서 의원의 장시간 발언이 허용되었다는 점은 그만큼 토론정치의 중요성에 대한 인식이 있었음을 보여 준다고 할 수 있다.

제정국회법에는 단체교섭회의 의석 비율에 따른 발언자 수의 배분에 대한 규정이 별도로 없었다. 그러나 1949년 7월 29일의 국회법 개정에서 이 규정이 신설되었다. 개정 국회법 제42조 제3항에는 '단체교섭회는 각 단체의 소속 의원 수의 비율에 의하여 발언자를 지명하여 의장에게 발언을 통지할 수 있다.'라고 명시돼 있다. 이는 발언자 지명권이 의장이 아닌 단체교섭회에 있었음을 의미한다.

한편 의장은 본회의 토론에 참여할 수는 있었지만, 그 경우 해당 안건이 표결될 때까지 의장석에 다시 앉을 수 없도록 하였다(제48조). 이는 공정한 본회의 의사 진행을 위한 조처라고 할 수 있다. 그리고 국회법 제49조는 발언할 의원이 더 있다 하더라도 토론이 충분하다고 인정될 때에는 의장의 제의나 의원의 동의로 토론 종결을 표결에 부칠 수 있도록 하였다. 의장의 토

---

8) 일반적으로 본회의에서 발언시간 제한 규정이 없어서 장시간 발언을 통해서 의사 진행을 지연시키는 것을 필리버스터(filibuster)라고 부르는데, 무제한발언 이외에도 잦은 의사정족수 확인 요청이나 본회의 수정안 무더기 제출, 일본 국회의 우보(牛步)투표 등 합법적으로 의사 진행을 지연시키는 일련의 행위를 필리버스터로 통칭하기도 한다.

론 참가나 토론 종결 선포 규정은 제정국회법 이래로 현재까지 변화 없이 유지되고 있다.

입법 과정의 마지막 단계인 본회의 표결에서 국회의장은 표결방법을 결정할 권한을 가졌다. 제정국회법 제53조에 따르면, 의장은 기립투표나 거수투표를 통해서 가부의 결정을 선포한다. 그리고 의장이 필요하다고 인정하거나 의원의 동의로 결의(의결)가 있을 경우에는 기립투표나 거수투표가 아니라 기명 또는 무기명투표로 표결하도록 하였다. 제헌국회부터 제5대 국회까지는 대부분의 경우 거수로 표결하였다.

제53조  표결을 할 때에는 의장이 의원으로 하여금 기립 혹은 거수케 하여 가부의
　　　결정을 선포한다.
　　　의장이 필요하다고 인정할 때 또는 의원의 동의로 결의가 있을 때에는 기립 또는
　　　거수의 방법을 쓰지 아니하고 기명 또는 무기명투표로써 표결한다.

한편 제정국회법에서 국회의장의 권한으로 규정하지 않았지만, 반드시 살펴보고 넘어가야 할 조문이 제정국회법 제27조에 규정되어 있는 심사기간 지정제도이다. 이 조문에는 '국회는 기한을 정하여 위원회에 심사의 보고를 하게 할 수 있다. 위원회가 이유없이 그 보고를 지체할 때에는 국회는 그 안건을 위원회로부터 철회할 수 있으며, 다른 위원을 선임할 수 있다.'라고 돼 있다. 이 심사기간 지정제도는 민주화 이후로 입법 교착상태에 빠져 있는 쟁점 법안을 신속하게 처리하기 위한 수단으로 기능하면서, 국회의장이 행사할 수 있는 가장 강력한 권한으로 이용되었다(전진영 2011a; 전진영 2011b). 그런데 제헌국회에서는 이 심사기간 지정권한이 의장이 아니라 '국회'에 있었다는 점은 주목할 필요가 있다.

제27조 국회는 기한을 정하여 위원회에 심사의 보고를 하게 할 수 있다.

위원회가 이유없이 그 보고를 지체할 때에는 국회는 그 안건을 위원회로부터 철회할 수 있으며 다른 위원을 선임할 수 있다.

현행 국회법에 따르면 의장은 법제사법위원회의 체계·자구 심사 단계에서도 심사기간을 지정할 수 있지만, 제정국회법에서는 별도로 규정하고 있지 않았다. 심사기간을 지정할 수 있는 주체가 국회에서 국회의장에게로 넘어간 것은 제4공화국 유신체제하에서 전부 개정된 국회법을 통해서이다. 그런데 심사기간 지정의 주체가 국회였던 기간 동안에 실제로 심사기간을 지정했던 법안은 한 건도 없는 것으로 나타난다.

## 4. 의장의 질서유지권

제헌국회에서 마련된 제도의 원형이 70여 년이 지난 현재의 국회까지 가장 변화 없이 그대로 계승되고 있는 것이 바로 국회의장의 질서유지권한이다. 의장의 질서유지권은 의원뿐만 아니라 방청인, 기타 국회 내부에 있는 모든 자에 대하여 일정한 사항을 명령하거나 이를 실력으로써 강제하는 권한을 의미한다. 질서유지를 위해서 의장은 국회 내 경호권을 갖는데, 이 권한의 행사를 위해서 경위를 두며 필요한 경찰관을 정부로부터 파견받는다. 의장의 질서유지권한은 제정국회법 제9장 '질서와 경호'에 규정되어 있다.

제86조 의장은 회기 중 국회의 질서를 유지하기 위하여 본법에 의한 국회 내 경호권을 행한다.

제87조 국회는 그 경호를 위하여 경위를 두며 필요한 경찰관의 파견을 정부에 요구한다.

경위와 파견된 경찰관은 의장의 지휘를 받고 경위는 의장 내에서 경찰관은 의장 외에서 경호한다.

　제정국회법 제87조에 따르면 의장의 경호권은 정부가 파견한 경찰관과 국회경위가 의장의 지휘를 받아서 집행하는데, 국회건물 밖은 경찰관이, 국회건물 내부는 국회경위가 담당하도록 이원화되어 있다. 경찰관은 행정부 소속이기 때문에 의사당 내부는 국회가 자체적으로 선발한 경위가 담당하도록 한 것은 국회 자율권 차원의 조치로 이해되며 현재까지 유지되고 있다.

　한편 제정국회법 제88조는 국회의장이 회의 질서유지를 위해서 필요하다고 인정할 경우에는 발언 취소를 명령할 수 있도록 하고 있다. 즉 이 조문에는 '의원이 회의 중에 본법에 위배하거나 또는 의장의 질서를 문란케 하거나 혹은 국회의 위신을 훼상케 한다고 인정되는 행동이나 언론을 할 때에는 의장은 그것을 경계 혹은 제지하며 또는 그 언론의 취소를 명한다.'라고 돼 있다. 의장은 명령을 따르지 않는 의원을 당일 회의에서 발언 금지 또는 퇴장을 시킬 수 있었다. 의장이 의원에게 발언 취소를 명령할 수 있는 권한은 매우 강력한 의사정리권에 속한다.

제88조  의원이 회의 중에 본법에 위배하거나 또는 의장의 질서를 문란케 하거나 혹은 국회의 위신을 훼상케 한다고 인정되는 행동이나 언론을 할 때에는 <u>의장은 그것을 경계 혹은 제지하며 또는 그 언론의 취소를 명한다.</u> 그 명에 쫓지 아니하는 때에는 의장은 당일의 회의에서 발언함을 금지하고 또는 퇴장을 시킬 수 있다.

　실제로 1949년 5월 24일 제헌국회 제3회 제2차 본회의에서 타 의원의 요구에 따라 김준연 의원의 발언 중 일부분을 의장의 명에 의하여 취소한 사례가 있다(국회사무처 2012, 457). 뿐만 아니라 제1공화국에서 의장의 제지에 응하지 않고 회의장 질서를 문란하게 하여 의원이 퇴장된 사례도 있다. 1958년 8월 20일 제4대 국회 제29회 임시회 제36차 본회의 중 의장은 경호권을 발동하여 단상에서 고함 등으로 회의장 질서를 문란케 하여 의장의 제지를 받고도 이에 응하지 않은 김상돈 의원과 안균섭 의원에게 퇴장을 명하고 경위로 하여금 퇴장시켰다.

제정국회법 제88조의 내용은 제헌국회부터 제5공화국 제12대 국회까지 존속되었다. 1988년 제13대 국회에서 전부 개정된 국회법에서는 의장이 질서를 어지럽힌 발언을 취소할 권한은 삭제되고, 회의장의 질서를 문란하게 한 때에는 의장이 이를 경고 또는 제지할 수만 있도록 하였다.

또한 제정국회법 제90조에 따르면 의장은 질서유지가 어렵다고 판단될 경우 회의를 중지하거나 산회를 선포할 수 있으며, 제91조에 따르면 현행범이 국회 내에 있을 때에는 경위나 경찰관이 이를 체포한 후 의장의 명령을 받도록 하였다. 단 회의장 안에서는 의장의 명령 없이 현행범을 체포할 수 없도록 하였다.

제90조 의장은 의장이 소란하여 질서를 유지하기 곤난한 때에는 회의를 중지하거나 또는 산회를 선포할 수 있다.

제91조 국회 내에 현행범이 있을 때에는 경위 또는 경찰관은 체포한 후 의장의 명령을 청한다. 단 의장 내에 있어서는 의장의 명령이 없이는 체포할 수 없다.

이 규정은 1963년 제3공화국 제6대 국회에서 새로 제정된 국회법에서 한 차례 개정되었다. 즉 국회 내에 현행범이 있을 때 경위나 경찰관이 체포한 후 의장의 지시를 받도록 하는 것에는 변화가 없었지만, 의원의 경우에는 회의장 내에서 의장의 명령 없이는 체포할 수 없도록 개정되었다.

의장의 질서유지권은 의원뿐만 아니라 국회 내 모든 사람에게 미치는데,

특히 제정국회법 제92조부터 제95조까지는 회의장 방청인을 대상으로 한 의장의 질서유지권에 대해서 명시적으로 규정하고 있다. 의장은 질서유지에 방해가 되는 방청인에게 퇴장 명령뿐만 아니라 경찰관서에 인도까지 할 수 있고, 방청석이 소란할 때는 모든 방청인을 퇴장케 할 수 있다. 질서유지상 필요할 때에는 방청인 수를 제한할 수도 있고, 흉기를 휴대한 자나 술에 취한 자 등에 대해서는 방청을 허가하지 않을 수도 있다. 또한 의장이 필요하다고 판단할 경우에는 경위나 경찰관을 통해서 방청인의 신체를 검사할 수도 있다.

제92조  의장은 의장 내의 질서를 방해하는 <u>방청인의 퇴장</u>을 명하며 필요한 때에는 경찰관서에 인도한다.

　방청석이 소란할 때에는 모든 방청인을 퇴장케 할 수 있다.

제93조  방청은 방청권을 발행하여 허가한다.

　의장은 <u>질서유지상 필요한 때에는 방청인 수를 제한</u>할 수 있다. 방청권은 외국관원, 관청, 신문사 등에는 국회에서 배부하고 일반인에게는 의원의 소개에 의하여 배부한다.

　신문사와 통신사에는 1회기를 통용할 수 있는 방청권을 교부한다.

제94조  흉기를 휴대한 자, 술 취한 자, 정신에 이상이 있는 자, 기타 행동이 수상하다고 인정되는 자는 <u>방청을 허가하지 아니한다.</u>

　의장은 필요에 의하여 경위 또는 경찰관으로 하여금 <u>방청인의 신체를 검사</u>케 할 수 있다.

　방청인을 대상으로 한 의장의 질서유지권 발동은 여러 차례 이루어졌는데, 주로 방청석에서 박수를 치거나 고함을 질러서 퇴장당한 사례가 많다. 뿐만 아니라 방청인을 경찰관에 인도한 경우도 있었다. 1954년 11월 29일 제3대 국회 제19회 임시회 제91차 본회의 중 방청석에서 고함을 질러 질서를 문란케 한 방청인을 경위가 현행범으로 체포하여 경찰관에게 인계한 바 있다.

# III. 제2공화국—제3공화국과 국회의장

## 1. 제2공화국 양원제 국회의장

### 1) 양원제 의장: 임기 변화와 당적 이탈 의무 신설

제2공화국은 한국 국회의 역사에서 유일하게 양원제를 경험했던 시기였다. 제5대 국회에서 의원내각제와 양원제를 내용으로 하는 제3차 개정 헌법에 따라서 국회는 1960년 9월에 국회법을 전부 개정하였다. 1960년 6월의 헌법 개정 이후 국회는 1960년 8월 9일에 '국회법개정법률안 기초특별위원회 설치에 관한 결의안'(이태용 의원 외 11인)과 '국회법개정법률안 심사특별위원회 설치에 관한 결의안'(신의식 의원 외 10인)을 의결하여 개정된 헌법에 부합되게 국회법을 개정하기 위한 작업에 착수하였다. 1960년 8월 24일 국회법개정법률안 기초특별위원장의 명의로 국회법개정법률안이 제안되고 9월 19일 본회의에서 수정 의결된 것이 제2공화국에서 전부 개정된 국회법이다. 당시 특별위원장이 밝히고 있는 개정안의 제안 이유는 '헌법의 개정으로 대통령중심제와 단원제가 내각책임제와 양원제로 됨에 따라 이 법을 전면 개정하여 양원제 운영에 부합되게 하려는 것'이었다.[9]

그런데 양원제가 최초로 운영된 것은 제2공화국이었지만, 처음으로 헌법

---

9) 국회 의안정보시스템. http://likms.assembly.go.kr/bill/billDetail.do?billId=002917

에 명문화된 것은 그보다 앞선 1952년 제1차 헌법 개정을 통해서였다. 소위 발췌개헌으로 알려진 제1차 개헌에서 처음으로 양원제가 도입되었는데, 제1공화국 임기 동안 실제로 국회를 양원제로 개편하지는 않았던 것이다. 당시의 개헌 내용은 국회를 임기 4년의 민의원과 임기 6년의 참의원 양원으로 구성하고(헌법 제33조), 양원 모두 의장 1인과 부의장 2인을 두되 참의원 의장은 부통령이 맡도록 하였다(헌법 제36조).

제1차 헌법 개정에서 명문화된 양원제 내용 중 1960년 제2공화국 헌법에서 국회의장과 관련된 사항은 참의원 부의장을 2인에서 1인으로 줄인 점을 제외하고는 큰 변화 없이 유지되었다. 따라서 한국 정치사에서 양원제의 제도적 기원은 제2공화국 헌법이라기보다는 1952년의 제1차 개정 헌법으로 보아야 할 것이다.

제2공화국에서 변화된 국회의장 관련 제도나 절차는 1960년 전부 개정된 국회법에 담겨 있다. 우선 헌법에서 국회 관련 개정 사항을 살펴보면 다음과 같다. 개정된 제2공화국 헌법에서 국회 관련 사항은 제3장에 규정되어 있다. 헌법 제36조에서 민의원은 의장 1인, 부의장 2인을 선출하고, 참의원은 의장 1인, 부의장 1인을 선출하도록 하고 있다. 그리고 참의원 의장이 양원 합동회의의 의장이 된다. 제정헌법과 마찬가지로 '가원의 의장은 이결에 있어서 표결권을 가지며 가부 동수인 경우에 결정권을 가진다'(헌법 제37조 제3항).

전부 개정된 국회법에서 국회의장 관련 내용은 전체적으로 제1공화국의 제도에서 크게 변하지는 않았지만, 몇 가지 제도 변화는 주목할 필요가 있다. 우선 개헌을 통해 의원 임기가 변함에 따라서 의장 임기도 바뀌었다. 민의원은 제1공화국과 마찬가지로 의원 임기가 4년이었지만, 참의원의 경우 의원 임기가 6년이었기 때문에, 양원 의장의 임기는 의원 임기의 절반인 2년과 3년으로 각각 규정되었다(국회법 제8조).

제5대 국회에서 국회의장 관련 가장 중요한 변화는 의장의 당적 이탈 의무를 규정함으로써 의장의 정치적 중립성을 강조했다는 점이다. 당시 국회법 제19조는 '각 원의 의장은 정당의 적을 가질 수 없다.'라고 규정하였다. 의장의 당적 이탈 의무화 규정은 제3공화국 제6대 국회에서 삭제되었다가, 2002년 제16대 국회에 와서 다시 부활하였다.

제19조(의장의 당적 이탈) 각원의 의장은 정당의 적을 가질 수 없다.

당시의 국회 회의록에는 의장의 당적 이탈을 명문화한 이유에 대해 '국회를 대표하는 의장은 국회의 모든 운영에 있어서 그 공정성을 확보할 책임이 있으므로 당적에서 이탈하도록 하고, 부의장은 당적을 갖도록 한다.'라고 밝히고 있다. 추정컨대, 제1공화국에서 국가보안법 파동 등을 겪으면서 의장의 정치적 중립성이 제기된 것으로 보인다. 제20대 국회 현재 국회의장은 당적 이탈이 의무화되어 있는 반면, 부의장은 당적을 갖는다는 점에서 현행 제도의 기원을 제2공화국 국회법이라고 하겠다.

## 2) 의사정리권: 국회운영위원회와의 협의 등장

제5대 양원제 국회에서 의사 일정의 작성과 관련하여 중요한 두 가지 변화가 있었다. 제헌국회에서는 국회 본회의 의사 일정 작성권한이 국회의장에게 있었지만, 제2공화국의 국회법 개정에서 국회의장이 의사 일정을 작성할 때는 국회운영위원회와 협의하도록 하는 조항이 신설되었다(국회법 제69조 제2항). 또 다른 중요한 변화는 의장이 긴급한 필요가 있다고 인정할 때 회의의 일시만 의원에게 통지하고 개의할 수 있도록 한 것이다. 이는 의상의 국회 회의 개의권한을 상당히 강화한 조치이다.

제69조(의사 일정의 작성) ①의장은 개의의 일시, 부의안건과 그 순서를 기재한 의사 일정을 작성하고 미리 의원에 보고한다.

②의장은 의사 일정을 작성함에 있어서 <u>의원운영위원회와 협의</u>하여야 한다.

③의장은 특히 긴급한 필요가 있다고 인정할 때에는 <u>회의의 일시만을 의원에게 통지</u>하고 개의할 수 있다.

의사 일정의 작성을 의장이 결정하던 것에서 운영위원회와 협의하도록 한 것은 의사 일정의 작성에 원내의 다양한 의견이 반영되도록 하는 효과가 있겠지만, 국회의장의 의사 일정 작성 재량권을 축소시키는 것이었다. 제5대 국회에서 '운영위원회와의 협의' 조항이 도입되었다가, 제4공화국에서 '운영위원회와 협의가 이루어지지 않을 경우에는 의장이 결정'하도록 바뀌었다. 이후 현재까지 이 조항은 변함없이 유지되고 있다.

의장이 국회운영위원회와 협의하여 결정하도록 한 또 다른 사항은 소관 상임위원회가 모호한 의안의 상임위원회를 결정하는 것이다. 제헌국회에서는 법안이 제출되면 의장이 '적당한 위원회'에 회부한다는 규정만 있었지, 소관 사항이 모호한 의안의 위원회 회부에 대한 규정은 아예 없었다.

제75조(상임위원회 부탁) ①의안이 발의, 제출 또는 송부되었을 때에는 의장은 이를 인쇄하여 의원에게 배부하는 동시에 의원에 보고하여 소관 상임위원회에 부탁하고 그 심사가 끝난 후 의원의 회의에 부한다. 단, 법률안, 예산안과 결산 이외의 의안으로서 긴급한 것은 제안자의 요구에 의하여 의원의 의결로 그 심사를 생략할 수 있다.

<u>②안건이 어느 상임위원회의 소관에 속하는지 명백하지 아니할 때 또는 수개의 상임위원회의 소관에 속할 때에는 의장은 의원운영위원회에 물어서 상임위원회에 부탁한다.</u>

제출된 법안의 소관 상임위원회가 명확할 경우에는 의장이 소관 상임위

원회에 회부하는 것은 제헌국회와 동일하다. 그러나 '안건이 어느 상임위원회의 소관에 속하는지 명백하지 아니할 때 또는 수개의 상임위원회의 소관에 속할 때에는 의장은 의원운영위원회에 물어서 상임위원회에 부탁한다.'라는 규정이 국회법 제75조 제3항에 신설되었다. 이 규정의 신설은 제헌국회 이래로 의사 업무가 축적되면서 관련 규칙 제정의 필요성이 낳은 결과로 보인다.

한편 특별위원회에 안건을 회부할 수 있는 의장의 권한도 국회법 제76조에 신설되었다. 이에 따라서 의장은 상임위원회에 속하지 않거나 특히 필요하다고 인정한 안건을 양원의 의결을 얻어서 특별위원회에 회부하게 되었다. 그리고 애초에 특별위원회의 소관인 안건이나 이와 관련된 안건도 의장이 특별위원회에 회부할 수 있었다.

제76조(특별위원회 부탁) ①상임위원회의 소관에 속하지 아니하거나 또는 특히 필요가 있다고 인정한 안건은 의장이 의원의 의결을 얻어 이를 특별위원회에 부탁한다.
②특별위원회의 소관에 속하는 안건 또는 이에 관련이 있는 다른 안건은 의장이 그 특별위원회에 부탁할 수 있다.

제헌국회에서는 특별위원회와 관련하여 '특별위원회는 상임위원회에 속하지 아니한 특정한 안건을 심사하고 그 특별히 부탁된 안건이 국회에서 의결될 때까지 존속한다.'(제정국회법 제18조)라는 규정만 있었지, '특별위원회 안건 회부와 관련된 규정은 별도로 없었다.

본회의 발언과 관련하여 의장의 의사정리권은 제헌국회에서 만든 제도적 틀이 그대로 유지된 가운데, 의사 진행 발언 조항이 신설되었다. 국회법 제93조 제3항은 '의사진행에 관한 발언은 의제에 직접 관계가 있는 것 또는 긴급히 처리할 필요가 있다고 인정되는 것은 즉시 허가하고 그 외의 것은 의장이 그 허가의 시기를 정한다.'라고 규정하고 있다.

제5대 국회에서 의장의 의사정리권한과 관련된 마지막 변화로는 본회의 표결방법 중 하나로서 이의 유무 표결이 신설된 것을 들 수 있다. 이전까지는 기립표결과 거수표결만이 국회법에 규정되어 있었는데, 의장이 이의 유무를 물어서 이의가 없다고 인정되면 가결을 선포할 수 있게 한 것이다(제111조 제2항). 이의가 있을 경우에는 다른 방법으로 표결하도록 하고 있다.

제111조(표결방법) ①표결할 때에는 의장이 의원으로 하여금 기립 또는 거수케 하여 그 가부의 결정을 선포한다.
②의장은 문제에 대한 이의의 유무를 물어서 이의가 없다고 인정될 때에는 가결되었음을 선포할 수 있다. 단, 이의가 있을 때에는 다른 방법으로 표결하여야 한다.

의장이 기립이나 거수가 아니라 이의 유무를 물어서 가결을 선포할 수 있도록 한 것은 이후로 본회의에서 전자표결제도가 전격적으로 실시될 때까지 지배적인 본회의 표결방법으로 기능하게 된다. 특히 이의 유무를 물어서 의장이 이의가 없다고 인정하면 법안을 가결시킬 수 있다고 한 것은 법안의 찬반 의원 수를 별도로 셀 필요가 없기 때문에 법안의 날치기 처리를 가능하게 하는 절차로 활용되기도 하였다.

## 2. 제3공화국과 국회의장

제3공화국 국회(제6대-제8대)의 기본 골격은 5·16 군사쿠데타 세력이 구성한 국가재건최고회의에 의해서 만들어졌다. 제5대 국회가 임기 개시 10개월여 만인 1961년 5월에 해산된 이후 1963년 12월에 제6대 국회(1963. 12.17.-1967.6.30.)가 개원하기까지 2년 7개월 동안 국가재건최고회의가 입법기관의 기능을 담당하였다. 제5차 헌법 개정에 따라서 정부 형태는 대통령제로, 국회는 단원제로 다시 환원되었다. 제3공화국 헌법은 국회의장의 권한과 관련하여 중요한 변화를 담고 있었는데, 제정헌법 이래 헌법에 규정되어 있던 국회의장의 표결권이 삭제된 것이다. 즉 제1공화국과 제2공화국 헌법에 '의장은 의결에서 표결권을 가지며, 가부 동수인 경우에는 결정권을 갖는다.'라고 규정되어 있었지만, 제3공화국 헌법에서 이 조항이 삭제되었다. 그리고 헌법 제44조 '국회는 의장 1인과 부의장 2인을 선거한다.'라는 조문은 그대로 유지되었다. 비록 의회 구조는 양원제에서 단원제로 바뀌었지만, 국회의장 관련 제도는 대부분 제2공화국의 제도에서 큰 변화가 없었다.

## 1) 의장 선출 요건의 강화와 임기 변화

제3공화국에서 의장선거를 위한 의사정족수가 변경되었다. 이전까지는 의장 선출을 위해서 '재적의원 3분의 2 이상의 출석'과 '출석의원 과반수의 찬성'이 필요했다. 그러나 1963년 제6대 국회에서 새롭게 제정된 국회법에 따라 의장 선출 요건은 '재적의원 과반수의 찬성'으로 강화되었다. 관련 규정은 국회법 제15조로, '의장과 부의장은 국회에서 무기명투표로 선거하되, 재적의원 과반수의 득표로 당선된다.'라고 명시되어 있다. 의원 정수를 200명으로 가정할 경우 제1공화국과 제2공화국에서는 의장 선출을 위해서 의원 68명의 찬성이 필요하지만, 제3공화국에서는 의원 101명의 찬성이 필요하게 된 것이다. 즉, 의장으로 당선되기 위해서는 이전보다 더 많은 의원의 찬성이 필요하게 되었다.

제15조(의장·부의장의 선거) ①의장과 부의장은 국회에서 무기명투표로 선거하되, 재적의원 과반수의 득표로 당선된다.

②전항의 1차투표에서 당선자가 없을 때에는 2차투표를 행하고, 2차투표에서도 당선자가 없을 때에는 최고득표자가 1인이면 최고득표자와 차점자에 대하여 최고득표자가 2인 이상이면 최고득표자에 대하여 결선투표를 행하여 다수의 득표자를 당선자로 한다.

제헌국회부터 채택되었던 의장 당선자 결정방식인 절대다수제는 그대로 유지되어서, 재적의원 과반수의 득표를 한 후보자가 없을 경우에는 2차 투표까지 실시하도록 하였다. 단원제 국회의장의 임기가 국회의원 임기의 절반인 2년인 것은 그대로 유지되었다. 그리고 제2공화국에서 신설되었던 당적 보유 금지조항은 제3공화국 국회법에서 삭제되었는데, 이 조항은 40여 년이 지난 2002년 제16대 국회에 가서야 부활되었다.

## 2) 의사정리권: 제2공화국 제도의 유지

제2공화국과 비교해 볼 때 제3공화국에서 의장의 의사정리권한과 관련된 변화는 거의 없었다. 의장이 국회운영위원회와 협의하여 의사 일정을 작성하고, 의장이 일방적으로 의원에게 회의 일시만을 통보한 후 개의할 수 있는 점 등은 그대로 유지되었다. 의사 일정의 변경과 관련해서도 의장이 필요하다고 인정할 때, 또는 '의원 20인 이상'이 여서로 그 이유서를 첨부하여 요구한 때에는 토론 없이 국회 의결로 의사 일정을 변경할 수 있었다. 제1공화국에서는 의사 일정 변경을 요구할 수 있는 의원 수가 10인, 제2공화국에서는 '민의원의 경우 의원 10인 이상, 참의원의 경우 의원 5인 이상'이었던 것과 비교하면 의사 일정 변경 요건이 강화된 것이다.

입법 과정에서 국회의장의 역할 역시 제2공화국의 국회법에서 규정한 것과 큰 차이가 없었다. 국회의장은 법안이 제출되면 소관 위원회를 결정하여 회부하고, 소관 위원회가 모호할 경우에는 국회운영위원회와 협의하여 소관 위원회를 결정하였다(국회법 제74조). 또한 의장은 특히 필요하다고 인정하는 안건을 본회의의 의결을 얻어 특별위원회에 회부하며, 특별위원회에 회부된 안건과 관련된 다른 안건을 그 특별위원회에 회부할 권한을 가졌다. 본회의에서 안건 심의를 할 때 의안의 축조낭독 심의를 생략할 수 있는 권한이나, 축조심의의 순서를 변경하거나 수조를 합하거나 한 조를 갈라서 심의에 회부할 수 있는 권한 역시 제헌국회에서부터 국회의장에게 부여된 권한으로 그대로 유지되었다.

제헌국회에서부터 의장에게 부여되었던 의안의 의결 이후 의안정리권한도 그대로 유지되었다. 입법 과정에서 의안의 체계·자구를 법제사법위원회가 심사하도록 되어 있지만, 의안이 의결된 이후에는 상호 저촉되는 조항이나 자구의 수정을 의장이나 위원회에 위임하도록 한 것이다.

본회의 발언 허가와 관련된 의장의 재량권에도 큰 변화가 없었다. 발언의 허가, 시간 제한으로 마치지 못한 발언의 회의록 게재와 관련된 국회법 조문은 그대로 유지되었다. 그리고 제2공화국에서는 각 단체교섭회가 각 단체의 소속 의원 수의 비율에 따라서 발언시간과 발언자 수를 정하여 의장에게 통지하였지만, 제3공화국에서는 국회운영위원회가 각 교섭단체와 협의, 결정하여 통지하도록 바뀌었다. 발언시간이나 발언자 수를 결정하는 것이 국회의장의 재량권이 아니었다는 점에서는 변화가 없었다.

제98조(교섭단체의 발언통지) ①국회운영위원회는 각 교섭단체와 협의하여 소속 위원 수의 비율에 의한 발언자 수 또는 발언시간을 정하여 의장에게 통지할 수 있다.
②의장은 전항의 발언통지가 있을 때에는 다른 발언통지자보다 먼저 발언을 허가하여야 한다.

의장의 본회의 표결 관리와 관련해서도 표결방법의 변화를 제외하고는

대한민국 국회제도의 형성과 변화

큰 변화가 없었다. 제6대 국회에서는 본회의 거수표결을 폐지하고, 기립하여 가부를 결정하도록 했다는 점이 두드러진다(제105조 제1항). 다만, 제5대 국회에서 의장이 재량껏 이의 유무 표결을 시행할 수 있도록 한 조항은 그대로 유지되었다.

제105조(표결방법) ①표결할 때에는 의장이 의원으로 하여금 기립하게 하여 가부를 결정한다.

②의장의 제의 또는 의원의 동의로 국회의 의결이 있을 때에는 기명 또는 무기명투표로 표결한다.

③의장은 문제에 대한 이의의 유무를 물어서 이의가 없다고 인정한 때에는 가결되었음을 선포할 수 있다. 그러나, 이의가 있을 때에는 제1항 또는 제2항의 방법으로 표결하여야 한다.

# IV. 제4공화국-제5공화국과 국회의장

## 1. 제4공화국 유신국회: 국회의장 권한 강화의 역설

제4공화국(제9대-제10대 국회)은 1972년 공표된 유신헌법에 의해 탄생하였다. 유신헌법에 따라 통일주체국민회의가 신설되는 등 대의제도에 중대한 변화가 있었다. 그러나 유신헌법에서 국회의장과 관련된 내용은 제83조 '국회는 의장 1인과 부의장 2인을 선거한다.'라는 조문이 유일하다. 다만 개헌으로 국회의원의 임기가 6년으로 늘어남에 따라서 의장단의 임기는 그 절반인 3년으로 바뀌게 되었다.

유신헌법으로 인해서 그 어느 때보다도 대통령의 제왕적 권력이 강화되고, 의회 권력은 약화되었다고 평가받는다. 그런데 역설적이게도 국회법에 규정된 국회의장의 제도적 권한은 오히려 제3공화국보다 훨씬 더 강력해졌다. 그러나 의장의 제도적 권한 강화가 행정부에 대한 의회 권력의 상대적 강화를 의미하는 것은 결코 아니었다. 왜냐하면 유신체제하에서 막강한 대통령이 사실상 국회의장을 지명하였고, 의장은 대통령의 정치권력을 국회에서 실현하기 위한 대리인 역할밖에 하지 못했기 때문이다. 결국 강력한 의장 권한은 대통령의 국회 통제권 확보를 위한 수단으로 기능하는 데 그쳤던 것이다.

## 1) 의장의 의사정리권 강화

제3공화국 국회에서 교섭단체가 행사하던 권한 중 상당 부분이 제4공화국에서 국회의장에게 이양되었다. 대표적인 것이 의석 배정 권한이다. 의원의 의석 배정은 제헌국회 이후로 추첨이나 교섭단체별 추첨에 의해 결정하도록 되어 있었다. 그런데 제9대 국회에서 처음으로 국회의장이 의원의 의석을 배정하도록 바뀌었다. 이 규정은 제5공화국 제12대 국회까지 그대로 유지되었다.

제2조(의석 배정) 의원의 의석은 회기 초에 의장이 이를 정한다

그리고 의장은 위원회의 위원 선임 권한도 갖게 되었다. 제3공화국에서는 교섭단체가 의석 비율에 따라서 선임하였던 것을, 제4공화국에서는 의장이 선임하는 것으로 바뀐 것이다. 그리고 교섭단체 소속 의원 수의 변화가 있을 경우에도 제3공화국에서는 의장이 국회운영위원회의 동의를 얻어서 위원 할당 수를 변경하여 위원을 개선하였지만, 제4공화국에서는 국회운영위원회의 동의를 얻을 필요 없이 의장 직권으로 위원 개선을 할 수 있도록 바뀌

었다(국회법 제46조 제3항).

제46조(위원의 선임) ①각 위원회의 위원은 각 교섭단체의 소속 의원 수의 비율에
의하여 <u>의장이 선임</u>한다.
②어느 교섭단체에도 속하지 아니하는 의원의 위원 선임은 의장이 이를 행한다.
③위원의 선임이 있은 후 각 교섭단체의 소속 의원 수의 이동이 있을 때에는 <u>의
장은</u> 각 위원회의 교섭단체별 할당수를 변경하여 위원을 개선할 수 있다

또한 제2공화국과 제3공화국에서는 의장이 본회의 의사 일정을 작성할
때 국회운영위원회와 협의하도록 하였지만, 제4공화국에서는 협의가 이루
어지지 않을 경우에 의장이 결정할 수 있도록 하는 조항을 신설하였다.

제70조(의사 일정의 작성)
②의사 일정의 작성에 있어서는 국회운영위원회와 <u>협의하되, 협의가 이루어지
지 아니할 때에는 의장이 이를 결정</u>한다.

한편 제3공화국에서는 국회의 의결로 결정하던 사항을 제4공화국에서는
국회의 의결뿐만 아니라 의장이 필요하다고 인정하는 경우에도 가능하게
변경한 사항들이 있다. 폐회 중 위원회 안건 심사, 본회의 중 위원회 개회,
회의 비공개 결정 등이 여기에 속한다. 위원회는 회기 중에만 안건을 심사할
수 있는데, 국회의 의결이 있거나 국회의장이 필요하다고 인정하면 폐회 중
에도 안건 심사가 가능하게 된 것이다(국회법 제50조). 또한 국회운영위원
회를 제외하면 위원회는 본회의 중에는 위원회 회의 개최가 불가능한데, 국
회 의결이 있거나 의장이 필요하다고 인정할 경우에는 가능하게 되었다(국
회법 제53조). 그리고 제3공화국에서는 의장의 제의나 의원 10인 이상의 동
의에 의한 의결이 있을 때만 본회의를 비공개 회의로 진행할 수 있었지만,

제4공화국에서는 의장이 국가의 안전 보장을 위해 필요하다고 인정할 때도 비공개할 수 있도록 하였다.

제50조(회기와 위원회의 심사)  위원회는 회기 중이 아니면 회부된 안건을 심사할 수 없다. 그러나, 국회의 의결이 있거나, 의장이 필요하다고 인정할 때에는 폐회 중이라도 심사할 수 있다

제53조(본회의 중 위원회의 개회)  위원회는 국회의 의결이 있거나 의장이 필요하다고 인정한 경우를 제외하고는 본회의 중에는 개회할 수 없다. 다만, 국회운영위원회는 예외로 한다

제69조(비공개회의)  ①본회의는 의장이 국가의 안전보장을 위하여 필요하다고 인정할 때와 의장의 제의 또는 의원 10인 이상의 동의에 의한 의결이 있을 때에는 공개하지 아니한다. 이 경우에는 토론을 하지 아니한다.

국회의 의결로 결정하던 사항을 아예 의장이 결정하도록 바꾼 의사 업무도 있다. 개정 국회법 79조는 위원회에서 본회의에 부의할 필요가 없다고 결정된 의안일지라도 위원회의 결정이 본회의에 보고된 날로부터 휴회기간을 제하고 7일 이내에 의장의 요구가 있을 경우에는 해당 의안을 본회의에 부의하도록 하였다. 이전의 '의원 30인 이상의 요구'가 '의장의 요구'로 대체된 것이다. 이는 제5공화국에서 다시 '의원 30인 이상의 요구'로 변경되었다.

제79조(위원회에서 폐기된 의안)  ①위원회에서 본회의에 부할 필요가 없다고 결정된 의안은 본회의에 부하지 아니한다. 그러나 위원회의 결정이 본회의에 보고된 날로부터 휴회중의 기간을 제한 7일 이내에 의장의 요구가 있을 때에는 그 의안을 본회의에 부하여야 한다.

제110조(자구의 정정과 이의의 결정)

대한민국 국회제도의 형성과 변화

③의원이 회의록에 기재한 사항과 회의록의 정정에 관하여 이의를 신청한 때에는 의장이 이를 결정한다.

또한 회의록의 정정과 관련된 의원의 이의신청에 대한 결정도 국회의 의결사항이었는데 의장의 결정사항으로 바뀌었다. 즉, 국회법 제110조는 '의원이 회의록에 기재한 사항과 회의록의 정정에 관하여 이의를 신청한 때에는 의장이 이를 결정한다.'라고 규정하였다. 이 절차가 제2공화국 제5대 국회에서 처음으로 명문화될 당시에는 국회의 의결을 거치도록 되어 있었다. 이후 회의록 정정은 1988년의 국회법 전부 개정에서 다시 본회의 의결사항으로 변경되었다.

## 2) 의장의 심사기간 지정권한 신설

제4공화국 국회가 의장에게 부여한 가장 강력한 권한은 심사기간 지정권한이다. 제헌국회 이래로 심사기간 지정제도가 운영되어 왔는데, 제3공화국까지 심사기간 지정의 주체는 '국회'였다. 그런데 제9대 국회에 와서 심사기간 지정을 국회의장이 하도록 바뀐 것이다. 그리고 의장이 심사기간을 지정하는 입법 단계로 소관 위원회 심사 단계뿐만 아니라 법제사법위원회의 체계·자구 심사 단계가 추가되었다. 즉, 의장은 소관 위원회나 법제사법위원회의 체계·자구 심사 단계에서 이유 없이 안건 심사가 지연된다고 판단될 때는 직권으로 상임위원회나 법제사법위원회에 계류 중인 해당 안건을 본회의에 바로 부의할 수 있게 되었다.

제77조(심사기간) ①의장은 심사기간을 정하여 안건을 위원회에 회부할 수 있다.
②제1항의 경우에 위원회가 이유없이 그 기간 내에 심사를 마치지 아니한 때에는 의장은 중간보고를 들은 후 다른 위원회에 회부하거나 바로 본회의에 부할 수

있다.

제78조(체계·자구의 심사) 위원회에서 법률안의 심사를 끝내거나 또는 입안한 때
에는 법제사법위원회에 회부하여 체계와 자구에 대한 심사를 거쳐야 한다. 이 경
우에 의장은 심사기간을 정할 수 있으며 그 기간 내에 심사를 마치지 아니한 때
에는 바로 본회의에 부할 수 있다.

이 권한은 의장 재량으로 위원회의 소관 안건에 대한 심사권한을 박탈할
수 있는 매우 막강한 것이다. 특히 법안의 운명이 사실상 소관 위원회에서
결정되는 위원회중심주의 입법 과정을 채택하고 있는 상황에서, 위원회가
심사를 마치지 않은 법안을 의장이 직권으로 바로 본회의에 부의할 수 있다
는 것은 위원회의 법안심사권을 무력화시키는 결과를 초래할 수도 있는 것
이다. 특히 의장의 정치적 중립성이 보장되지 않는 상황에서 이 권한은 다수
당의 입법 의제를 신속하게 처리하기 위한 무소불위의 수단이 될 수 있는 것
이다. 그러나 국회의장이 이 권한을 실제로 행사한 것은 제5공화국 제12대
국회에서였다.

## 2. 제5공화국과 국회의장

제5공화국(제11대-제12대 국회)하에서 국회법은 1980년 10월 제8차 헌
법 개정에 따라서 1981년에 전부 개정되었다. 제5공화국 헌법 제4장이 국회
와 관련된 내용인데, 제4공화국 헌법과 마찬가지로 국회의장에 대한 규정은
제84조 '국회는 의장 1인과 부의장 2인을 선거한다.'라는 조문이 유일하다.
국회법에 나타난 국회의장의 권한과 역할 역시 대동소이해서, 제4공화국 국
회법에서 강화되었던 의장의 제도적 권한이 그대로 유지되었다.
다만, 국회의장의 직무를 규정하는 국회법 규정에서 의장 직무의 나열 순

대한민국 국회제도의 형성과 변화

서가 변했다. 전부 개정 국회법 제12조는 '의장은 국회를 대표하고 의사를 정리하며, 질서를 유지하고 사무를 감독한다.'라고 규정하고 있다. 제헌국회에서부터 제10대 국회까지는 '의장은 국회의 질서를 유지하며 의사를 정리하고 국회의 사무를 감독하며 국회를 대표한다.'라는 순서로 그 직무가 규정되어 있었다.

## 1) 의장단의 겸직 제한 규정 신설

제11대 국회에서 처음으로 국회의장단의 겸직 제한 규정이 국회법 제22조에 신설되었다. 이에 따르면 국회의장과 부의장은 법률로 정한 경우 이외에는 의원 이외의 직을 겸할 수 없으며, 의장이나 부의장에 당선됨과 동시에 다른 겸직에서 해직된 것으로 보도록 하고 있다. 이는 1980년의 개헌에서 헌법 제82조에 국회의원 청렴의 의무가 신설된 것에 부합하기 위한 개정으로 보인다.

제22조(의장·부의장의 겸직 제한) ①의장과 부의장은 특히 법률로 정한 경우를 제외하고는 의원 이외의 직을 겸할 수 없다.
②다른 직을 겸한 의원이 의장 또는 부의장으로 당선된 때에는 당선된 날에 그 직에서 해직된 것으로 본다

의장단의 겸직 제한 규정은 제11대 국회에서 신설된 조문으로, 거의 변화 없이 제20대 국회까지 그대로 존속되고 있다. 이처럼 의장단의 겸직 제한 규정이 변함없이 존속되고 있는 이유는, 원내 최고 지도부로서 의장단의 직무 전념성의 중요성과 영향력을 반영한 것이라 하겠다.

## 2) 강력한 의사정리권의 유지

제4공화국에서 강화되었던 의장의 제도적 권한은 그대로 유지되었다. 상임위원회의 위원 및 특별위원회의 위원 선임이나 연석회의 개최, 회의의 공개 여부 결정, 의사 일정의 작성 등과 관련해서 의장이 갖는 권한이 여기에 속한다. 그리고 소관 상임위원회 및 법제사법위원회에 계류 중인 법안에 대한 심사기간 지정과 위원회에서 폐기된 의안의 본회의 부의를 결정할 수 있는 의장의 권한 역시 변함없이 유지되었다.

본회의 발언에 관한 의장의 재량권과 관련해서는 몇 가지 변화가 있었다. 제4공화국에서 의장은 의원의 발언시간을 30분으로 제한하고, 1회에 한하여 15분을 초과하지 않는 범위 내에서 연장을 허가할 수 있었다. 그러나 제5공화국에서는 의원의 발언시간이 20분으로 단축되었고, 발언시간 연장을 허용할 수 있는 의장의 재량권도 삭제되었다(국회법 제97조 제1항).

제97조(발언시간의 제한) ①의원의 발언시간은 20분을 초과할 수 없다. 다만, 질의·보충발언·의사진행발언 및 신상발언시간은 10분을 초과할 수 없다.
②의장은 정부에 대한 질문, 예산안 및 결산, 국무총리 또는 국무위원해임안 기타 중요하다고 인정한 안건에 한하여는 30분까지 허가할 수 있다.
③의장은 교섭단체를 가진 정당을 대표하는 의원이나 교섭단체의 대표의원이 정당 또는 교섭단체를 대표하여 발언할 때에는 40분까지 허가할 수 있다. 이 경우에 그 교섭단체 소속의 다른 발언자의 발언시간은 10분을 초과할 수 없다.
④의원이 시간제한으로 발언을 마치지 못한 부분에 대하여는 의장이 인정하는 범위 안에서 이를 회의록에 게재할 수 있다.

그리고 의장이 정부에 대한 질문, 예산안 및 결산, 국무총리 또는 국무위원 해임안 기타 중요하다고 인정한 안건에 대한 발언은 30분까지 허용할 수 있고, 교섭난체 대표의원의 대표발언은 40분까지 허가할 수 있도록 한 조항이 신설되었다(국회법 제97조 제2항, 제3항).

발언자 수와 관련해서, 제4공화국 국회에서는 동일의제 발언자 수를 교섭단체 의석 비율에 따라서 2인으로 제한하였는데 제5공화국 국회에서는 3인으로 늘리고, 교섭단체에 속하지 않은 의원의 발언자 수는 의장이 정하도록 하는 조항을 신설하였다. 교섭단체에 속하지 않는 의원의 경우 위원 선임 등에 관한 사항을 의장이 결정하도록 되어 있었는데, 여기에 발언자 수도 포함된 것이다.

제98조(발언자 수의 제한) ①의장은 동일의제에 대하여 발언자 수를 교섭단체별로 그 소속 의원 수의 비율에 따라 각 3인 이내의 범위 안에서 정하여야 한다.
②교섭단체에 속하지 아니하는 의원의 발언자 수는 의장이 이를 정한다

한편 제5공화국 제11대 국회에서는 유신헌법에서 폐지되었던 국회의 국정조사권한과 관련된 일부 권한들이 복원되면서, 국회법 제10장에 관련 조항들이 신설되었다. 국정조사의 요구는 본회의 의결을 거쳐야 하고, 이와 관련된 서류 제출 요구나 증인 또는 감정인 등의 출석 요구도 본회의나 위원회의 의결을 거쳐야 한다는 점에서 국회의장의 역할은 제한적이었다. 그러나 의원이 조사 사안에 대해 이해관계를 갖고 있다고 인정될 경우에 의장은 다른 의원을 조사위원으로 선임하고, 조사 결과에 대한 중간 보고를 하도록 하는 권한을 갖고 있었다(국회법 제125조, 126조).

제125조(조사상의 주의) ①의원은 이해관계가 있거나 기타 공정을 잃을 우려가 있을 때에는 그 사안에 대하여 조사를 할 수 없다.
②의장은 제1항의 사유가 있다고 인정될 때에는 언제든지 당해 의원이 행하는 조사를 정지시키고 다른 의원으로 하여금 조사하게 하여야 한다.

제126조(조사결과의 보고) ①조사를 완료한 때에는 위원장 또는 조사반장은 지체 없이 그 조사보고서를 의장에게 제출하여야 하며 본회의에 보고하여야 한다.

②의장은 위원장 또는 조사반장으로 하여금 중간보고를 하게 할 수 있다.

## V. 제6공화국과 국회의장: 제도적 권한의 약화

제13대 국회에서 6·29 선언 이후 이루어진 제9차 헌법 개정에 따라서 제6공화국이 수립되었고, 국회법 역시 국회운영의 민주화와 활성화라는 취지에 따라서 1988년 6월에 전부 개정되었다. 1988년에 실시된 제13대 총선결과 4개의 정당이 원내에서 20석 이상을 획득한 교섭단체로 등록하였고, 국회 개원 직후 전부 개정된 국회법에서 국회의장의 제도적 권한은 전반적으로 약화되었다. 제4공화국과 제5공화국에서 국회의장이 독자적으로 판단하여 행사할 수 있었던 권한 중 상당 부분이 교섭단체 대표의원과 협의하거나 국회운영위원회와 협의하여 결정하도록 바뀐 것이다.

제6공화국에서 전부 개정된 국회법은 국회의장의 권한을 축소시키고 있다. 그 배경으로 제3공화국과 제4공화국, 즉 박정희 정부에서 국회와 행정부의 관계, 대통령과 국회의장의 관계, 그리고 국회의장의 실질적 위상 등을 들 수 있을 것이다. 즉, 집권 여당이 항상 국회 다수당을 차지했던 정치 환경에서 국회의장은 여당을 대표하는 당파적인 정치 행태를 보였기 때문에, 민주화 이후 국회는 의장의 권한을 약화시키고자 했던 것이다.

## 1. 의사정리권의 약화: 교섭단체 대표의원과의 협의

제6공화국 제13대 국회에서 가장 중요한 의장권한의 변화는 제4·5공화국에서 의장의 권한에 속했던 사항들이 교섭단체 대표의원과 협의하도록 바뀌었다는 것이다. 여기에는 본회의장 의석 배정, 국회사무총장의 임면, 위원회 위원 선임, 본회의 중 위원회 개최, 회의의 비공개 결정 및 회의록 불게 재 결정, 본회의 의사 일정의 변경, 의안의 위원회 심사기간 지정, 의안의 법사위 체계·자구 심사기간 지정, 본회의 발언자 수의 결정, 국무의원 대리출석의 승인 등이 포함된다. 구체적으로 1988년 국회법 전부 개정에서 의장이 교섭단체 대표의원과 협의하도록 하고 있는 사항은 아래와 같다.

제3조(의석 배정) 의원의 의석은 의장이 각 교섭단체 대표의원과 협의하여 이를 정한다. 다만, 협의가 이루어지지 아니할 때에는 의장이 잠정적으로 이를 정한다

제21조(국회사무처) ③사무총장은 의장이 각 교섭단체 대표의원과의 협의를 거쳐 본회의의 승인을 얻어 임면한다.

제46조(위원의 선임) ①상임위원은 교섭단체 소속 의원수의 비율에 의하여 각 교섭단체 대표의원의 요청으로 의장이 선임한다.

제53조(본회의 중 위원회의 개회) 위원회는 본회의의 의결이 있거나 의장이 필요하다고 인정하여 각 교섭단체 대표의원과 협의한 경우를 제외하고는 본회의 중에는 개회할 수 없다. 다만, 국회운영위원회는 그러하지 아니하다.

제70조(회의의 공개) ①본회의는 공개한다. 다만, 의장의 제의 또는 의원 10인 이상의 연서에 의한 동의로 본회의의 의결이 있거나 의장이 각 교섭단체 대표의원과 협의하여 국가의 안전보장을 위하여 필요하다고 인정할 때에는 공개하지 아니할 수 있다.

제72조(의사 일정의 변경)  의원 20인 이상의 연서에 의한 동의로 본회의의 의결이 있거나 의장이 각 교섭단체 대표의원과 협의하여 필요하다고 인정할 때에는 의장은 의사 일정의 순서를 변경하거나 다른 안건을 의사 일정에 추가할 수 있다. 이 경우 의원의 동의에는 이유서를 첨부하여야 하며, 그 동의에 대하여는 토론을 하지 아니하고 표결한다.

제78조(심사기간)  ①의장은 심사기간을 정하여 안건을 위원회에 회부할 수 있다. 이 경우 의장은 각 교섭단체 대표의원과 협의하여야 한다.

제79조(체계·자구의 심사)  ①위원회에서 법률안의 심사를 마치거나 입안한 때에는 법제사법위원회에 회부하여 체계와 자구에 대한 심사를 거쳐야 한다. 이 경우 법제사법위원장은 간사와 협의하여 그 심사에 있어서 제안자의 취지설명과 토론을 생략할 수 있다.
②제1항의 심사에 대하여 의장은 심사기간을 정할 수 있으며 이유없이 그 기간 내에 심사를 마치지 아니한 때에는 바로 본회의에 부의할 수 있다. 이 경우 의장은 각 교섭단체 대표의원과 협의하여야 한다.

제98조(발언자 수)  ①의장은 각 교섭단체 대표의원과 협의하여 동일의제에 대하여 발언자 수를 교섭단체별로 그 소속 의원 수의 비율에 따라 각 3인 이내의 범위 안에서 정하여야 한다. 다만, 제97조 및 본문의 규정에 의하여 동일의제에 대하여 교섭단체별로 할당된 발언시간 내에서 발언자 수를 조정할 수 있다.
②교섭단체에 속하지 아니하는 의원의 발언자 수와 발언시간은 의장이 각 교섭단체 대표의원과 협의하여 이를 정한다.

제114조(국무위원 등의 출석요구)
③제1항 또는 제2항의 요구가 있을 때에는 국무총리·국무위원 또는 정부위원은 출석·답변하여야 하며, 국무총리 또는 국무위원이 출석요구를 받은 때에는 의장 또는 위원장의 승인을 얻어 국무총리는 국무위원으로 하여금, 국무위원은 정부위원으로 하여금 대리하여 출석·답변하게 할 수 있다. 이 경우 의장은 각 교섭단체 대표의원과, 위원장은 간사와 협의하여야 한다

대한민국 국회제도의 형성과 변화

이러한 변화에 대해서 의사 진행과 관련된 비교적 경미한 절차적·기술적 사항이나 의장의 권력 남용이 발생할 우려가 없는 사항에 대해서도 교섭단체 대표의원과의 협의를 거치도록 한 것은 의장의 권한을 지나치게 제약한 것이라는 비판이 제기되기도 하였다(국회 2008).

　한편 제4·5공화국에서 국회의장에게 부여되어 있던 권한 중 제6공화국에서 폐지된 권한도 있다. 즉, 위원회 간 연석회의 개최를 의장이 아니라 소관 위원회가 결정하도록 바뀌었고(국회법 제59조), 위원회에서 폐기된 의안을 본회의에 부의할 수 있는 의장의 권한도 폐지되었다(국회법 제80조). 의장이 행사할 수 있었던 이 두 가지 권한의 폐지는 국회의장의 권한을 제한하는 한편으로 상임위원회의 권한을 강화하는 조치라고 할 수 있다. 그리고 의원이 회의록 기재사항과 회의록의 정정에 이의를 신청할 경우 의장이 이를 결정하도록 하였던 것을 본회의 의결로 결정하도록 함으로써, 회의록 정정에서 의장이 행사하던 재량권도 삭제되었다(국회법 제110조).

제59조(연석회의) ①소관 위원회는 다른 위원회와 협의하여 연석회의를 열고 의견을 교환할 수 있다. 그러나 표결은 할 수 없다

제80조(위원회에서 폐기된 의안) ①위원회에서 본회의에 부의할 필요가 없다고 결정된 의안은 본회의에 부의하지 아니한다. 그러나 위원회의 결성이 본회의에 보고된 날로부터 폐회 또는 휴회 중의 기간을 제외한 7일 이내에 의원 30인 이상의 요구가 있을 때에는 그 의안을 본회의에 부의하여야 한다.

제110조(자구의 정정과 이의의 결정)
③의원이 회의록에 기재한 사항과 회의록의 정정에 관하여 이의를 신청한 때에는 토론을 하지 아니하고 본회의의 의결로 이를 결정한다.

## 2. 의장단 선거 시기의 법정화 및 임시의장의 자격 변경

국회의장의 선거방법은 제헌국회에서부터 국회법에 명문화되어 있었지만, 선거 시기는 1960년 9월 개정된 제2공화국 국회법에서 처음으로 '집회 당일 실시한다.'라는 규정이 생겼다가 제3공화국 국회법에서 폐지된 바 있다. 그러다가 1991년 5월 국회법 개정에서 다시 의장단의 선거 시기가 규정되었다. 의장단 선거 시기를 국회법 조항으로 신설하게 된 것은 원구성 지연을 막기 위한 목적임이 당시 회의록에 나타나 있다(제13대 국회 제154회 제11차 본회의 회의록, 3). 당시 운영위원회 신경식 위원은 제안 설명 및 심사 보고에서 '원구성이 지연되는 문제점을 해소하기 위해서 의장단 구성시기를 총선 후 최초 집회일 또는 임기만료일이나 임기만료 후 최초 집회일로 이를 법정화하였다.'라고 설명하였다.

제15조(의장·부의장의 선거) ①의장과 부의장은 국회에서 무기명투표로 선거하되 재적의원 과반수의 득표로 당선된다.
  ②제1항의 선거는 국회의원 총선거 후 최초 집회일에 실시하며, 처음 선출된 의장 또는 부의장의 임기가 폐회중에 만료되는 때에는 다음 회기의 집회일에 실시하고, 회기중에 만료되는 때에는 그 만료일에 실시한다.

개정 국회법 제15조에 따라서 의장단의 선거는 총선거 후 최초 집회일에 실시하며, 후반기 의장단의 경우 임기 만료 다음 회기 집회일로 법정화하였다. 이후 1994년 6월의 국회법 개정에서는 후반기 의장단의 선거 시기를 임기 만료일 전 5일로 개정함으로써 의장단이 선출된 상태에서 후반기 임기가 개시될 수 있도록 하였다.

한편 제헌국회 이래보 의장단선거를 하거나, 임시의장선거를 할 때 의장

직무대행자를 최연장자가 맡아 왔지만, 1997년 제15대 국회에서 처음으로 최다선의원이 이를 맡되, 최다선의원이 2인 이상일 경우에는 연장자가 맡도록 바뀌었다. 이처럼 의원의 나이보다는 선수를 중요시하게 된 것은 국회운영에 있어서 연공서열제(seniority rule)가 점차 강화되어 가고 있음을 보여주는 것이다.

제18조(의장 등 선거시의 의장직무대행) 의장 등 선거에 있어서 다음 각호의 1에 해당될 때에는 출석의원 중 최다선의원이, 최다선의원이 2인 이상인 경우에는 그중 연장자가 의장의 직무를 대행한다. 〈개정 1997. 1. 13. 〉
   1. 국회의원총선거 후 또는 의장과 부의장의 임기만료 후 최초의 집회에서 의장과 부의장을 선거할 때
   2. 의장과 부의장이 모두 궐위되어 그 보궐선거를 할 때
   3. 의장 또는 부의장의 보궐선거에 있어서 의장과 부의장이 모두 사고가 있을 때
   4. 의장과 부의장이 모두 사고가 있어 임시의장을 선거할 때

## 3. 의장 당적 보유 금지조항의 부활

제6공화국 국회법에서 국회의장과 관련된 중요한 변화는 국회의장의 당적 이탈을 다시 의무화한 것이다. 의장의 당적 이탈과 관련해서는 제2공화국 국회법 제19조에서 '각원의 의장은 정당의 적을 가질 수 없다.'라고 규정함으로써 양원의 의장에게 당적 이탈을 의무화한 바 있었다. 그러나 이 규정은 1961년 제3공화국 국회법에서 삭제된 채로 유지되어 오다가, 제6공화국 제16대 국회(2002년 3월 7일)에서 관련 조문이 국회법에 부활한 것이다.

의장의 당적 이탈을 다시 의무화하게 된 배경은 당시 법안의 제안 이유를 통해서 확인할 수 있다. 해당 내용을 담고 있는 국회법 개정안은 두 건이 발

의되었다. 심재철 의원안(의안번호 160006)의 제안 이유 및 주요 골자를 보면 '제15대 국회에서는 여야 간의 첨예한 대립으로 인하여 파행적인 국회운영이 빈번하게 발생하였는 바, 이러한 대립이 첨예할수록 국회운영을 책임지고 있는 의장의 중립적인 의사진행이 무엇보다 중요하므로 이를 담보하는 방안으로 당적을 가진 의원이 의장으로 당선된 경우에는 당선된 날부터 7일 이내에 소속 정당을 탈당하도록 하는 의장의 당적 보유 금지규정을 두고자 함'이라고 밝히고 있다.

김원웅 의원안(의안번호 160307)도 개정안의 제안 이유에 대해 '국회의장 및 부의장이 당적을 보유함으로 인해 공평한 국회운영을 담보하지 못하고, 소속 정당의 당략에 따른 의사진행으로 국회의 파행을 초래하는 경우가 많았다는 의견을 수렴하여 국회의장단의 당적 보유를 금지하여 중립적인 국회운영을 할 수 있도록 하고자 함'이라고 밝히고 있다. 이는 국회의장의 당파적인 국회운영이 국회의장의 당적 보유 금지를 재규정하는 계기가 되었음을 잘 보여 준다.

제20조의 2(의장의 당적보유 금지) ①의원이 의장으로 당선된 때에는 당선된 다음 날부터 그 직에 있는 동안은 당적을 가질 수 없다. 다만, 국회의원총선거에 있어서 공직선거 및 선거부정방지법 제47조의 규정에 의한 정당추천후보자로 추천을 받고자 하는 경우에는 의원 임기만료일 전 90일부터 당적을 가질 수 있다.
②제1항 본문의 규정에 의하여 당적을 이탈한 의장이 그 임기를 만료한 때에는 당적을 이탈할 당시의 소속정당으로 복귀한다.

그런데 국회의장의 당적 이탈이 국회법에 다시 규정된 것은 2002년이었지만, 이 논의가 다시 시작된 것은 1998년 '6·4 지방선거' 실시를 앞둔 제15대 국회에서였다. 1998년 5월 20일 열린 총무회담에서 여야는 국회의장의 당적 이탈에 합의하였는데, 이는 여야의 상호 이해관계에 부합되었기 때문이라는 해석이 있었다. 즉 당시 여당인 국민회의는 지방선거 이후 한나라당의 과반 의석이 붕괴되자 여당의원을 의장으로 앉힐 계획이었는데, 이를 무마하기 위해서 한나라당에 의장 당적 이탈을 제안하였고, 한나라당은 지방선거 이후 과반 의석 붕괴에 따라 국회의장직을 확보하지 못할 경우에 대한 안전장치로 의장의 당적 이탈 제안을 받아들였다는 것이다(동아일보 1998.05. 21).

이 조항은 현재까지 그대로 유지되고 있다. 그러나 의장의 당적 이탈 의무를 법정화하였음에도 불구하고, 국회의장의 정치적 중립성 논란은 여전히 계속되고 있다. 국회의장의 리더십 스타일에 대한 경험적인 연구 역시 민주화 이후로도 당파적인 의장이 대다수였음을 밝히고 있다(최준영 외 2015). 이는 국회라는 정치의 영역에서 법·제도만으로 행위자의 행태를 구속한다는 것이 얼마나 제한적인지 잘 보여 준다.

한편 국회의장의 당적 이탈을 의무화한 국회법 개정에서 국회의장이 표결을 선포하거나 표결 결과를 선포할 경우 반드시 의장석에서 하도록 하는 규정이 신설되었다. 국회법 제110조 제1항은 '의장은 표결할 안건의 제목을 의장석에서 선포해야 한다.'리고 규정하고, 제113조는 '표결이 끝났을 때에는 의장은 그 결과를 의장석에서 선포한다.'라고 규정하였다.

제110조(표결의 선포) ①표결할 때에는 의장이 표결할 안건의 제목을 의장석에서 선포하여야 한다.

제113조(표결결과 선포) 표결이 끝났을 때에는 의장은 그 결과를 의장석에서 선포한다.

표결 개시의 선포와 표결 결과의 선포를 반드시 의장석에서 하도록 한 것은 의장석이 아닌 곳에서 법안이 변칙적으로 처리되는 것을 원칙적으로 막기 위한 조치였다. 실제로 1990년 7월 14일 국회 본회의에서는 광주보상법안 등 26개 의안(이 중 법률안 14건)이 변칙 처리되었는데, 김재광 부의장이 의장석이 아닌 일반 의원 의석에서 갑자기 기립하여 마이크와 의사봉이 없는 상태에서 이의 유무를 묻고 30초 만에 의안을 처리했던 것이다. 이처럼 제6공화국 들어와서 국회법에 신설된 절차 규정들은 실제 입법 과정에서 발생한 문제들에 대한 처방적 차원에서 도입된 것이 많다는 점이 특징적이다.

## 4. 의장 직권상정 요건의 강화

제4공화국 국회법 개정을 통해서 심사기간 지정권한, 즉 의장이 법안을 본회의로 바로 상정할 수 있는 권한을 갖게 되었지만, 실제로 국회의장이 이 권한을 행사한 것은 제12대 국회 이후부터이다. 그런데 애초의 제도 도입 취지가 무색하게 제17대 국회 이후로 심사기간 지정제도는 여야가 첨예하게 대립하는 쟁점 법안을 신속하게 처리하기 위한 우회 통로로 이용되는 경우가 많았다. 직권상정을 통한 법안 처리는 소수당의 강력한 반발을 초래하여 국회의장의 중립성 논란과 함께 국회 파행을 초래하는 원인이 되었다.

국회의장 직권상정제도는 제17대 국회와 제18대 국회에서 국회 폭력사태로까지 심화되었던 국회 파행의 제도적 원인 중 하나로 지목받게 되었다. 양대 국회에서 여야가 첨예하게 대립하면서 입법 교착에 빠졌던 법안 중 상당수가 직권상정을 통해서 처리되었다. 제17대 국회의 종합부동산세법, 재건축초과이익환수법, 사립학교법 등과 제18대 국회의 언론관계법과 소위 4대강 관련 입법 등이 여기에 속한다.

대한민국 국회제도의 형성과 변화

결국 제18대 국회의 마지막 본회의(2012년 5월 2일)에서 처리된 일명 '국회선진화법'이라고 불리는 국회법 개정안의 패키지에 국회의장의 직권상정 요건 강화가 포함되었다. 개정 국회법은 의장이 심사기간을 지정할 수 있는 경우를 천재지변의 경우, 전시·사변 또는 이에 준하는 국가비상사태의 경우, 의장이 각 교섭단체 대표의원과 합의하는 경우로 제한하였다.

제85조(심사기간)  ①의장은 다음 각 호의 어느 하나에 해당하는 경우에는 위원회에 회부하는 안건 또는 회부된 안건에 대하여 심사기간을 지정할 수 있다. 이 경우 제1호 또는 제2호에 해당하는 때에는 의장이 각 교섭단체 대표의원과 협의하여 해당 호와 관련된 안건에 대하여만 심사기간을 지정할 수 있다. 〈개정 2012.5.25.〉
1. 천재지변의 경우
2. 전시·사변 또는 이에 준하는 국가비상사태의 경우
3. 의장이 각 교섭단체 대표의원과 합의하는 경우
②제1항의 경우 위원회가 이유없이 그 기간 내에 심사를 마치지 아니한 때에는 의장은 중간보고를 들은 후 다른 위원회에 회부하거나 바로 본회의에 부의할 수 있다.

이처럼 의장의 심사기간 지정 요건이 강화됨에 따라 사실상 직권상정을 통해서 본회의에 안건을 상정하기는 매우 어려워졌다. 실제로 개정 내용이 처음으로 시행된 제19대 국회에서 직권상정을 통해서 법안이 처리된 경우는 소관 상임위원회 단계에서 3건, 법제사법위원회의 체계·자구 심사 단계에서 4건에 불과하였다. 제19대 국회부터 국회의장의 직권상정권한이 원천적으로 제약을 받게 됨에 따라서, 국회의장의 정치적 중립성을 둘러싼 논란은 확실히 감소하고 있는 양상이다.

# VI. 결론

이 장에서는 헌법 및 국회법에 규정되어 있는 법제도를 중심으로 국회의 장의 권한과 역할을 살펴보았다. 법제도에서 부여하고 있는 의장의 권한은 그것이 행사되는 정치적 환경뿐만 아니라 행위자 요인에 의해서도 제약될 수밖에 없다는 점에서 법제도 중심의 권한 파악은 한계를 갖는다. 특히 우리나라처럼 오랫동안 국회와 행정부 간의 관계에서 행정부가 우위를 점해 온 경우에는 더욱 그렇다. 단적인 예로, 제도적으로 의장권한이 가장 강력했던 시기가 제4공화국인데, 실질적으로 이 시기는 대통령이 의회에 대해서 막강한 영향력을 행사했던 시기이다. 그럼에도 불구하고 법제도 중심의 연구가 갖는 중요성을 무시하기 어려운 이유는, 그것이 국회의장이 행사할 수 있는 권한의 범위와 한계를 결정하기 때문일 것이다.

국회의장의 선출이나 역할 및 권한, 관련된 제도들은 대부분 제헌국회에서 그 기원을 찾을 수 있었다. 의장 선거제도는 국회법이 제정되기 이전에 임시규칙 기능을 했던 국회임시준칙을 그 기원이라 할 수 있다. 제정국회법에서 명시하였던 국회의장의 네 가지 직무, 즉 국회대표권·의사정리권·질서유지권·사무감독권 등은 현재까지 대동소이하게 유지되어 오고 있다.

국회의장의 권한은 교섭단체와의 관계나 회의 운영상 재량권의 범위 등에 있어서 각 공화국별로 강화 또는 축소되는 부침이 있었다. 주목할 만한 변화가 있었던 시기는 제2공화국과 제4공화국, 제6공화국이다. 의사 일정 작성권 등 제헌국회에서 국회의장의 권한에 속했던 것을 국회운영위원회와 협의하도록 한 것은 제2공화국에서 중요한 변화이다. 제4공화국 유신체제에서 국회의장의 제도적 권한은 그 어느 국회보다도 강력해져서, 주요 의사 업무와 관련된 사항들을 의장 직권으로 결정할 수 있게 되었다. 여기에는 국회의장의 심사기간 지정제도(직권상정제도)가 포함된다. 그런데 이는 강력한 대통령이 국회의장의 권한을 빌려서 국회를 통제하는 수단으로 활용되었다. 그러다가 다시 제6공화국(제13대 국회) 들어서 의장은 의사 업무 관련 주요 사항들을 교섭단체 대표의원과의 협의 또는 국회운영위원회와의 협의를 통해서 결정하도록 바뀌었다.

역사적으로 볼 때 제헌국회 이래로 국회의장의 의사정리권을 비롯한 제도적 권한은 제2공화국에서 약화, 제4공화국에서 강화, 제6공화국에서 약화라는 추세를 보여 왔다. 그러나 제4공화국에서 의장 권한의 강화는 대통령이나 행정부에 대한 의회 권력의 강화가 아니라, 대통령이 국회 지배를 용이하게 하기 위한 목적으로 보는 게 타당하다. 제4공화국에서 의장은 야당의 반대에도 무릅쓰고 정부나 집권 여당의 법안을 날치기하는 데 앞장섰다는 사실이 이를 입증한다.

이처럼 의장 권한의 중대 변화가 정권교체기에 이루어졌다는 점은 중요한 의미를 갖는다. 의장이 갖는 제도적 권력의 변화는 단순히 국회 내부의 필요성이나 동인에 의해서 결정되기보다는 정치체제의 성격이나 대통령의 의회인식 등의 차원과 관련되어서 이루어진 것이다. 이러한 측면은 단순히 국회법 중심의 법제도 분석만으로는 밝혀내기 어려운 한계를 갖는다.

다른 한편으로, 의장의 제도적 권력의 변화 중에서 상당 부분은 국회라는 장에서 발생한 현실정치에서의 경험과 그에 따른 필요성에 의해서 설명되기도 한다. 의장의 당파적 의사 운영의 폐해를 겪고 나서 당적 이탈 의무를 규정하였고, 원구성이 지연되자 의장단 선거 시기를 법정화한 것 등이 대표적인 예이다. 그리고 제6공화국에서 교섭단체 대표의원과의 협의 중심으로 국회운영원리를 바꾼 것 역시 제5공화국까지 다수당의 이익만을 대표하는 국회의장을 중심으로 국회운영이 이루어졌던 경험과 무관하다고 할 수 없을 것이다.

제헌국회 이래로 국회의장이 집권 여당이나 다수당이 아니라, 중립적으로 '국회의 대표자'로서 활동했던 적이 과연 얼마나 있었을까? 아무리 국회법에 의장의 당적 보유 금지를 명문화해도 사실상 대통령이 의장을 지명하는 구조에서는 의장이 대통령의 영향력으로부터 자유롭기가 어려울 것이다. 이런 점에서 최근 들어 다수당 의원총회에서 당내 경선을 통해 의장후보자를 선출하는 변화는 국회 자율성의 측면에서 매우 바람직한 변화이다. 2000년 제16대 국회에서 최초로 대통령의 지명이 아닌 의원총회를 통해서 이만섭 의원이 의장후보로 선출되고, 2002년에는 최초로 야당 출신 박관용 의원이 의장에 선출된 것은 의장의 실질적 위상이 강화되는 중요한 계기가 되었다.

그런데 제19대 대선 이후 집권 여당이 국회 다수당이 된 이후로 제20대 국회에서도 여전히 의장의 정치적 중립성 논란은 현재진행형의 쟁점 사안이다. 제헌국회 이래 수십 년간의 정치현실 속에서 의장은 당파적인 다수당 지도자로서의 역할을 수행해 왔는데, 단순히 국회법 조문에 당적 보유 금지를 명시하는 것만으로 의장의 역할이 정치적으로 중립적인 중재자로 바뀌기를 기대하기란 어려울 것이다. 이러한 측면에서 보면 국회법이 표방하고 있는 중립적 의장 모델은 앞으로도 한국의 정치현실과는 계속 긴장관계에 놓일 것으로 보인다.

# 참고문헌

국회사무처. 2016. 『의정자료집』.

국회사무처. 2012. 『국회선례집』.

대한민국국회. 2008. 『대한민국국회 60년사』. 경기 고양: 예당문화.

전진영. 2011a. "국회의장 직권상정 권한의 운영현황과 정치적 함의." 『한국정치연구』. 20(2): 53-78.

전진영. 2011b. "국회 입법교착의 양상과 원인에 대한 분석." 『의정연구』. 17(2): 171-196.

최준영·신택수. 2015. "민주화 이후 역대 국회의장의 리더십 스타일: 새로운 측정과 분석." 『한국정치연구』. 24(3): 29-53.

국회 회의록시스템. http://likms.assembly.go.kr/record/

국회 의안정보시스템. http://likms.assembly.go.kr/bill/main.do

제5장

# 국회 본회의와 상임위원회 관계의 역사적 변화:

# 법률안 처리 과정을 중심으로

박경미 • 전북대학교

# I. 서론

대의민주주의에서 의회는 주요 정치의제를 심의하고 이를 법으로 만드는 의사 결정의 주체이다. 한국 국회도 1948년 이후 제헌국회를 시작으로 하여 법률안을 심의 및 결정하는 정책 결정의 공간으로 기능하여 왔다. 특히 국회 본회의와 상임위원회는 국회의원과 정부가 제출한 법률안을 논의하는 중심 축이었다. 이러한 법률안 처리 과정은 정치제도에 근거하여 운용되는데, 그 근거 규정인 국회법이 본회의와 상임위원회 운영 과정에 영향을 미친다.

한국 국회의 법률안 처리 과정에 관한 제도적 기원은 제헌국회(1948-1950년)에 있다. 그런데 제헌국회는 헌법을 비롯한 각종 법률안이 만들어지지도 않은 상황에서 개원하였다. 그리하여 헌법 작성과 대통령 선출 등 중요한 정치적 사안을 논의하는 동시에 법률안 처리 과정을 포함한 국회운영 방식을 담은 국회법도 새로 제정하여야 했다. 이러한 상황에 처해 있던 초기 제헌국회는 제주도의 두 지역구를 제외한 198명의 국회의원 전원이 주로 본회의장에 참석해 논의를 이어갔다. 이처럼 국회의원들이 상임위원회가 아닌 본회의장에 모여 논의한 이유는 각각 별도의 소관 업무를 갖는 상임위원회가 헌법 공포나 정부 구성 등에 관한 주요 법률안을 논의하기에 적절하지 않았기 때문으로 추측할 수 있다. 이와 같은 제헌국회 초기의 운영방식은 '상임위중심주의'보다는 '본회의중심주의'의 모습을 띠는 것이었다.

일반적으로 본회의중심주의와 상임위중심주의를 구분짓는 가장 두드러지는 기준은 법률안 심의 여부를 결정하는 주체와 독회제 시행 여부 두 가지이다. 우선 법률안 심의 여부 결정 주체를 구분하는 기준에서 보자면, 법률안을 의회가 심의할 것인지 말 것인지를 결정하는 단위가 본회의라면 본회의중심주의라 하고, 그 주체가 상임위원회라면 상임위중심주의라 할 수 있다. 또 다른 차이는 독회제 시행 여부이다. 일반적으로 본회의중심주의를 채택하는 대부분의 국가는 독회제를 도입하여 실시한다. 그 대표적인 사례는 영국 의회로서 독회제와 함께 본회의중심주의로 운영된다. 내각이 결정한 법률안 초안이 영국 하원에 제출되면 제1독회와 제2독회를 마치고 본회의 표결을 통해 상임위원회에 부의할 것인지를 결정하고, 상임위원회 의제로 다루기로 한 법률안은 상임위에서 심의와 수정을 거쳐 본회의 보고 후 제3독회 논의를 거쳐 표결로 법률안 처리 절차가 완료된다(Kavanagh 2000, 275-276). 법률안은 독회 순서에 따라 논의되며, 그 법률안을 의회에서 논의할 것인지의 여부를 본회의 제2독회에서 결정하는 영국 하원에서 본회의 중심주의의 특징을 알 수 있다.

현재 한국 국회에서는 시행하고 있지 않지만 제헌국회(1948-1950년)부터 제5대 국회(1960-1961년)까지 독회제로 운영되었고, 그 이후 독회제에 관한 국회법 조항은 사라졌다. 그렇다면 한국 제헌국회는 본회의중심주의에 입각해 운영되었다고 규정할 수 있는가? 그 이후에 국회의 법률안 처리 과정에 관한 규정은 제헌국회와 어떤 차이가 있으며, 어떻게 변화하여 현재에 이르고 있는가?

이와 같은 문제의식에서 이번 장에서는 국회의 법률안 처리 과정의 특성과 그 변화를 중심으로 살펴보고자 한다. 그런데 국회운영방식의 기원과 그 변화를 살펴보는 작업에는 현실적인 한계가 있다. 제정국회법과 제3공화국 제6대 국회에서 새로 제정된 국회법, 그리고 제5공화국 국회법은 급격한 정치 변화 속에서 제정 혹은 개정되었다. 정권을 비롯한 당시의 정치적 상황 변화가 급박하였던 것만큼, 국회운영방식이 왜, 어떤 과정과 논의를 거쳐 제정 혹은 개정되었는지에 대해서 명확한 근거자료를 찾기 어렵다. 제정국회법 제정에 관한 구체적인 논의는 국회법 및 국회규칙기초위원회에서 이루어졌지만 이에 대한 속기록이 남아 있지 않다는 자료의 한계도 문제로 작용한다.

또한 제3공화국과 제5공화국에서 새롭게 제정된 국회법은 국회 안에서 논의되고 의결된 것이 아니었다는 문제도 그 제도적 변화 추적을 힘들게 하는 원인이다. 일례로 1963년 11월 26일 제정된 국회법은 국가재건최고회의에서 만들어졌는데, 국회법 제정 시점이 국회가 개원하기 전인 제6대 총선일이었다. 이때 국회 본회의 회의록에 기록되어 있는 국회법 개정과 관련된 논의는 탄핵소추, 의원 겸직, 예결산 특위 등에 국한되어 있다. 이러한 자료의 한계로 인해 이 장에서는 국회법 조항과 국회 본회의 회의록 등 기타 자료를 토대로 당시 국회운영의 제도적 특징 중 법률안 처리 과정 관련 조항을 통해 간접적으로 확인하는 방식으로 논의되었다.

이에 대한 문제의식에서 이번 장은 다음과 같이 구성되었다. II절에서는 우선 국회의 법률안 처리 절차에 관한 쟁점에 관해 기존 연구를 중심으로 살펴보았다. 여기에서는 한국 국회가 채택하였던 독회제와 상임위중심주의의 특징을 중심으로 논의하였다. 그다음은 제1공화국으로부터 현재에 이르기까지 국회 법률안 처리 과정의 특성을 살펴보고, 그에 관한 근거 규정은 각 공화국에 들어서면서 전문 개정 또는 새로 제정한 국회법을 기준으로 분석하였다. 구체적인 분석 결과는 독회제 운영 여부에 따라 두 시기로 나누었는데, 독회제를 운영한 제1공화국과 제2공화국, 그리고 상임위원회중심주의로 운영되는 제3공화국에서부터 현재에 이르는 시기이다. 독회제를 운영하였던 제1공화국과 제2공화국의 공통점과 차이점을 비교하고, 상임위중심주의를 채택한 제3공화국 이후 현재에 이르는 각 공화국의 전문 개정 국회법이 명시한 법률안 처리 과정을 비교 분석하며 현행 국회법의 법률안 처리 과정 조항과 비교해 보았다. 마지막으로 결론에서 각 공화국별 국회법을 중심으로 검토한 법률안 처리 과정의 특징과 차이를 종합적으로 논의하였다.

## II. 국회의 법률안 처리 과정에 관한 쟁점

현재 우리 국회는 상임위중심주의를 기반으로 운영되고 있다. 상임위원회는 법률안을 심의할 것인지 말 것인지를 결정하거나 폐기하는 권한을 가지고 있으며, 본회의는 상임위원회에서 심사한 법률안을 최종적으로 의결하는 장이다. 현행 국회법 제81조에 따르면, 발의 또는 제출된 법률안은 인쇄 또는 전산망을 통해 의원에게 배부하고 소관 상임위원회에 회부하며, 심사가 끝나면 본회의에 부의하는 절차로 진행된다. 법률안이 법으로 만들어지는 입법 과정에서 법률안을 심의할 것인지의 여부에 대한 판단을 상임위원회가 하는 상임위원회중심주의로 운영되고 있는 것이다. 이에 반해 정부조직법을 비롯한 굵직굵직한 법률을 만들어야 했던 해방 직후의 정치적 상황을 고려하였을 때, 제헌국회에서는 상임위원회가 아닌 본회의를 중심으로 모든 의원들이 논의할 필요성은 불가피하였던 것으로 보인다. 그에 따라 제헌국회는 상임위원회가 법률인 심의 여부를 결정하는 현재의 상임위중심주의와는 달리 주로 본회의장에 모여 논의하였다는 점이 가장 큰 차이이다.

제헌국회 운영방식에 관한 기존 연구는 제헌국회 운영에서 두드러진 특징으로 독회제로 운영되었다는 점을 꼽는다(정호영 2004; 박재창 2004). 독회제는 제헌국회로부터 제2공화국의 제5대(1960-1961년)까지 국회법에 규정되어 있었고, 독회제를 중심으로 법률안을 처리하였다. 독회제를 중심으로 한 법률안 처리 과정에 대한 근거는 제헌국회에서 운용되었던 국회법 제39조를 들 수 있다. 해당 조항에 따르면, '법률안이 제출 또는 발의되었을 때에는 의장은 이것을 국회에 보고한 후 적당한 위원회에 회부하여 심사보고케 한다. 위원회에서 채택된 법률안은 그 보고에 의하여 제1독회를 개시하고 의안낭독, 질의응답과 그 의안의 대체에 대하여 토론한 후 제2독회에 부의할 여부를 결의한다.'라고 규정하고 있다. 그런데 본회의중심주의를 채택하고 있는 국가들에서 나타나는 제도적 특징인 독회제 운영에도 불구하고 제헌국회의 국회운영방식을 본회의중심주의로 규정하기는 어렵다. 본회의가 안건 심사 여부를 결정하는 주체인 본회의중심주의와는 달리, 제38조부터 제41조에 걸쳐 규정된 독회제 조항을 비롯한 당시 국회법은 상임위원회가 안건 심사 여부를 결정하도록 하고 있었기 때문이다. 이러한 독회제 규정은 제5대 국회까지 남아 있다가 제3공화국 제6대 국회(1962-1967년)에서부터 사라졌다. 제6대 국회부터는 제정국회법에 규정되었던 상임위중심주의에 관한 조항만이 남아 있으며, 그 기본적인 법률안 처리 및 운영의 절차가 현재까지 유지되고 있다.

독회제 운영과 상임위원회의 법률안 채택 권한을 명시한 국회법 조항으로 인해 기존 연구들은 제헌국회의 운영방식을 어떻게 규정할 것인가에 대해 많은 입장 차이를 보이고 있다. 정호영(2004, 569)은 제헌의회부터 5대 국회까지는 본회의를 중심으로 운영되는 본회의중심주의를, 6대 국회 이후부터는 상임위중심주의와 '본회의결정주의'를 채택해 왔다고 본다. 제헌국회 초기에 헌법을 비롯한 대부분의 법률안을 어떻게 제정할 것인가에 대한 논의가 본회의에 모든 의원들이 모여 이루어졌다는 사실을 기반으로 하여 기존 연구는 제헌국회를 본회의중심주의와 유사한 특징이 있었다고 보는 공통점이 있는 것이다.

그러나 법률안 심사 여부 결정의 권한이 상임위원회에 있었기 때문에 본회의중심주의로 보기 어렵다는 입장도 있다. 박재창(2004, 248)은 제헌국회부터 제5대 국회까지는 '독회제'를 운영해 왔으나 제6대 국회부터 상임위중심주의로 전환하였다고 지적하면서 이를 본회의중심주의로는 평가하지 않는다. 제헌국회의 국회운영방식을 본회의중심주의로 보기 어려울 뿐만 아니라 상임위중심주의로 보기도 어렵다는 것이다.

이러한 특징으로 인해 오히려 제헌국회를 본회의중심주의 또는 상임위중심주의 중 어느 한 쪽의 제도적 특징을 갖는 국회로 규정하기보다는 절충적 특징을 갖는 것으로 보는 것이 더 적절한 것으로 보인다. 이호진과 강인섭은 제헌국회의 운영에 대해서 제출된 의안을 먼저 상임위원회에 회부하여 심사보고를 받은 후 본회의에 상정하는 상임위중심주의를 취하면서, 본회의는 독회제를 밟는 본회의중심주의를 원칙으로 하는 일종의 절충방식으로 운영되었다고 평가한다(이호진·강인섭 1988, 61). 이와 같이 절충적 방식으로 운영한 이유는 제헌국회 이후의 국회들과는 견줄 수 없는 국가의 근간을 이루는 법률안들을 제헌국회가 심의할 수밖에 없었던 현실적 조건에서 유추할 수 있다. 즉, 의원 전원이 참여하여 심의, 결정할 필요가 있었던 사안들을 논의한 제헌국회에서 본회의중심주의와 상임위중심주의의 절충은 불가피하였고 또한 정치적으로 필요한 상황이었다고 볼 수 있다. 따라서 제헌국회 운영방식을 본회의중심주의 혹은 상임위중심주의 중 어느 쪽으로 볼 수 있느냐의 시각으로 접근하기보다는 법률안 처리 과정에서 본회의와 상임위원회가 어떤 관계에 있었는지를 중심으로 보는 것이 적절할 것으로 보인다.

그러한 기준에 따라 국회 법률안 처리 과정을 구분하면, 〈표 1〉과 같이 독회제 운영 국회와 상임위중심주의 국회로 나눌 수 있다. 독회제가 도입, 운영되었던 기간은 제1공화국부터 제2공화국 시기에 개원하였던 총 5대의 국회로, 약 12년이었다. 1948년 제정국회법에 명시된 독회제는 제2공화국에서도 유지되었다. 독회제가 폐지되고 현재와 같은 상임위중심주의를 근간

**〈표 1〉 독회제 운영 여부에 따른 구분**

|  | 공화국 | 국회 | 제정·개정시기 |
|---|---|---|---|
| 독회제<br>운영 | 제1공화국(1948-1958년)<br>제2공화국(1960-1961년) | 제1대-제4대<br>제5대 | 1948년 10월 2일(제정)<br>1960년 9월 26일(전문 개정) |
| 상임위<br>중심주의 | 제3공화국 이후<br>(1963년-현재) | 제6대 이후 | 1963년 11월 26일(폐지 제정) |

으로 한 법률안 처리 과정이 시작된 것은 제3공화국부터였다. 1963년 새로 제정된 국회법에 규정된 상임위중심주의는 제3공화국 이후부터 제6공화국 현재에 이르기까지 유지되고 있다. 이러한 관점에서 법률안 처리 과정의 중요한 변화 시점은 제1공화국과 제3공화국으로 볼 수 있다. 그에 따라 독회제를 운영한 제1공화국과 제2공화국의 연속성과 차이점을, 그리고 상임위중심주의를 채택한 제3공화국 이후 국회법의 연속성과 차이점을 중심으로 논의할 필요가 있다.

이와 같은 필요성에 따라 이번 장은 국회 법률안 처리방식에 있어서 각 공화국의 제정 혹은 폐지 국회법을, 그리고 2012년 일부 개정된 국회법과 현행 국회법을 중심으로 논의하고자 한다. 이번 장에서 논의되는 법적 근거는 각 공화국이 시작되면서 제정 및 전문 개정된 국회법으로, 각 공화국에서 개원한 첫 국회에 운용된 국회법을 기준으로 논의한다. 또한 각 국회법은 헌법 제정 및 개정 이후에 처음으로 제정 및 개정된 국회법을 근거로 한다. 각 국회법은 제정 혹은 개정 이후에 여러 차례의 개정을 거쳐 바뀌어, 그 연혁을 확인하는 작업도 중요하지만 공화국별 법률안 처리 과정의 특성과 그 차이를 비교하는 작업이 국회운영의 역사적 변화 궤적을 이해하는 데 적절하다고 보기 때문이다. 그에 따라 주요 논의의 대상은 각 공화국에서 첫 제정 혹은 개정된 국회법을 중심으로 분석한다.

대한민국 국회제도의 형성과 변화

# Ⅲ. 독회제를 운영한 국회의 법률안 처리 과정: 제1공화국과 제2공화국

## 1. 제1공화국 국회의 법률안 처리 과정

현행 국회법과 비교하였을 때, 제1공화국 국회법의 법률안 처리 과정에 관한 조항에서 나타나는 가장 큰 차이는 독회제의 운영이다. 제정국회법에서 법률안 채택의 실질적 단위는 독회제로, 이에 관한 규정을 통해서 확인할 수 있다. 독회제에 관한 규정과 그 절차는 1948년 10월 2일 제정된 제정국회법에 근거한다. 제정국회법은 제38조부터 제41조에까지 총 4조에 걸쳐 독회제를 규정하고 있다. 제38조는 독회의 기본적 운영방식을, 그리고 제39조, 제40조, 제41조는 각각 제1독회, 제2독회, 제3독회에 관한 규정과 절차를 명시하고 있다.

먼저, 제38조는 독회제 자체와 운영의 기본 절차에 관한 규정으로, 제1항은 모든 법률안의 의결이 3독회를 거치도록 규정하고 있다. 국회 의결로 독회 절차를 생략할 수 있도록 규정하였지만 독회제는 제정국회에서 안건 채택과 최종 결정을 위한 기본 절차였다. 이와 더불어 제2항은 독회와 독회, 즉 제1독회와 제2독회, 그리고 제2독회와 제3독회 사이에는 최소한 3일간의 간격을 두도록 명시하고 있으며, 이 역시 국회 의결을 통해 그 기간의 단축과 생략을 할 수 있도록 하였다. 이는 각 독회 간에 간격을 둠으로써 각 사안에 대한 심의와 논의를 하도록 하는 동시에, 사안에 대한 국회의 결정을 통해 독회를 단축하거나 생략하도록 함으로써 신속한 결정을 가능하게 한 것으로 이해할 수 있다.

제38조 ①법률안의 의결은 3독회를 거쳐야 한다. 단, 국회의 결의로 독회의 절차를
　　　생략할 수 있다.
　　②독회와 독회와의 기간은 적어도 3일을 두어야 한다. 단, 국회의 결의로 그 기간
　　　을 단축 또는 생략할 수 있다(1948년 10월 2일 제정국회법).

　　제39조는 상임위원회 회부와 제1독회에 관한 규정이다. 먼저, 제39조 제
1항은 법률안 제출 또는 발의가 보고된 이후의 절차를 규정하고 있다. 이에
따르면, 법률안은 의장이 적당한 상임위원회에 회부하여 심사 및 보고를 하
도록 한 이후에 제1독회를 개시하도록 하였다. 제출된 법률안의 심사는 우
선적으로 상임위원회를 거치도록 하고 있으며, 그 후 다시 본회의 독회로 넘
길 것을 규정하고 있다. 법률안이 국회를 통과하기 위한 첫 단계 심사 및 결
정 단위가 상임위원회였던 것이다.

　　제39조 제2항에서는 '위원회에서 채택된 법률안'은 제1독회로 넘기도록
규정하고 있다. 제헌국회의 법률안 심사 여부를 결정하는 곳이 현재와 같
이 상임위원회였다는 것이다. 이와 동시에 제1독회는 의안의 낭독과 질의
응답 및 의안의 대체에 관하여 토론하고 제2독회로 넘길지의 여부를 의결한
다. 이 과정에서 제2독회에 부의하지 않을 경우 법률안은 폐기되는 것이다.
실질적으로 법률안의 채택 여부는 상임위원회에서 결정되고 전체 의원들이
참여하는 제1독회에서 다시 의결을 거쳐야 제2독회로 넘어가게 된다.

제39조 ①법률안이 제출 또는 발의되었을 때에는 의장은 이것을 국회에 보고한 후
　　　적당한 위원회에 회부하여 심사보고케 한다.
　　②위원회에서 채택된 법률안은 그 보고에 의하여 제1독회를 개시하고 의안낭독,
　　　질의응답과 그 의안의 대체에 대하여 토론한 후 제2독회에 부의할 여부를 결의
　　　한다.
　　③의장은 필요한 때에는 의안낭독을 생략하며 또는 국회의 결의로 대체토론을

생략할 수 있다.

④제2독회에 부의하지 아니하기로 결의된 때에는 그 법률안은 폐기된다(1948년 10월 2일 제정국회법).

제39조 제3항과 제4항은 독회제 운영에서 발생할 수 있는 의안 낭독이나 법률안 폐기와 관련된 규정이다. 제3항은 의안 낭독과 대체토론 생략이 가능한 조건에 관한 조항이다. 여기에서는 제1독회에서 의장이 의안 낭독을 생략할 수 있으며 의결로 대체토론을 생략할 수 있도록 하고 있다. 제4항을 보면, 제2독회에 부의하지 않기로 결의한 경우에는 법률안을 폐기하도록 하고 있다.

제40조는 제2독회에 관한 규정이다. 먼저, 제40조 제1항은 제2독회로 넘어간 법률안이 우선적으로 축조 낭독되고, 법률안의 세부적 조항을 논의하거나 수정안을 제출하는 절차를 명시하고 있으며 제2독회에서도 의장의 제안에 따라 낭독의 절차는 생략될 수 있음을 말하고 있다. 반면 제2항에서는 의장이 축조심의 순서를 변경하거나 축조심사 과정에서 각 조 혹은 여러 개의 조를 통합하여 축조심의할 수 있도록 규정하고 있다.

제40조  ①제2독회에서는 의안을 축조낭독하며 심의한다. 단 의장은 의안의 낭독을 생략할 수 있다.

②의장은 축조심의의 순서를 변경하거나 수조를 합하거나 혹은 1조를 갈라서 토의에 부할 수 있다.

③의원은 제2독회 개시 전일까지 서면으로 예비수정안을 제출할 수 있다.

④예비수정안은 국회에 특별한 결의가 없는 한 위원회에 회부하여 심사정리한 후 보고케 한다.

⑤제2독회에서는 20인 이상의 연서로 수정동의를 제출할 수 있다(1948년 10월 2일 제정국회법).

제2독회 과정에 관한 규정 중 제40조 제3항, 제4항, 제5항은 법률안의 수정과 관련된 내용이다. 제3항에서는 제1독회와 제2독회 사이에 법률안의 수정안을 제출할 수 있도록 하였다. '예비수정안은 국회에 특별한 결의가 없는 한 위원회에 회부하여 심사정리한 후 보고케 한다.'라는 제4항에 근거하여 예비수정안을 제2독회 전에 제출할 수 있었다. 제4항에 따라 제출된 예비수정안은 국회의 특별한 의결이 없는 한 다시 위원회에 회부, 심의 정리하여 보고하는 절차를 다시 거쳐야 했다. 마지막으로, 제5항은 제2독회에서 20인 이상 연서로 수정 동의가 가능하도록 한 규정이었다.

제41조 ①제3독회는 의안 전체의 가부를 의결한다.
②제3독회에서는 문자를 정정하는 외에는 수정의 동의를 할 수 없다. 단, 의안 중 서로 저촉되거나 또는 다른 법률과 저촉됨이 발견되어 필요한 수정을 할 때에는 예외로 한다.
③제3독회를 마칠 때에 수정결의의 조항과 자구의 정리를 법제사법위원회 또는 의장에게 부탁할 수 있다(1948년 10월 2일 제정국회법).

마지막으로 제41조는 제3독회에 관한 규정이다. 먼저, 제41조 제1항은 의안 전체의 채택 여부를 결정하는 과정으로 제3독회의 의미를 확인할 수 있는 조항이다. 반면 제41조 제2항을 보면, 제3독회에 이르러서는 단어를 일부 수정하는 것을 제외하고는 수정할 수 없도록 하였으며, 다른 법률과 충돌하는 경우에만 예외적으로 법률안 수정을 허용하고 있다. 제41조 제3항에서는 수정 결의 조항과 자구의 정리를 법제사법위원회 또는 의장에게 부탁할 수 있게 규정하고 있다. 상임위 심사가 끝난 후 법제사법위원회를 거치도록 되어 있는 현재 절차와는 달리, 상임위원회 심사와 세 차례 독회를 모두 마친 후 체계·자구 정리를 하는 과정을 거친다는 점에서 차이가 있다.

제정국회법에 의거한 제헌국회 운영의 특징은 제1독회에 들어가기 전에 상임위원회가 법률안을 심사하여 그에 대한 심사보고서를 작성한다는 것이다. 〈그림 1〉에서 보는 것처럼, 먼저 국회의장에게 보고된 법률안은 소관 상임위원회에 회부된다. 소관 상임위원회 심사를 거친 법률안은 본회의로 회부되어, 상임위원회의 심사보고가 진행된다. 법률안은 제1독회의 의결에 따라 제2독회로 넘겨져 본회의 심사를 거친다. 그 사이에 수정안이 제출될 수 있으며 이 과정에서 상임위원회 심사가 다시 진행될 수 있다. 제2독회를 종료한 다음 절차인 제3독회는 의결 단계로만 의미를 갖는다. 다시 말해, 제1독회는 법률안 채택 여부를, 제2독회는 법률안의 축조심사 및 수정안 제출을, 제3독회는 법률안의 최종적 통과 여부를 결정하는 것이다.

각 독회가 진행되는 과정 중에 상임위원회는 예비수정안이 제출되는 제1독회와 제2독회 사이에만 그 역할과 기능을 하도록 되어 있는 것이다. 법률안에 대한 실질적인 논의와 결정은 본회의에서 이루어졌던 것이다. 제38조

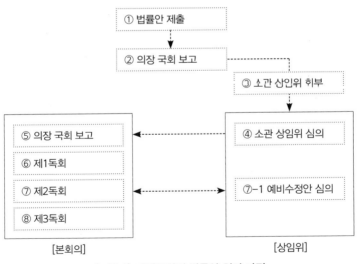

〈그림 1〉 제정국회의 법률안 처리 과정

에는 제3독회를 생략할 수 있는 조항도 포함되어 있는데, 그 주체는 '국회의 결의'로 규정되어 있다. 독회제가 운영되었지만 국회 본회의 의결로 독회 자체도 생략할 수 있었던 것이다.

이와 같은 법률안 처리 과정을 본회의가 법률안을 채택, 결정하는 본회의 중심주의였다고 볼 수는 없다. 그 이유는 제정국회법 제33조에 규정된 상임위원회와 본회의 간에 법률안 채택 단위에 관한 유사한 규정이 공존하고 있기 때문이며, 이는 현재 국회에서도 그대로 유지되고 있다. 제정국회법 제33조 제3항은 '의안이 발의 또는 제출되었을 때에는 의장은 이것을 국회에 보고한 후 적당한 위원회에 부탁하고 그 심사가 끝난 뒤에 본회의에 부의'하며 '국회의 결의에 의하여 위원회의 심사를 생략'할 수 있다고 규정하고 있다. 반면 제4항은 '위원회에서 본회의에 부의할 필요가 없다고 결정된 의안은 본회의에 부의하지' 않는다고 명시하고 있다. 다시 말해, 본회의와 상임위원회가 모두 법률안을 채택하고 폐기할 수 있었으며, 본회의가 상임위원회 심사 여부를 결정하는 본회의중심주의의 특성도 있었지만 상임위원회가 법률안의 채택·폐기를 결정하는 상임위중심주의적 특성도 공존하였던 것이다.

## 2. 제2공화국 국회의 법률안 처리 과정

제2공화국의 제5대 국회는 국회의원 임기 1년도 채우지 못하고 쿠데타로 인해 막을 내렸다. 제1공화국과 달리, 대통령제가 아닌 의원내각제였던 제2공화국의 제5대 국회는 민의원과 참의원으로 구성된 양원제였다. 이러한 정부형태 변화가 국회의 법률안 처리 과정에 영향을 미쳐, 내각제하의 본회의와 상임위원회의 일반적 형태로 달라졌을 가능성이 높았지만 제2공화국 법

대한민국 국회제도의 형성과 변화

률안 처리 과정은 제1공화국과 비슷한 경향을 보였다.

구체적으로 살펴보면, 본회의와 상임위원회 사이의 법률안 처리 과정 관련 규정은 1960년 9월 26일 전문 개정된 국회법 제5절 독회에서 찾을 수 있으며, 독회제에 해당하는 조항은 제103조부터 107조이다. 제103조는 법률안의 의결에 관해 규정하고 있으며, 제104조는 법률안의 체계·자구 심사에 관한 규정을, 제105조, 제106조, 제107조는 각각 제1독회, 제2독회, 제3독회와 관련한 사항을 규정하고 있다. 법률안 처리에 관한 기본적 규정은 제103조로, 법률안 처리 과정의 기본적 절차로서 독회제를 명시하고 있다. 또한 국회는 의결로 독회 절차를 생략할 수 있다는 단서 조항도 유지되어, 제2공화국 국회도 제1공화국과 동일한 방식으로 법률안을 처리하였음을 알 수 있다.

제105조(제1독회)  ①제1독회에서는 위원장의 심사보고, 질의응답과 대체토론을 한 후 제2독회에 부의할 여부를 의결한다.
②제2독회에 부의하기로 의결한 의안은 그 의결이 있은 다음 날 이후에 제2독회에 부의한다.
③제2독회에 부의하지 아니하기로 의결된 때에는 그 의안은 폐기된다(1960년 9월 26일 전문 개정 국회법).

그러나 몇 가지 차이점도 있다. 먼저, 제1공화국에서는 독회를 마치고 다음 독회를 열기까지 최소 기간의 규정을 두었는데 이것이 삭제되어, 제2공화국에서는 각 독회 사이의 간격이 없이 운영될 수 있도록 하였다. 다만, 제105조 제2항은 제1독회에서 제2독회에 부의하기로 결정된 법률안에 대한 처리 과정 최소 기간만을 명시하여, 제1독회가 열린 당일에는 제2독회를 할 수 없도록 하는 대신 그 다음 날 바로 제2독회에 부의할 수 있도록 명시하였

다. 또 다른 차이점은, 제1공화국에서는 예산안과 의원규칙에 관한 의결이
별도의 조항으로 규정되어 있었지만(1948년 10월 2일 제정국회법 제54조-
제57조), 제2공화국의 전문 개정된 국회법에서는 예산안과 의원규칙도 법
률안과 동일한 의결 절차를 따르도록 규정하였다는 것이다. 이는 국회에서
의결되는 모든 의제의 처리가 하나의 절차로 통일된 것으로 볼 수 있다.

제103조(법률안의 의결) ①법률안의 의결은 3독회를 거쳐야 한다. 단, 의원의 의결
로 독회의 절차를 생략할 수 있다.
②예산안과 의원규칙의 의결은 법률안의 의결의 예에 준한다(1960년 9월 26일
전문 개정 국회법).

또한 제104조의 법률안 체계·자구 심사도 제정국회법에서는 규정되어
있지 않았다가 1951년 3월 15일 개정된 국회법에 신설된 조항이다. 1951년
3월 15일 일부 개정된 국회법 제39조 제2항은 '위원회에서 입안 또는 심사
한 법률안은 법제사법위원회의 심사를 경유하여야 한다.'라는 내용을 담고
있다. 그 연장선상에서 제2공화국 국회법 제104조로 유지되어, 소관 상임위
원회의 심사를 마친 법률안은 법사위원회를 거치도록 하는 순서가 명시되
어 있다.

제104조 위원회에서 법률안의 심사를 끝내거나 또는 입안한 때에는 법제사법위원
회에 회부하여 체계와 자구에 대한 심사를 거쳐야 한다(1960년 9월 26일 전문 개
정 국회법).

이러한 기능을 하는 법제사법위원회가 처음 명시된 것은 제1공화국 제정
국회법이지만 당시에는 상임위원회 명칭과 위원 정수만을 명시하였다. 상
임위원회별 소관 업무에 대해서는 규정하지 않았던 것이다. 상임위원회 소

관 업무를 명시하기 시작한 것은 1951년 3월 15일 개정된 국회법이다. 제16조의 2는 국회운영위원회의 소관 업무를 교섭단체와의 연락, 의사 일정의 조정, 국회 재정의 감독, 국회 소속기관의 설치와 통폐합, 국회 직원의 중요 인사 등 다섯 가지로 명시하고 있다. 국회운영위원회 이외의 기타 상임위원회 소관 사안에 대한 내용은 제2공화국에서 새롭게 만들어진 국회법에서 포함되기 시작하였다. 이때, 법제사법위원회의 소관 업무도 명시되었는데, 제35조 제1항에 따르면 법무부 소관 사항, 국무원사무처 소관 사항, 감찰위원회 소관 사항, 법원, 군법회의와 헌법재판소의 사법행정 사항, 의원의 징계 사항, 의원의 자격심사 사항, 법률안의 체계, 형식과 자구의 심사 사항, 타 위원회에 속하지 않는 사항 등이 포함되었다.

이러한 차이점과 공통점을 고려하였을 때, 제2공화국에 제출된 법률안은 〈그림 2〉와 같은 과정을 거쳤던 것으로 볼 수 있다. 우선, 제출된 법률안은 의장의 국회 보고 후, 관련 상임위원회에 회부하여 위원회 심사를 거쳤으며, 위원회 심사를 마친 법률안은 제104조에 의거해 법사위원회의 체계 및 자구 심사를 받았다. 그 이후 제105조에 의거하여 제1독회를 시작하였다. 제105조 제1항은 법사위원회를 거친 법률안에 대한 상임위원회 심사 보고, 질의 응답과 내제도론을 한 후 제2독회에 부의할지에 대한 의결을 하도록 규정하였다. 이때 부의하지 않기로 한 법률안은 제3항에 의해 폐기되며, 제2항에 따라 제2독회에 부의하기로 결정된 법률안은 제1독회 다음 날 이후에 제2독회에 부의되었다.

제2독회에 부의된 법률안 처리는 제106조에 따랐다. 제106조 제1항은 제2독회에서 의안 축조낭독 및 심의가 이루어지는데, 의장의 결정에 따라 의안의 낭독을 생략할 수 있도록 하였다. 제2항은 제2독회 심의방식을 명시하고 있는데, 이에 따르면 의장은 축조심의 순서를 변경할 수 있으며, 여러 개

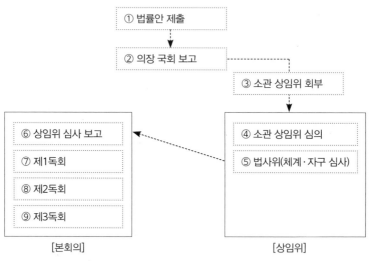

<그림 2> 제2공화국의 국회 법률안 처리 과정

의 조를 합치거나 혹은 각 조를 나누어 심의하도록 결정할 수 있는 권한을 가졌다. 제1공화국 국회법에 명시되어 있던 예비수정안 제출에 관한 규정도 유지되었지만 이에 대한 제2독회에서 상임위원회 심의과정에 관한 조항은 사라졌다.

제106조(제2독회) ①제2독회에서는 의안을 축조낭독하여 심의한다. 단, 의장은 의안의 낭독을 생략할 수 있다.
②의장은 축조심의의 순서를 변경하거나 수조를 합하거나 혹은 1조를 갈라서 심의에 부할 수 있다(1960년 9월 26일 전문 개정 국회법).

이처럼 제2독회 심의를 마친 법률안은 의안 전체에 대한 가부를 의결하는 제3독회로 넘겨지게 된다. 제107조 제1항은 제3독회를 의안 전체의 가부를 의결하는 과정으로 규정하고, 제2항에서는 문자를 정정하는 것 이외에 수정의 동의를 할 수 없음을 명시하였다. 의안 중 다른 법률과 저촉되는 문제가

대한민국 국회제도의 형성과 변화

발견되면 이를 수정할 수 있지만 그 이외에는 제3독회 과정에서 수정할 수 있는 여지는 없었다. 제3항은 제3독회 종료 이후의 과정에 대한 규정으로, 의결된 의안이 저촉되는 조항, 자구 등 정리가 필요할 경우에 의장이나 위원회에 위임할 수 있도록 규정하고 있다.

제107조(제3독회) ①제3독회는 의안 전체의 가부를 의결한다.

②제3독회에서는 문자를 정정하는 외에는 수정의 동의를 할 수 없다. 단, 의안 중 서로 저촉되거나 또는 다른 법률과 저촉됨이 발견되어 필요한 수정을 할 때에는 예외로 한다.

③제3독회를 마칠 때에는 의결의 결과 의안 중 서로 저촉되는 조항, 자구, 수자 기타의 정리를 필요로 할 때에는 그것을 의장 또는 위원회에 위임할 수 있다 (1960년 9월 26일 전문 개정 국회법).

이와 같이 제2공화국 법률안 처리 과정은 전체적으로 제1공화국과 유사한 순서와 절차를 따르는 것이었다고 할 수 있다. 또 다른 공통적 특징 중 하나는 위원회 심사기간을 정할 수 있다는 것이다. 즉, 제79조는 '의원은 기한을 정하여 위원회에 부탁'할 수 있으며, 위원회가 이유 없이 심사를 지체할 경우에는 중간보고를 들은 후 다른 위원회에 부탁하거나 또는 심사를 생략할 수 있다고 규정하고 있다. 제헌국회에서는 제정국회법 제27조 제1항에 의거해 국회 의결에 따라 심사기간을 지정할 수 있었다.

## 3. 독회제 운영에 대한 국회의원들의 인식과 법률안 처리 사례

제정국회법에 왜 독회제를 규정하게 되었는지, 법률안 채택의 단위로서 본회의와 상임위원회 간 관계를 어떻게 이해하고 운영하였는지에 대한 논의에는 한계가 있다. 이에 대한 구체적인 근거를 제시하기 위해서는 1948년 6

월 1일 선출된 국회법기초위원회 내 논의를 살펴보아야 하지만 이에 대한 자료를 확인하기 어렵기 때문이다. 그러나 안건 채택의 단위로서 본회의가 어떤 역할을 하였는지는 독회제를 거쳐 처리된 법률안 논의 사례를 통해 간접적으로나마 확인할 수 있으며, 독회제에 대한 의원들의 인식도 확인할 수 있다.

우선, 제헌국회의 첫 국회 본회의 회의록에서 본회의 중심의 안건 처리 과정에 관한 첫 기록을 볼 수 있다(국회 본회의 회의록, 1948년 5월 31일). 1948년 5월 31일은 국회의 개원 시기, 당선증서 접수 및 의장단 선출 등에 관한 국회임시준칙결의안에 대해 논의하는 시점이었다. 기록을 보면, 본회의에서 축조심사[1]가 진행되었다는 사실을 알 수 있다. 이승만 임시의장이 국회임시준칙결의안을 한 조문씩 축조심사할 것을 제안하자, 윤석구 의원이 동의하고 윤재욱 의원과 노일환 의원이 재청함으로써 축조심사가 진행되었다. 이 과정에서 논의의 쟁점은 축조토론을 먼저하고 의결할 것인가, 아니면 먼저 의결을 하고 축조토론을 할 것인가를 중심으로 한 안건의 처리 절차에 관한 것이었다.

구체적으로 그 논의 과정을 살펴보면, 제2독회 진행은 이승만 임시의장의 '지금은 이 조문을 축조해서 한 조문식 한 조문식…누구든지 이러나서 말하기 전에 어느 구역 대표 누구라는 것을 말해서 여기 기록을 하게 해 달라는 통고를 합니다.'라는 말로부터 시작되었다. 의원들의 발언을 속기록에 남기

---

1) 제헌국회 속기록에 보이고 있는 '축조토론'과 '축조심의'는 현재 다른 용어로 쓰이고 있다. 축조토론은 '대체토론'으로, 축조심의는 '축조심사'로 쓰이고 있다. 대체토론은 법률안을 의결하는 과정에서 조문을 확정하기 전에 자유롭게 의사를 밝히는 절차를, 축조심사는 조문별로 하나씩 낭독하면서 의결하는 절차를 말한다. 이 글은 제헌국회 제정국회법과 속기록의 맥락을 그대로 전달하기 위해서 축조심의와 축조토론은 원문 그대로 인용하여 쓰고, 다른 부분에서는 축조심사와 대체토론으로 쓴다.

겠다는 취지의 발언이다. 뒤이어 의원들의 동의 발언이 있었다. 윤석구 의원은 '결국에 있어서 준칙에 대해서 한 번 지금 낭독하였으니까 앞으로 축조해서 통과하기를 동의합니다.'라며 제2독회에 대한 동의 의사를 밝혔다. 윤석구 의원의 동의 발언에 대해 윤재욱 의원은 '이 결의안은 준비위원회에서 우리 회의에다가 이 안을 상정한 것뿐이라고 봅니다. 그러므로 이것은 여기에 대해서 축조토의를 하느냐 안 하느냐를 의결하고 진행해 나가지 않으면 안 되리라고 믿습니다.'라며 제3독회 진행 여부에 대해 표결을 하자는 반론을 제기하였다.

축조토론과 축조심사의 순서를 두고 논란이 일자 이승만 임시의장은 '지금 동의되기를 이것을 한 번으로 다 투표하지 말고 조건조건 읽어 가면서 가부를 결정해서 작정하자고 하는 동의 제청했으니까 의견 있어요.'라고 답함으로써 다시 의원들의 의견을 물었다. 이에 대해서 윤재욱 의원은 국회임시준칙결의안에 대해 '가결하기 전에 먼저 이것을 우리 회의에서 의결하는 것을 가결하고서 축조토의하기를 정식으로 동의합니다.'라며 축조토론을 먼저 할 것을 제안하였고, 뒤이어 노일환 의원의 재청이 있었다.

그 의견을 받아 이승만 임시의장은 '이 조문을 채용하자는 것을 가부 결정해서 쓰든지 안 쓰든지 작정하자는 동의 재청되었으니 먼저 주리에 따라서 해 가니까 이것을 먼저 묻습니다.'라고 말하였다. 이러한 의결 절차에 대해서 윤석구 의원은 절차상 문제가 있는 것인지를 확인하면서 '축조 통과하자고 동의하였습니다. 그래서 재청도 있었습니다. 그 재청이 있은 연후에 또 동의가 나와 가지고 곧 다른 일을 한다는 것은 회의규칙으로 순서가 바뀔 줄 생각합니다.'라고 말하였다. 이에 대해서 이승만 임시의장은 '그런데 이런 관계가 있어요. 처음에 동의가 들어온 이후에 이것을 접수하여 축조 통과하자는 동의가 들어왔으니까 이 조건을 작정한 뒤에 그 다음으로 동의를 물을 것이니까 이제 선후 관계로 중대한 문제가 없으니까 먼저 이에 동의를 묻는 데 동의 재청은 무엇인고 하니 준비위원회에서 정해 드려 논 것을 채용하기 위해서 이것을 접수하여 축조토의하자는 동의 재청입니다.'라고 정리하였다. 발언 직후 임시의장의 진행으로 표결 절차를 진행하여 거수 표결이 이루어졌다.

거수 표결 결과, 각 조문을 읽고 표결하는 축조심사하는 것으로 결정되었다. 이승만 임시의장은 '거부는 한 분도 없으니까 정식으로 이 조문은 작정이 되어서 이것을 접수 채용합니다.'라며 논의를 다시 진행하였다. 이어서 '아까 둘째 번, 이 조문을 축조해서 가부를 묻기를 작정되었으니까 한 조문을 읽은 뒤에 듣고서 여기에 대해서 이의를 제출할 것이 있거든 간단히 말씀하고 그렇지 않으면 그냥 넘길 것입니다. 투표 가결하는 것보다도 의안을 읽어서 아모 의논이 없으면 그것은 접수된 것으로 진행해 나갈 것이니까 제1조에 대해서 한번 읽어 주시오.'라고 말하였다. 제2독회에서 국회임시준칙 결의안을 조문별로 읽고 표결하는 축조심사가 본회의 독회제 과정에서 진행되었다.

독회제 운영에 대한 첫 언급은 제1회 제6차 국회 본회의에서 볼 수 있다(국회 본회의 회의록, 1948년 6월 9일). 제5차 국회 본회의까지는 국회의장 및 부의장을 비롯한 각종 위원회 위원을 선임하는 과정이었기 때문에, 안건 처리를 위한 축조심사와 표결 절차는 진행되지 않았다. 그 이후 국회 본회의 회의록에서 나타난 실질적인 첫 독회제는 1948년 6월 10일 제1회 제6차 국회 본회의가 법률안을 처리하는 과정에서 시행되었다. 당시 국회 본회의 회의록을 통해서 독회제가 어떻게 운영되었는지 확인할 수 있다. 서성달 의원은 '국회법을 만일 꼭 토의심사한다면 오늘 대체로 질의응답이 있고, 질의응답이 있는 후에는 심사위원회를 조직해서 심사위원회로 하여금 심사의 결

대한민국 국회제도의 형성과 변화

과를 보고하겠고, 그 보고에 의지해서 질의응답이 있는 후에 제2독회에 넘겨 축조토론해서 축조심의한 다음에는 또 제3독회를 해서 이것을 통과하지 않으면 안 될 순서'라고 말하였다. 국회법 처리 절차에서 의견을 내었던 서우석 의원과 마찬가지의 발언이었다. 이처럼 제헌국회의 법률안 처리 절차는 법률안이 위원회에 회부되어 심사를 하고 위원회의 보고에 따라 본회의 제1독회에 이어 제2독회에서 대체토론과 축조심사를 진행하고, 제3독회에서 안건에 대한 의결이 이루어졌음을 확인할 수 있다.

독회제는 의원들의 의결에 따라 생략될 수 있었다. 6월 3일부터 활동에 들어간 국회법기초위원회가 업무에 착수한 지 4일 만에 국회법 초안을 본회의에서 처리하는 과정을 통해 확인할 수 있다. 6월 9일 제6차 본회의에서 원안대로 가결된 국회법 초안 논의에서 '국회법심의독회생략에 관한 동의'를 제안한 서우석 의원의 발언이 이를 말해 준다(국회 본회의 회의록, 1948년 6월 9일). 서우석 의원의 발언을 통해 법률안 처리에 관한 구체적인 과정도 확인할 수 있는데, 그는 '심사위원회로 하여금 심사의 결과를 보고하겠고, 그 보고에 의지해서 질의응답이 있는 후에 제2독회에 넘겨 축조토론해서 축조심의한 다음에는 또 제3독회를 해서 이것을 통과하지 않으면 안 될 순서에 있는 것을 저나 여러분이나 다 독같이 알고 있는 사실'이라 말하고 있다. 1948년 10월 2일 제정국회법이 의결되었고 서우석 의원이 발언한 시점은 이보다 앞선 6월 9일이라는 사실을 고려하였을 때, 이미 법률안 처리 과정, 특히 독회제 운영에 관해 의원들 간에 암묵적 혹은 경험적 인식과 인지가 있었던 것으로 추측할 수 있다.

이에 이어 서우석 의원은 국회법 조건부 통과에 반대 의견을 제시하면서 국회법 개정안을 다시 만들 것을 제안하였다. 그 구체적인 발언 내용을 살펴보면, '법안을 이렇게 장구한 시일을 거쳐서 심의하고 또 결정한 뒤에 심의할 필요가 어데 있느냐 그 말씀이에요. 그런 까닭으로 이런 모순을 극복하기 위해서는 오늘 이것을 통과하는 데에 조건을 붙인다고 하는 것은 법리상으로 대단히 우습습니다. 법률 통과하는 데 조건을 붙여서 통과하는 것은 우습지만 조건이라는 문자를 떼고 아까 동의안에 쓴 것과 같이 헌법을 발표한 뒤에 지체없이 법제사법위원회로 하여금 국회법의 개정안을 제출하기로 하고, 이것을 토의라든지 모든 각 독회를 생략하고 곧 오늘 가결하고, 일단 우리가 이 회의를 진행하는데 그 표준으로 만들어 놓고 그 후에 헌법이 발표되거든 다시 이것을 상당한 시일을 걸쳐서 완전한 국회법을 만드는 것이 우리가 가장 취하는데 현명한 태도가 아닐까 그렇게 생각한 것이올시다.'라고 말하였다. 의원들의 의결을 통해 독회를 생략하고, 국회법을 일단 통과시키고 차후에 다시 국회법을 만들자는 의견이었다. 그에 따라 1948년 7월 17일 헌법이 먼저 제정되고, 약 석 달이 지난 10월 2일 국회법이 제정되었으며, 첫 번째 개정은 1949년 7월 29일에 이루어졌다.

국회법 제정 이후 독회제를 중심으로 한 제헌국회의 법률안 처리 사례로 1948년 9월 14일 정부가 제출한 '지방행정조직법안'을 들 수 있다. 지방행정조직법안에 대한 제1독회는 국회법이 제정된 10월 2일에 시작되었다. 먼저 윤치영 내무부장관의 법안 취지 설명 후, 이 법안의 취지에 대해 질문이 있었다(국회 본회의 회의록, 1948년 10월 2일). 정광호 의원은 '지금 정부에서 지방행정조직법이라고 해 가지고 과도적 성격을 가진 법인지 혹은 헌법에 의지해서 이대로 지방행정조직법은 아직 상당한 기간을 두고 생각하고 지방행정조직법을 가지고 그대로 지방행정을 해 갈려고 그런 의도에서 나온 법안인지' 의문을 제기하였다. 이에 윤치영 내무부장관은 지방자치법 시행을 고려하여 '임시 편법으로 나온 것이고 그 사이에 경제적 물자적 방해가 많다고 하는 깃은 나도 동감입니다…(중략) 이것을 간단하게 만들기 위해서… 시일이 가면 손해가 미치는 것으로 국가와 백성에게 미치는 것이기 때문에 이것을 임시로 통과해 가지고 그 후에 서서히 좋은 법을 만들어 주시면 그대로 시행할려고 하는 것입니다.'라고 답변하였다. 헌법에 명시된 지방자치와 관련된 지방행정조직법안에 대한 제1독회는 10월 2일에 시작하여 4일과 7일, 총 3일에 걸쳐 진행되었다.

제1독회를 마친 지방행정조직법안은 소관 상임위원회인 내무치안위원회에 회부되었다. 내무치안위원회에서는 지방행정조직법안의 명칭을 '임시지방행정조직법'으로 고치자는 의견을 제출하였다. 그리고 10월 12일 제2독회에서 내부치안위원회가 수정의견을 내게 된 취지를 김준연 의원으로부터 들은 이후 거수 표결을 진행하였다. 표결 결과, 참석의원 123인 중에서 69인 찬성, 반대 56인으로 내무치안위원회의 수정의견이 가결되었다. 그 이후 축조심의가 진행되었는데, 이 과정에서 김준연 의원 외 20인이 제안한 수정안 중 '지방행정조직에 관하여는 헌법 정부조직법 기타의 법률에 특별한 규정이 있는 것을 제외하고는 본법의 정하는 바에 의한다.'라는 제1조에 대하여 130인 의원 중 74인 찬성, 5인 반대로 가결되었다. 그 다음, 조항별로 축조심의가 진행되었다. '지방행정기관의 종류와 명칭을 시, 도, 청, 부, 서, 면으로 하되 그 소관 사무를 분장하기 위하여 필요할 때에는 대통령령으로 정하는 바에 의하여 원격지에 출장소 또는 지서를 둘 수 있다.'라는 수정안 제2조는 찬반 어느 쪽도 과반수가 되지 않아 통과되지 않았고, '지방행정기관에는 소관 사무를 분장하게 하기 위하여 필요한 때에는 대통령령에 정하는 바에 의하여 원격지에 출장소 또는 지서를 둘 수 있다.'라는 원안이 180인 의원 중 81인 찬성, 반대 2인으로 가결되었다. 이러한 순차적인 축조심의 과정을 거쳐 임시지방행정조직법 중 제1장은 10월 12일 모두 의결되었다(국회 본회의 회의록, 1948년 10월 12일). 13일과 14일에도 동일한 방식으로 조문별 축조심사가 진행되었다.

한편, 제3독회는 제2독회 의결에 따라 생략되었다. 제2독회 마지막 날인 10월 14일 김약수 부의장은 '이 다음은 제3독회올시다. 우리 국회법에는 적어도 독회와 독회의 기간은 3일을 여기서 둔다고 했습니다. 그러나 국회의 결의에 의지해서 독회를 생략도 하기로 되어 있는 것이올시다. 거기에 대해서 혹 의견이 계시면 간단하게 말씀해 주십시요.'라고 하였다. 이에 최운교 의원은 '본 지방행정조직법은 금시에 제2독회가 완료되어서 법으로 완성되었습니다마는 제3독회는 본회의에서 생략하고 법제사법위원회에 회부 결정하기를 동의합니다.'라고 답변하였고, 김종석 의원 등의 재청에 따라 제3독회가 생략되었다(국회 본회의 회의록, 1948년 10월 14일).

이처럼 제헌국회를 비롯하여 제1공화국 국회는 독회제를 중심으로 하여 법률안을 처리하는 절차로 운영되었고 짧은 기간 동안 개원한 제2공화국 국회 역시 독회제를 중심으로 운영되었다. 이 시기에 국회가 본회의중심주의와 상임위중심주의 가운데 어떤 방식으로 운영되었는가에 대한 논란에도 불구하고 제1공화국과 제2공화국 국회의 법률안 논의는 본회의를 중심으로 이루어졌다. 그러나 법안을 다룰 것인지의 여부를 결정하기 전에 상임위원회에서 먼저 심사를 하였다는 점에서 본회의중심주의로 보기는 어렵다. 그렇다고 상임위중심주의라고 판단할 근거도 취약하다. 법률안 심사 여부의 결정권한이 전적으로 상임위원회에 있었다고 보기 어렵기 때문이다. 오히려 본회의중심주의와 상임위중심주의의 절충이라고 보는 것이 적절해 보인다. 제헌국회에서 이러한 방식을 취했던 이유는 제1공화국이 정부의 근간을 이루는 다수의 법률안을 제정하는 역할과 기능을 하였고, 그에 따라 모든 의원이 참여하여 의견을 모아야 하는 정치적 필요성에 있었던 것으로 보인다. 요컨대 제1공화국과 제2공화국 국회의 법률안 처리 과정은 독회제 운영을

대한민국 국회제도의 형성과 변화

통한 본회의 운용과 법률안 심의 여부를 결정하는 상임위중심주의가 결합된 절충주의적 절차였다고 보는 것이 적절하다.

# IV. 상임위원회를 중심으로 한 국회의 법률안 처리 과정: 제3공화국 이후

## 1. 제3공화국 국회의 법률안 처리 과정

1961년 군사혁명위원회는 비상계엄을 선포함으로써 국회를 해산하고 정치 활동을 금지시켰다. 곧 이어 군 출신으로 구성된 군사혁명위원회는 그 이름을 국가재건최고회의로 바꾸었다. 1961년 5월 20일부터 1963년 12월 16일까지 존속한 국가재건최고회의는 입법부, 행정부, 사법부에 대한 권한을 대행함으로써 이들에 대한 통제력을 행사하였다. 2년 7개월간 국가재건최고회의는 헌법의 전문 개정과 더불어 제반 법제도를 개정하였으며, 헌법 개정 다음 해인 1963년 11월 26일 국회법을 전면 개정하였다(국회 2008, 223).

국가재건최고회의가 새로이 제정한 국회법에서는 제1공화국과 제2공화국 국회에서 운용되었던 독회제가 사라지고 상임위중심주의가 채택되었다. 여기에서 주목하여야 할 부분은 국회법이 새로 제정된 1963년 11월 26일이 제6대 국회의원선거가 치러진 날이며, 그보다 20일 가량 뒤인 12월 17일에 제6대 국회가 개원하였다는 점이다. 이는 국회법을 새롭게 제정한 주체가 입법부인 국회가 아닌 국가재건최고회의라는 것이다. 1961년 5월부터 12월까지 운영된 국가재건최고회의가 국회법을 폐지·제정하였는데, 그 구체적인 논의 내용에 관한 기록은 찾기 어려웠다. 왜 독회제를 폐지하고 상임위중심주의를 채택하게 되었는지 그 개정의 동기를 구체적으로 확인할 수 없어, 국회법 조항들을 살펴보면서 달라진 점을 확인하였다.

당시 국회법 규정에 따르면, 국회의장이 법률안을 관련 상임위원회에 회부하는 것을 시작으로 하여 상임위원회 심사 및 본회의에 이르는 법률안 처리 과정을 명시하고 있다. 그 기본 과정은 제74조에 명시되어 있으며, 그 처리 절차는 〈그림 3〉과 같다. 제74조는 '의장은 의안이 발의 또는 제출된 때에는 이를 인쇄하여 의원에게 배부하고 국회에 보고하며 소관 상임위원회에 회부하여, 그 심사가 끝난 후 본회의에 부한다.'라고 규정하고 있다. 발의 또는 제출된 의안은 의원에게 배부하도록 하고 소관 상임위원회에 회부하며, 상임위원회 심사 이후 본회의에 회부하는 과정은 이전과 동일하지만 이 과정에서 독회제는 삭제되었다. 별도의 논의가 필요하다고 판단되는 법률안에 관한 규정은 당시 국회법 제75조에 명시되어 있다. 이에 따르면 '의장

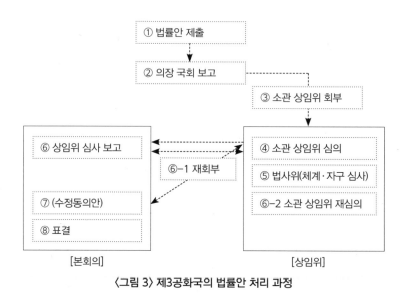

〈그림 3〉 제3공화국의 법률안 처리 과정

대한민국 국회제도의 형성과 변화

은 특히 필요하다고 인정하는 안건을 본회의의 의결을 얻어 특별위원회에 회부'하는 과정을 거치도록 하여, 본회의 의결로 특별위원회에서 다루도록 하였다.

제85조에 의거해 소관 상임위원회의 심의가 끝난 후, 본회의에서 상임위원회의 심사 보고가 진행되며 제86조 제1항에 따라 질의, 토론, 표결의 순으로 법률안이 처리되었다. 이때 축조낭독 및 심의가 이루어지는데, 이를 생략하거나 축조심의 순서의 변경 또는 여러 조항을 합치거나 나누어 심의할 수 있도록 제2항에서 규정하고 있다.

제85조(심사보고서와 취지설명) ①안건이 의제가 된 때에는 그 안건을 심사한 위원장이 심사보고하며, 제안자가 그 취지를 설명한다.
②위원장이 전항의 보고를 할 때에는 자기의 의견을 가할 수 없다(1963년 11월 26일 폐지제정국회법).

본회의 법률안 처리 과정에서 신설된 조항은 '재회부 조항'이다. 제87조 재회부 조항은 '본회의는 위원장의 보고를 받은 후 다시 그 안건을 같은 위원회 또는 다른 위원회에 회부할 수 있다.'라고 규정하고 있다. 위원회에서 의결된 것을 본회의에서 의결로 다시 같은 위원회 혹은 다른 위원회에 회부할 수 있도록 한 제87조는 위원회 권한을 약화시키는 한편 국회의장의 권한을 강화시키는 것으로 이해할 수 있다. 국회의장은 투표로 선출되지만 당시 국회의장이 군사정부의 영향을 받는 지위였다는 사실은 정부가 위원회와 본회의 의결에 영향을 미쳤다는 것을 말해 준다.

제87조(재회부) 본회의는 위원장의 보고를 받은 후 다시 그 안건을 같은 위원회 또는 다른 위원회에 회부할 수 있다(1963년 11월 26일 폐지제정국회법).

제6대 국회 이전에는 상임위원회를 통과한 안건은 본회의에서 제3독회를 거쳐 표결에 부쳐졌고 제57조에 의거하여 예산회의에서 심리를 필요로 하는 사안에 대해서만 재회부할 수 있었다. 그런데 제87조 신설로 제3공화국부터는 동일 안건을 이미 심사를 마친 상임위원회나 다른 위원회에 회부할 수 있게 되었다. 이러한 재회부는 본회의 의결을 통해서 이루어지는 것이었다.

재회부는 현재까지 논쟁의 대상이 되고 있다. 재회부에 관한 논쟁은 우선 제16대 국회(2000-2004년)에서 있었다. 4개 부처 복수차관제와 방위산업청 신설에 관한 정부법률안이 그 대상이었다. 당시 상임위원회는 복수차관제만 의결하고 방위산업청 신설 문제는 추후 논의하기로 의결하였으나, 국회의장과 열린우리당이 방위산업청 신설 문제를 포함하여 의결하였다. 이러한 절차를 둘러싼 갈등이 빚어지면서 헌법재판소에 쟁의심판 청구가 이루어졌다. 2006년 2월 23일 헌법재판소는 '국회의원과 국회의장 간의 권한쟁의'에 대하여 위원회의 취지를 벗어난 수정 의결은 위원회 원안 의결로 볼 수 없다고 판결하였다(헌재 2003. 10. 30. 2002헌라1).

이러한 법률안 처리 과정에서 제2공화국과의 연속성에 대해 살펴볼 필요가 있다. 〈표 2〉와 같이 국회법에는 명시되지 않았지만 제2공화국 국회법

〈표 2〉 제2공화국과 제3공화국의 유사 조항

|  | 제2공화국 | 제3공화국 | 내용의 차이 |
|---|---|---|---|
| 법사위원회의 체계·자구 심사 | 제104조 | 제78조 | 동일 |
| 심사기간 지정 | 제79조 | 제77조 | 3공화국은 위원회 심사 생략 조항 없음. 기타 내용 유사 |
| 폐기 법률안 본회의 회부 요건 | 제80조 | 제79조 | 2공화국: 민의원 30인, 참의원 10인 3공하국: 의원 30인 |

대한민국 국회제도의 형성과 변화

과 동일하거나 유사한 부분이 제3공화국의 국회법 조항에 있기 때문이다. 그 내용은 다음과 같다. 첫째, 법사위원회를 거치도록 한 규정이다. 제78조는 '위원회에서 법률안의 심사를 끝내거나 또는 입안한 때에는 법제사법위원회에 회부하여 체계와 자구에 대한 심사를 거쳐야 한다.'라고 규정하였다. 이 조항은 제2공화국의 국회법 제104조와 동일하다. 이것은 법사위원회가 법률안 처리 과정에서 차지하는 중요성이 유지되었음을 의미한다.

> 제104조(체계, 자구의 심사) 위원회에서 법률안의 심사를 끝내거나 또는 입안한 때에는 법제사법위원회에 회부하여 체계와 자구에 대한 심사를 거쳐야 한다(1960년 9월 26일 전부 개정 국회법).

둘째, 심사기간의 지정 조항으로, 제2공화국 국회법 제79조는 '의원은 기한을 정하여 위원회에 부탁할 수 있으며 위원회가 이유없이 그 심사를 지체할 때에는 중간보고를 들은 후 다른 위원회에 부탁하거나 또는 그 심사를 생략할 수 있다.'라고 규정하고 있다. 반면 제3공화국 전문 개정 국회법은 제77조 제1항과 제2항으로 나누어 심사기간을 명시하고 있다. 즉 제1항은 '국회는 심사기간을 정하여 안건을 위원회에 회부할 수 있다.'라고 규정하고 있으며, 제2항은 '전항의 경우에 위원회가 이유없이 그 기간 내에 심사를 마치지 아니한 때에는 중간보고를 들은 후 다른 위원회에 회부할 수 있다.'라고 하였다. 내용은 동일하지만 근본적 차이는 위원회 심사를 생략할 수 있다는 조항이 제3공화국 국회법에는 없다는 것이다. 그리고 제77조와 같이 심사기간 지정의 주체는 국회로 되어 있었다. 제4공화국 이후의 국회법에서는 심사기간 지정의 주체가 의장인 것과는 차이가 있다.

> 제77조(심사기간) ①국회는 심사기간을 정하여 안건을 위원회에 회부할 수 있다.

②전항의 경우에 위원회가 이유없이 그 기간 내에 심사를 마치지 아니한 때에는 중간보고를 들은 후 다른 위원회에 회부할 수 있다(1963년 11월 26일 폐지 제정 국회법).

셋째, 폐기 안건의 본회의 회부 요건이다. 제79조 제1항에 따르면, 폐기 법률안은 의원의 요구에 의해서 본회의에 부의될 수 있는데, 제2공화국 국회법 제80조는 민의원 30인, 참의원 10인을 요건으로 하였으며, 제3공화국 제79조는 의원 30인을 그 요건으로 명시하고 있다. 이와 같은 요건을 갖춘 요구가 없을 때에는 제79조 제2항에 의거하여 법률안은 폐기된다. 각각 양원제와 단원제였다는 차이를 배제하면 제2공화국과 제3공화국 국회법에서 폐기 법률안의 본회의 회부 요건은 30인 이상의 의원 요구로 동일하게 규정되어 운용되었다. 이와 같은 요건은 제2공화국 국회운영의 연장선상에서 제3공화국도 이해할 수 있다는 의미이다.

제79조(위원회에서 폐기된 의안) ①위원회에서 본회의에 부할 필요가 없다고 결정된 의안은 본회의에 부하지 아니한다. 그러나, 위원회의 결정이 본회의에 보고된 날로부터 휴회 중의 기간을 제한 7일 이내에 의원 30인 이상의 요구가 있을 때에는 그 의안을 본회의에 부하여야 한다.
②전항단서의 요구가 없을 때에는 그 의안은 폐기된다(1963년 11월 26일 폐지제정 국회법).

이와 같이 제3공화국 국회에서부터 독회제가 폐지되고 상임위중심주의로 전환되었다. 국회법은 군사정부에 의해 새롭게 제정되었으며 법률안 처리 과정에 일부 변화가 있었다. 위원회 의결을 거친 법률안을 다시 위원회로 회부할 수 있도록 한 재회부제의 도입은 의장의 권한 강화 속에서 위원회의 권한이 약화되었다는 것을 의미하였다. 1951년 국회법부터 법사위원회의

체계·자구 심사를 거쳐야 하는 조항도 유지되면서 본회의에 이르는 법률안은 의장의 권한 행사를 통한 정부의 영향력이 국회 법률안 처리 과정까지 지배하려고 했던 제도적 절차였던 것으로 해석할 수 있다.

## 2. 제4공화국과 제5공화국 국회의 법률안 처리 과정

제4공화국과 제5공화국의 국회는 국회가 만든 국회법이 아니라 각각 비상국무회의와 국가보위비상대책위원회와 같이 국회 밖의 기구가 제정한 국회법에 근거하여 운영되었다는 공통점이 있다. 1972년 10월 17일 선포된 비상계엄령으로 5월에 개원한 제8대 국회(1971-1972년)가 약 5개월 만에 해산되었고 140일간의 비상국무회의가 그 기능을 대신하게 되었다. 이것은 헌법상 행정권의 주체인 국무회의가 입법권을 대행한 경우로, 그 예를 찾아보기 어려운 과도입법기구의 입법 작용은 국민주권 원리와 의회입법의 원칙을 무시하는 것이었다(국회 2003, 387). 총 313건의 안건을 처리한 비상국무회의는 1973년 2월 2일 국회법을 개정하였고 헌법 개정을 통해 제4공화국이 시작되었다(국회 2003, 390). 제4공화국의 입법부는 1973년 2월 2일 제9대 국회(1973-1979년) 개원으로 약 6년간 작동하기 시작하였지만 1980년 5월 31일 최규하 대통령을 의장으로 한 국가보위비상대책위원회가 입법회의를 구성하면서 제4공화국이 종료되고, 1981년 3월 5일 제5공화국 제11대 국회(1981-1985년) 개원으로 국회 활동이 다시 시작되었다. 이러한 공통점을 갖는 두 공화국 국회의 법률안 처리 과정의 공통점과 차이점을 살펴보면 다음과 같다.

먼저, 제4공화국의 입법 과정은 〈그림 4〉와 같다. 제74조는 상임위원회 회부에 관한 조항으로, 국회에 제출된 법률안 처리 과정의 기본 골격을 규

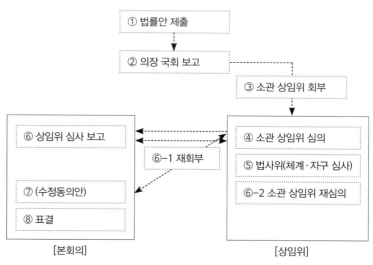

〈그림 4〉 제4공화국 국회의 법률안 처리 과정

정하고 있다. 제74조 제1항을 보면, '의장은 의안이 발의 또는 제출된 때에는 이를 인쇄하여 의원에게 배부하고 본회의에 보고하며 소관 상임위원회에 회부하여 그 심사가 끝난 후 본회의에 부한다.'라고 규정하고 있다. 법률안 처리 과정은 제3공화국과 마찬가지로 상임위원회중심주의로 운영되었던 것이다.

제3공화국과 비교하였을 때, 제4공화국 국회법에 나타나는 차이는 법사위원회 심사기간을 의장이 정할 수 있도록 한 것이다. 〈표 3〉에서 보는 것처럼, 제4공화국 이전에는 법사위원회 심사기간 지정에 관한 조항이 없었다. 제1공화국에서는 상임위원회 심사기간 지정에 관한 조항은 있었지만 법사위원회 심사기간에 관한 조항이 없었고, 그 주체도 제3공화국까지는 국회였다. 그러나 제4공화국 국회법부터는 상임위원회 심사기간의 조항에 법사위원회 심사기간에 관한 별도 조항을 덧붙였다.

**〈표 3〉 법률안 심사기간 관련 조항 및 주체**

| | 상임위<br>심사기간 조항 | 상임위 심사기간<br>지정 주체 | 법사위원회<br>심사기간 조항 | 법사위원회 심사<br>기간 지정 주체 |
|---|---|---|---|---|
| 제1공화국 | 제27조 ① | 국회 | – | – |
| 제2공화국 | 제79조 | 의원 | – | – |
| 제3공화국 | 제77조 | 국회 | – | – |
| 제4공화국 | 제77조 | 국회의장 | 제78조 | 국회의장 |
| 제5공화국 | 제78조 ① | 국회의장 | 제79조 ② | 국회의장 |
| 제6공<br>화국 1988년<br>국회법 | 제78조 ① | 국회의장<br>(교섭단체 협의) | 제79조 ② | 국회의장<br>(교섭단체 협의) |
| 제6공<br>화국 2014년<br>국회법 | 제85조 ① | 국회의장<br>(교섭단체 협의<br>및 지정 요건) | 제86조 ② | 국회의장<br>(교섭단체 협의<br>및 지정 요건 ) |

제77조(심사기간) ①의장은 심사기간을 정하여 안건을 위원회에 회부할 수 있다. ②제1항의 경우에 위원회가 이유없이 그 기간 내에 심사를 마치지 아니한 때에는 의장은 중간보고를 들은 후 다른 위원회에 회부하거나 바로 본회의에 부할 수 있다.

제78조(체계·자구의 심사) 위원회에서 법률안의 심사를 끝내거나 또는 입안한 때에는 법제사법위원회에 회부하여 체계와 자구에 대한 심사를 거쳐야 한다. 이 경우에 의장은 심사기간을 정할 수 있으며 그 기간 내에 심사를 마치지 아니한 때에는 바로 본회의에 부할 수 있다(1973년 12월 20일 일부 개정 국회법).

제77조 제1항을 보면, 국회의장에게 심사기간을 지정할 수 있는 권한이 부여되었으며, 제78조는 법사위 회부와 체계 및 자구에 대한 심사를 의무화하도록 하고 있다. 여기에서 국회의장은 법사위원회 심사기간을 정할 수 있으며, 그 심사를 마치지 않을 경우에는 본회의에 바로 부의할 수 있고, 그 주체가 의장이라는 점을 분명히 하고 있다. 앞서 언급한 것처럼, 제3공화국 국회법까지는 법사위원회 심사기간 지정의 주체가 국회 즉, 본회의 의결이었

지만 제4공화국부터는 의장이 그 권한을 갖게 된 것이다. 이러한 규정은 제6공화국에서도 일부 수정되어 유지되고 있다. 1988년에 새로 만들어진 국회법 제78조 제1항과 제79조 제2항에 따라 심사기간 지정과 법사위원회 심사기간 지정의 주체는 의장이지만 이를 교섭단체와 협의하여 할 수 있도록 개정하였다. 이러한 조항은 2012년 국회법 개정으로 다시 바뀌었는데, 제85조 제1항과 제86조 제2항에 따르면 의장이 교섭단체와 협의하여 결정하지만 심사기간 지정과 법사위원회 심사기간 지정은 천재지변, 전시·사변 또는 이에 준하는 국가 비상사태의 경우, 의장이 교섭단체 대표의원과 합의하는 경우에 한하는 것으로 개정되었다.

제4공화국부터 법사위원회의 심사기간 지정권자가 의장이 되었다는 것은 위원회 심사기간 지정의 주체가 국회에서 의장으로 바뀐 것과 맥락을 같이 한다. 제1공화국 제정국회법은 위원회 심사기간 지정에 관하여 제27조 제1항에서 국회에 권한이 있음을 밝히고 있으며, 제2공화국 국회법 제79조는 '의원은 기한을 정하여 위원회에 부탁'할 수 있다고 규정하고 있다. 그리고 제3공화국 국회법 제77조 제1항은 '국회는 심사기간을 정해' 안건을 위원회에 회부할 수 있다고 명시하고 있다. 그러나 제4공화국 국회법부터는 그 주체가 의장으로 바뀌었다. 제4공화국 국회법 제77조는 '의장은 심사기간을 정하여' 안건을 위원회에 회부토록 하였으며, 제5공화국 제78조 제1항도 '의장은 심사기간을 정하여 안건을 위원회에 회부할 수 있다.'라고 규정하였다.

이러한 유사성은 제4공화국과 제5공화국의 법률안 처리 과정에서도 나타난다. 제5공화국 국회의 법률안 처리 과정은 〈그림 5〉와 같이, 제75조에 의거하여 국회에 제출된 법률안은 본회의에 보고된 후 소관 상임위원회에 회부하여 그 심사가 끝난 후에 본회의에 부의된다. 소관 상임위원회 심사를 마친 안건은 제79조 제1항에 따라 법사위원회의 체계·자구 심사를 거쳐 본회

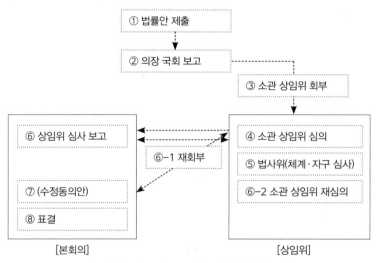

```
                  ┌─────────────────────┐
                  │  ① 법률안 제출        │
                  └─────────────────────┘
                            │
                            ▼
                  ┌─────────────────────┐
                  │  ② 의장 국회 보고     │┄┄┄┐
                  └─────────────────────┘    ┊
                                              ▼
                                  ┌───────────────────────┐
                                  │  ③ 소관 상임위 회부     │
                                  └───────────────────────┘
                                              │
                                              ▼
┌───────────────────────┐        ┌───────────────────────────┐
│  ⑥ 상임위 심사 보고    │◄┄┄┄┄   │  ④ 소관 상임위 심의        │
│                        │    ◄┄┐ │                            │
│        ⑥-1 재회부       │      │ │  ⑤ 법사위(체계·자구 심사)  │
│                        │      │ │                            │
│  ⑦ (수정동의안)        │◄┄┄┄┄┘ │  ⑥-2 소관 상임위 재심의    │
│                        │        │                            │
│  ⑧ 표결                │        │                            │
└───────────────────────┘        └───────────────────────────┘
        [본회의]                          [상임위]
```

**〈그림 5〉 제5공화국 국회의 법률안 처리 과정**

의에 부의된다. 본회의에서 상임위원회 심사 보고를 들은 후, 표결에 부쳐지는 것으로 법률안의 처리 과정이 종료된다.

이처럼 제4공화국과 제5공화국 국회의 법률안 처리 과정은 기본적으로 제3공화국 국회운영방식의 연속선상에 있었다. 법률안 처리 과정은 상임위원회와 법사위원회 심사를 거쳐, 이에 대한 본회의 보고 이후 의결을 거친다는 점에서 동일하였다. 이전 국회법과 비교하였을 때 두드러진 차이점은 심사기간 지정 주체가 국회에서 국회의장으로 바뀌었다는 점이다. 그러나 실질적으로 국회의장이 심사기간을 지정한 경우는 없었다. 또한 법사위원회의 심사기간에 관한 규정이 신설되었는데 이 역시 국회의장의 권한으로 명시되었다. 상임위원회와 법사위원회의 심사기간 지정 주체를 국회의장으로 명시한 제4공화국 국회법은 국회의장이 국회 법률안 처리 과정에 상당한 권한을 갖게 되었다는 것을 의미한다. 정치 활동이 제한된 상태에서 국회의 기능과 역할의 중단, 즉 국회가 무력화된 상태에서 제4공화국과 제5공화국은 각각 비상국무회의와 국가보위입법회의를 중심으로 한 군사정부 세력이 지배하였다. 이처럼 정부의 영향력이 지배하는 상황에서 국회의장의 권한 강화는 입법부에 대한 행정부 권한의 압도적 우위를 말해 준다.

## 3. 제6공화국 국회의 법률안 처리 과정

제6공화국의 출범은 대통령직선제를 비롯한 정치 활동의 자유화를 기반으로 국회의 기능과 역할을 정상화시켰다. 각종 정치 개혁의 요구가 대두되었지만 이전처럼 국회에 대한 행정부의 우위는 사실상 사라지게 되었다. 이러한 정치적 변화가 국회운영의 양상을 달라지게 하였지만 국회법이 규정하는 법률안 처리 과정에 근본적인 변화는 없었다.

기본적인 법률안 처리의 흐름은 〈그림 6〉과 같이 제3공화국 이후 국회법이 규정한 법률안 처리 과정과 동일하다. 대통령직선제 도입을 포함한 개정 헌법의 공포로 시작한 제6공화국 첫 국회인 제13대 국회(1988-1992년)는 1988년 6월 15일 국회법을 전문 개정하였다. 여전히 대통령과 행정부의 국회에 대한 영향력을 인정하는 헌법 조항이 있었지만 이전에 비해 국회의 헌법적 위상은 높아졌다(국회 2008, 619).

구체적으로 상임위원회 회부에 관한 규정을 살펴보면 제75조는 이전 국회법의 상임위원회 회부 조항과 동일하다. 1988년 전문 개정된 국회법 제75조 제1항은 '의장은 의안이 발의 또는 제출된 때에는 이를 인쇄하여 의원에게 배부하고 본회의에 보고하며, 소관 상임위원회에 회부하여 그 심사가 끝난 후 본회의에 부의한다. 다만, 폐회 또는 휴회 중에는 본회의 보고를 생략하고 회부할 수 있다.'라고 명시하고 있다. 제78조는 상임위원회 심사기간에 관한 조항으로, 제1항은 '의장은 심사기간을 정하여 안건을 위원회에 회부'

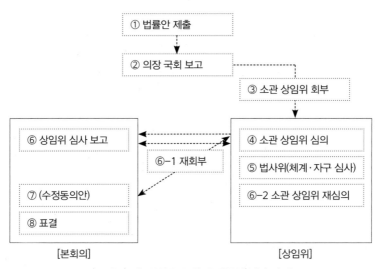

〈그림 6〉 제6공화국 국회의 법률안 처리 과정

할 수 있음을 규정하고 있다. 심사기간 지정에 관한 조항에서 보이는 차이는, 심사기간을 정하는 경우에 관한 규정이다. 제1공화국 국회법을 제외하고, 심사기간을 정하는 주체가 제2공화국은 의원, 제3공화국은 국회, 제4공화국과 제5공화국은 국회의장이었다. 제6공화국의 심사기간 지정권한은 제4공화국, 제5공화국과 마찬가지로 국회의장에게 있었지만 심사기간을 정하는 경우에는 각 교섭단체 대표의원과 협의하도록 하였다는 점에서 차이가 있다.

제78조(심사기간) ①의장은 심사기간을 정하여 안건을 위원회에 회부할 수 있다. 이 경우 의장은 각 교섭단체 대표의원과 협의하여야 한다.
②제1항의 경우 위원회가 이유없이 그 기간 내에 심사를 마치지 아니한 때에는 의장은 중간보고를 들은 후 다른 위원회에 회부하거나 바로 본회의에 부의할 수 있다(1988년 6월 15일 전부 개정 국회법).

그러나 제2항에서 '제1항의 경우 위원회가 이유없이 그 기간 내에 심사를 마치지 아니한 때에는 의장은 중간보고를 들은 후 다른 위원회에 회부하거나 바로 본회의에 부의할 수 있다.'라고 명시한 것을 보면, 특정 법률안에 대한 심사기간 지정과 본회의 상정에 관한 권한이 의장에게 주어졌다는 점에서 이전 국회법과 유사하다는 것을 알 수 있다. 이와 같은 규정에 따라 위원회 심사를 마친 법률안은 법사위원회의 체계·자구 심사를 거쳐 본회의에 상정되고 표결 절차를 거쳐 법률안의 처리 과정을 완료하게 된다. 법률안 심사기간 지정은 교섭단체 대표의원과 협의하여야 하는 사안이지만 위원회 심사가 진행된 이후 과정에서 심사가 종료되지 않을 경우에는 의장이 이를 다른 위원회나 본회의에 부의할 수 있게 한다는 점에서 이전 국회법의 연속선상에 있다고 볼 수 있다.

〈표 4〉에서 보는 것처럼, 심사기간에 관한 조항은 2012년 개정되어 1988년 전문 개정된 국회법 조항을 일부 수정하였다. 1988년 국회법 제79조 조항에 따라 법률안의 심사기간을 지정하는 주체는 줄곧 의장이었지만 달라진 부분은 의장이 교섭단체 대표의원과 협의하여 정하여야 한다는 것이었다. 이렇게 달라진 계기는 2012년 제18대 국회(2008-2012년)에서 통과된 국회선진화법을 만들면서부터였다. 핵심적인 변화는 국회의장 직권상정 요건 제한과 안건조정위원회 설치, 안건신속처리제도 등이다.[2] 2012년 개정되고 현재 적용되는 2014년 개정 국회법에서도 그 규정이 유지되고 있다. 국회의장이 심사기간을 지정하는 것은 현행 국회법 제85조에 명시된 천재

---

2) 그 이외에 안건조정위원회 구성과 필리버스터(filibuster)도 포함되었다. 안건조정위원회는 3분의 1 이상의 상임위원회 재적의원 요구에 의하여 쟁점 법안에 관해 구성되며, 최대 90일간 논의할 수 있다. 필리버스터는 다수당이 법안 처리를 일방적으로 처리하지 못하도록 하거나 이를 지연시키기 위해서 토론을 긴 시간 진행하는 것이다.

대한민국 국회제도의 형성과 변화

<表 4> 제6공화국 국회법의 법률안 처리 과정의 개정

| | 제6공화국 첫 국회법 (1988년 전문 개정) | | 현행 국회법 (2012년 일부 개정 및 2014년 현행) | |
|---|---|---|---|---|
| | 조항 | 내용 | 조항 | 내용 |
| 심사기간 지정 | 제78조 | 의장의 심사기간 지정 및 그 협의대상 | 제85조 | 의장의 심사기간 지정 및 협의대상과 그 요건 |
| 안건의 신속처리 | – | – | 제85조의 2 | 신속처리대상안건의 요건 위원회 심사기간 법사위원회 심사 본회의 부의 후 상정 |

지변, 전시·사변 또는 이에 준하는 국가 비상사태, 의장이 각 교섭단체 대표의원과 합의한 경우에 한한다.

또한 별도 규정을 통해 빠르게 처리하여야 할 안건의 입법절차를 규정한 '신속처리대상안건' 규정이 2012년 국회법 개정에서 신설되었다. '신속처리대상안건'으로 지정, 심사되기 위해서는 제85조의 2 제1항의 요건을 갖추어야 한다. '신속처리안건지정동의' 의결은 안건의 소속위원회 재적위원 과반수의 동의 절차로 시작된다. 이는 의장과 소관 위원장에게 제출되며, 이어서 무기명투표에 부쳐지는데, 재적의원 5분의 3 또는 안건의 소관 상임위원회 위원들이 5분의 3의 찬성으로 의결되는 절차를 거쳐야 한다.

제85조의2(안건의 신속처리) ①위원회에 회부된 안건(체계·자구심사를 위하여 법제사법위원회에 회부된 안건을 포함한다)을 제2항에 따른 신속처리대상안건으로 지정하고자 하는 경우 의원은 재적의원 과반수가 서명한 신속처리대상안건 지정요구 동의(이하 이 조에서 "신속처리안건지정동의"라 한다)를 의장에게, 안건의 소관 위원회 소속 위원은 소관 위원회 재적위원 과반수가 서명한 신속처리안건지정동의를 소관 위원회 위원장에게 제출하여

야 한다. 이 경우 의장 또는 안건의 소관 위원회 위원장은 지체 없이 신속처리 안건지정동의를 무기명투표로 표결하되 재적의원 5분의 3 이상 또는 안건의 소관 위원회 재적위원 5분의 3 이상의 찬성으로 의결한다(2012년 5월 25일 일부개정 국회법).

이처럼 2012년 일부 개정된 국회법에 의해 요건을 갖추어 신속처리지정 안건이 된 법률안은 〈그림 7〉과 같은 절차로 처리된다. 심사기간과 관련한 내용을 살펴보면, 제85조 2의 제3항은 신속처리대상안건이 된 날로부터 소관 위원회에서 180일 이내에 심사를 마쳐야 하며, 제85조 2의 제4항은 심사를 마치지 않을 경우에 그 기간이 종료된 다음 날에 소관 위원회 심사를 마치고 법사위원회에 회부된 것으로 간주한다고 규정하고 있다. 신속처리대상안건이 된 법률안이 180일을 넘기고도 상임위원회를 통과하지 못하고 계류되는 경우에는 법사위원회에 상정되어 처리 절차를 밟게 되는 것이다.

제85조의2(안건의 신속처리) ③위원회는 신속처리대상안건에 대한 심사를 그 지정일부터 180일 이내에 마쳐야 한다. 다만, 법제사법위원회는 신속처리대상안건에 대한 체계·자구심사를 그 지정일, 제4항에 따라 회부된 것으로 보는 날 또는 제86조 제1항에 따라 회부된 날부터 90일 이내에 마쳐야 한다.
④위원회(법제사법위원회는 제외한다)가 신속처리대상안건에 대하여 제3항 본문에 따른 기간 내에 신속처리대상안건의 심사를 마치지 아니한 때에는 그 기간이 종료된 다음 날에 소관 위원회에서 심사를 마치고 체계·자구심사를 위하여 법제사법위원회로 회부된 것으로 본다. 다만, 법률안 및 국회규칙안이 아닌 안건은 바로 본회의에 부의된 것으로 본다(2012년 5월 25일 일부 개정 국회법).

이러한 절차는 법사위원회의 체계·자구 심사 과정에도 적용되어, 법사위원회에 회부된 신속처리대상안건은 90일 이내에 심사를 마쳐야 하며, 그 기

대한민국 국회제도의 형성과 변화

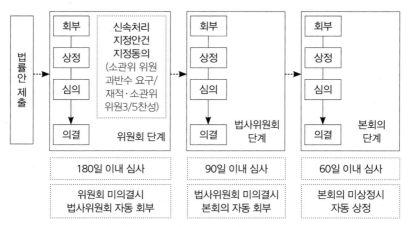

간 내 심사가 종료되지 않을 경우에는 해당 안건이 본회의에 부의된 것으로 간주된다. 이와 더불어 제86조 제6항과 제86조 제7항은 법사위원회 심사를 종료한 신속처리대상안건은 본회의에 부의된 후 60일 이내에 본회의에 상정되어야 하며, 그 기간 내에 상정되지 않을 경우에는 60일 경과 후 처음으로 열리는 본회의에 자동 상정되도록 규정하고 있다.

제86조(안건의 신속처리) ⑥제4항 단서 또는 제5항에 따른 신속처리대상안건은 본회의에 부의된 것으로 보는 날부터 60일 이내에 본회의에 상정되어야 한다.
⑦제6항에 따라 신속처리대상안건이 60일 이내에 본회의에 상정되지 아니한 때에는 그 기간이 경과한 후 처음으로 개의되는 본회의에 상정된다(2012년 5월 25일 일부 개정 국회법).

제6공화국의 법률안 처리 과정은 제3공화국 이후에 유지되었던 상임위중심주의로 운영되고 있다. 제1공화국 국회법이 만들어지고 개정되는 과정에서 국회 의결로 상임위원회 심사기간을 지정하게 되었고, 모든 법률안이 법사위원회 심사 과정을 필수적으로 거치게 되었다. 이러한 규정은 제2공화국 국회법에 그대로 유지되었다. 그런데 제4공화국과 제5공화국에서 달라져, 법사위원회의 심사기간 지정으로까지 확대되었으며, 법사위원회를 포함한 모든 위원회의 심사기간 지정 주체가 국회에서 국회의장으로 바뀌었다. 이러한 변화의 배경은 국회의장의 권한을 강화시켜 법률안의 처리 과정을 통제하려는 군부의 의도로 해석할 수 있다. 이는 제6공화국 국회법에서도 교섭단체 대표의원과의 협의를 필요로 하는 요건을 덧붙이는 것 이외에 동일하게 유지되다가 2012년 국회법 개정을 통해 심사기간 지정의 요건이 강화되었다. 그 결과 천재지변, 국가 비상사태, 교섭단체 대표와의 합의 등의 요건을 갖추었을 때에만 심사기간을 지정할 수 있게 제한된 반면, 법률안 처리 과정의 효율을 기하기 위해서 신속처리대상안건 지정에 관한 규정이 신설되었다.

# V. 결론

이번 장은 국회의 법률안 처리 과정의 특성과 그 변화를 국회법을 중심으로 살펴보고자 하는 목적에서 출발하였다. 국회운영방식의 기원과 그 변화를 살펴보는 작업의 현실적 한계는 그 제도적 기원을 명확히 밝히기 어렵다는 데 있었다. 특히, 그 기원을 명확히 할 수 없었던 것은 제1공화국의 국회법 제정에 관한 기록을 확인하기 어려울 뿐만 아니라 그 이후에 왜, 어떤 과정을 거쳐 개정되었는지에 대해서 분명한 근거를 제시할 수 없기 때문이다. 또한 법률안 처리 과정의 중요한 기점인 제3공화국의 국회법 제정 배경이나 제5공화국 시점의 국회법 논의 내용도 확인하기 어렵다. 이와 같은 한계로 인해 국회운영방식을 논하는 데 있어 국회법 조항과 국회 본회의 회의록 등 기타 자료를 토대로 당시 국회운영의 제도적 특징을 법률안 처리 과정에 관한 조항을 바탕으로 간접적으로 확인하는 방식으로 이루어졌다. 요컨대, 이번 장에서는 여러 가지 자료의 한계로 인해 국회법을 중심으로 제1공화국 국회의 국회 속기록 검토와 더불어 각 공화국에 적용되었던 국회법의 법률안 처리 과정에 대한 조항을 중심으로 논의가 이루어졌다.

구체적으로, 국회의 법률안 처리 과정을 독회제 운영과 상임위중심주의의 특징을 중심으로 나누어 살펴보았다. 제1공화국과 제2공화국은 독회제 운영을 특징으로 하는 국회였으며, 제3공화국 이후 현재에 이르는 국회는 상임위중심주의로 운영되고 있다. 그에 관한 규정은 각 공화국에 들어서면서 전문 개정한 국회법을 기준으로 분석하여 제1공화국과 제2공화국의 공통점과 차이점을 비교하였고, 상임위중심주의를 채택한 제3공화국 이후 현재에 이르는 각 공화국의 전문 개정 국회법과 현행 국회법에서 명시한 법률안 처리 과정 조항과 비교하였다.

먼저, 제1공화국과 제2공화국 국회는 독회제를 중심으로 운영되었다. 이 시기 국회가 본회의중심주의였는지 상임위중심주의였는지에 대해서는 많은 논란이 있다. 그러한 논란에도 불구하고 법률안의 본격적인 논의는 본회의를 중심으로 이루어졌지만 그 법안을 다룰 것인지의 여부를 결정하기 전에 상임위원회에서 먼저 심사를 하였다는 점에서 본회의중심주의로 보기는 어렵다. 이러한 특징은 제1공화국이 국가 전체의 근간을 이루는 다수의 법률안을 제정하는 역할과 기능을 하였고, 그에 따라 모든 의원의 의결이 필요하였다는 점에서 본회의의 중요성이 부각되었다는 것에 기인하는 것으로 이해할 수 있다. 그에 따라 제1공화국과 제2공화국 국회는 독회제가 운영되는 본회의를 기반으로 상임위중심주의로 운영되었다고 보는 것이 적절할 것이다.

당시의 국회법은 독회제를 중심으로 한 법률안 처리 과정의 분명한 절차를 명시하고 있지만 다음과 같은 부분의 모호한 규정이 있다. 첫째, 수정안의 제출 및 심의에 관한 규정을 들 수 있다. 독회제에서 수정안의 제출과 심의 규정은 없었으며 그 대신 일반적 의사에 관한 규정으로 명시되어 있었다. 그러나 수정안의 제출 절차가 제1독회나 제2독회 중 어느 과정에서 가능한 것인지는 규정되어 있지 않아 분명하지 않다. 둘째, 위원회 심의 과정에서 법률안은 심의만 한 것이 아니라 의결을 하도록 한 것으로 보인다. 당시 국회법은 위원회에서 폐기된 의안의 처리를 명시하고 있는데, 위원회에서 회의에 부의하지 않기로 한 의안은 회의에 부의하지 않고 폐기한다고 규정하였다. 제1공화국과의 공통점은 위원회 심사기간을 정하는 국회 혹은 의원의 의결을 할 수 있다는 점이다. 법률안이 위원회에서 지체되는 경우에는 소관 상임위원회를 변경하거나 위원회 심사 자체를 하지 않을 수 있다는 것으로 제2공화국 국회법에서 의장의 직권상정과 관련된 조항이 처음 등장하였다.

제3공화국 이후의 국회법은 독회제 운영 조항을 폐지하고 상임위중심주의로 전환되었으며 그 기본적 과정은 현재와 동일하다. 국회법이 폐지 제정되었으며 법률안 처리 과정에 일부 변화가 있었는데 이는 현재 국회운영 과정과 유사점이 있다. 그 연속선상에서 제4공화국과 제5공화국 국회의 법률안 처리 과정이 규정되어 있다. 법률안 처리 과정은 상임위원회가 의결한 법률안을 법사위원회가 심사하고, 이에 대한 본회의 보고 이후 의결이 이루어진다는 점에서 동일하다. 이전과의 차이점은 심사기간의 지정 주체가 국회의장으로 바뀌고 법사위원회의 심사기간에 관한 규정이 신설되었다는 점이다.

이러한 특징은 정치 활동이 전면적으로 금지된 상태에서 국회의 기능과 역할이 중단되었다는 공통적 정치 환경을 반영한 것으로 이해할 수 있다. 이러한 정치 환경 속에서 제3공화국, 제4공화국과 제5공화국 국회는 비상국무회의와 국가보위입법회의 등의 기구를 통해 열리고 군부의 통제와 영향력 아래에 있었다. 정부의 권력과 권한이 압도하는 상황에서 구성된 국회의 운영은 국회의장의 권한 강화 속에서 법률안이 처리되는 과정으로 진행되었다. 즉, 집권당이 다수당을 차지하고 국회의장직을 차지하는 상황에서 군부는 국회의장을 통해 상임위원회 심사기간 지정권한을 행사하도록 하여 국회의 법률안 처리 과정을 통제할 수 있었다.

반면 제6공화국 국회는 제3공화국 이후에 지속된 상임위중심주의로 운영되고 있다. 제6공화국 국회법 개정 중에서 법률안 처리 과정과 관련한 주요한 변화는 법률안 처리 과정에서 발생하는 정치적 갈등을 최소화하고 그 처리 과정의 효율성을 높이고자 하는 목적으로 한 개정이었다고 평가할 수 있다. 먼저, 제1공화국 제정국회법이 상임위원회 심사기간 지정을, 그리고 제2공화국이 법사위원회 심사 절차를 제도화하였다면, 그 규정은 제4공화국과 제5공화국을 지나면서 심사기간 지정이 법사위원회까지 확대되어 제도화되었다. 그러나 그 주체는 국회에서 국회의장으로 개정되었다. 그에 따라 제4공화국 이후부터 2012년 국회법 개정 이전까지의 국회법이 국회의장의 권한을 강화시켜 법률안의 처리 과정을 통제하기 용이하게 한 것으로 이해할 수 있다.

그러나 제6공화국 국회법은 국회에 대한 정부의 통제가 사실상 줄어들면서 국회의장의 심사기간 지정이 정치적 협상의 대상이 되었지만 법률안 처리 과정의 효율성을 제약하는 문제를 낳았다. 교섭단체 대표의원과의 협의를 필요로 하는 요건으로 국회의장의 심사기간 지정 요건을 유지하면서 운영되다가 2012년 국회선진화법 제정에 따라 그 요건을 강화시켰다. 그 결과

천재지변 등의 요건을 갖추었을 때에만 국회의장이 상임위원회 심사기간을 지정할 수 있게 되었으며, 그 대신 법률안 처리 과정의 효율을 기하기 위해서 신속처리대상안건 지정에 관한 규정이 신설되었다.

이러한 분석 결과를 종합하면, 국회법의 법률안 처리 과정에 관한 규정은 정치적 환경의 변화에 따라 변용, 개정되었다는 것을 알 수 있다. 국가의 근간을 이루는 법률안 제정이 다반사였던 제1공화국과 제2공화국 국회는 독회제를 운영하면서 모든 의원들이 참여하여 심사하도록 하는 운영의 특징을 보였다. 이러한 운영 과정에 대한 의원들의 인식은 제1공화국의 속기록에서 확인할 수 있었다. 제2공화국도 독회제를 중심으로 운영되었지만 이에 대한 의원들의 인식이나 실질적 운영의 특징은 속기록의 낮은 가독성으로 인해 파악하기 어려웠을 뿐만 아니라 제2공화국의 기간이 짧다는 한계가 있어 확인하기 어려워 이번 장에서 다루지 못하였다.

반면 상임위중심주의로 전환한 제3공화국부터 국회는 다수의 법률안을 처리하는데 정치적 갈등과 효율이라는 문제가 두드러진 것으로 볼 수 있다. 법률안 처리의 효율성을 기한다는 목적보다는 국회에 대한 정부의 통제 방식으로 이해할 수 있는 제4공화국과 제5공화국의 상임위원회 심사기간 지정과 그 지정 주체의 국회의장으로의 전환은 제6공화국에서 협의사안으로 바뀌었지만 정치적 갈등의 대상이 되었다. 그에 따라 다수의 쟁점 법률안과 긴급현안의 처리가 지체되면서 법률안 처리 과정의 효율성 문제가 부각되었다. 법률안 처리의 효율이 중요한 쟁점이 되면서 2012년 국회법 개정에서 법률안 처리 과정에 대한 논의는 제5공화국 이전의 국회법과는 다른, 많은 변화를 가져왔다.

이와 같이 각 공화국별 법률안 처리 과정의 특징을 살펴보면서 몇 가지 제기하는, 그리고 향후 풀어야 할 연구주제가 있다. 첫째, 제1공화국부터 현재

대한민국 국회제도의 형성과 변화

에 이르기까지 법률안 처리 과정 자체는 그다지 많은 변화가 없었다는 것이다. 제1공화국과 제2공화국의 국회가 독회제를 운용하였다는 중요한 차이점은 있지만 법률안 처리 과정의 기본 흐름은 제1공화국으로부터 현재에 이르기까지 유사하다. 이는 현행 국회법이 심사기간 지정과 관련하여 개정을 거듭해 과거와는 다른 특징적 제도들을 담고 있지만 그 원형은 제1공화국으로부터 점진적으로 발전하여 왔다는 것이다. 이러한 관점에서 한국 국회의 법률안 처리 과정의 원형은 제1공화국에서 찾아야 한다. 그러나 제1공화국의 국회법 제정이 어떤 배경에서 특정 제도를 도입하게 되었는지에 대한 기록을 찾기 어렵다는 것이 한계로 작용한다.

둘째, 법률안 심사기간에 관한 것이다. 이 역시 그 제정의 근거를 찾지 못하는 한계가 있지만 심사기간 지정의 주체를 왜 국회 혹은 의원에서 국회의 장으로 바꾸었는지, 법사위원회 심사기간까지 왜 지정하게 되었는지 등의 문제는 중요한 정치적 함의를 갖는다. 정치적 상황을 고려한다면 국회의장을 통한 국회 통제가 목적이었던 것으로 유추할 수 있지만 그 구체적인 논의는 확인하기 어렵다. 제4공화국 국회법에 따른 이러한 규정이 민주화 이후 국회에서는 다수당과 소수당 간 대립의 원인이 되었다는 점에서 관련 조항의 신설 근거를 확인하는 것은 필요할 것으로 보인다.

앞으로도 정치적 갈등의 최소화와 법률안 처리 과정의 효율성 제고는 국회법 개정의 중요한 방향으로 작용할 것이다. 앞으로 집권당과 야당, 혹은 다수당과 소수당의 대립이 불가피한 국회의 법률안 처리 과정에서 정당 간의 입장 차이를 좁힐 수 있는 방안, 그리고 정치적 타협을 통한 입법의 효율성을 높여 중요하고 급박한 정치적 요구를 수용하고 반응하는 국회로 발전할 수 있는 방안에 대한 논의가 필요하다. 또한 이러한 관점에서 국회법의 주요 조항들이 현 국회 입법 과정에서 어떤 영향을 미치는지 지속적인 관심이 필요하다.

**참고문헌**

국회입법조사처. 2013. "「국회법」 개정안 중 의안자동상정제와 안건신속처리제의 입법
    영향분석". 『현안보고서』. 182.
국회. 2008. 『대한민국국회 60년사』. 경기 고양: 예당문화.
박재창. 2004. 『한국의회개혁론』. 서울: 오름.
백영철. 1995. 『제1공화국과 한국민주주의』. 경기 파주: 나남출판.
이호진·강인섭. 1988. 『이것이 국회다』. 서울: 삼성이데아.
정호영. 2004. 『국회법론』. 경기 파주: 법문사.
헌법재판소. 2003. "국회의원과국회의장간의권한쟁의"(종국일자 2003.10.30., 2002헌
    라1)
Kavanagh, Dennis. 2000. *British Politics: Continuities and Change*. Oxford
    University Press.

**제6장**

# 국회의 행정부 견제방식:

# 제도적 연원과 형성 그리고 변화

유성진 • 이화여자대학교

# I. 서론

한 국가의 정치제도는 공동체 내에서 권력집단 간 경쟁의 틀을 구성하는 기본적인 규칙을 제공한다. 정치공동체의 행위자들은 제도가 규정하는 틀 속에서 행동 반경이 정해지며, 제도의 성격과 범위에 대한 이해 속에서 목표 달성을 위한 결정을 내리게 된다. 그러나 제도가 행위자에 대해 갖는 이러한 제약의 존재가 행위자들이 단지 수동적으로 제도에 반응함을 의미하는 것은 아니다. 어떠한 제도든 그것을 만드는 것은 결국 행위자들이며, 이들은 때때로 스스로의 이익을 위해 제도 자체를 바꾸기도 한다. 따라서 제도가 갖는 역할은 중요하지만 그것을 단지 행위자의 의사와 관련 없이 외생적으로 주어진 것으로 파악하는 것은 피상적인 이해에 불과하다.

이러한 관점에서 보면, 우리가 현재 존재하는 제도의 성격과 역할을 충실히 이해하기 위해서는 특정한 제도가 형성되는 시기의 논의와 형성 과정, 그리고 그것이 이후 어떠한 변화를 거치면서 변모해 가는지 총체적으로 추적하는 작업이 필요하다.

이 책에서 주목하고 있는 한국 국회의 제도적 발전과 변화 역시 예외가 아니다. 한국 국회의 제도적 발전과 변화를 이해하기 위해서는 변화를 촉발한 정치사회적 배경이나 요구, 제도 형성 당시 의사 결정 과정에 관여하는 권력의 분포, 그리고 헌법, 국회법 등 핵심적인 제도 변화가 파생한 권력구조의 변화 등 구조와 행위자의 상호작용을 다각적으로 검토하는 작업이 불가피하다. 그럼에도 불구하고 현재 우리에게는 우리 국회가 형성되는 시기에 어떠한 제도적 고민이 있었는지, 실제 고민의 내용은 무엇이었는지, 그리고 그러한 논의의 제도적 결과물은 어떠했는지에 대해 통시적으로 살펴보는 논의가 절대적으로 부족한 것이 현실이다.

이 장은 이러한 노력의 일환으로, 국회의 행정부 견제방식을 중심으로 한국 국회의 제도적 변화를 살펴보는 것을 목적으로 한다. 현재 권력구조의 구분상 대통령중심제를 채택하고 있는 우리나라는 지나친 권력 집중이 파생시키는 다양한 부정적 결과에 노출되어 있다. 때때로 문제가 되는 것은 대표 선출의 시기를 제외하고는 대통령을 중심으로 한 정치권력의 과도한 발현이 효과적으로 견제되지 못한 나머지, 극도로 취약한 정책적 반응성과 책임성을 보이고 있는 점이다. 선거 때마다 다양한 공약들이 쏟아져 나오고 이에 대한 국민들의 기대도 높아지지만, 실제 집권 후에 많은 공약들이 사장(死藏)됨에 따라 국민들의 실망이 높아지는 상황이 반복된다. 종국에는 이러한 상황의 반복이 정치에 대한 냉소와 민주주의에 대한 부정적 인식을 초래할 것임은 자명한 사실이다.

아이러니한 것은 역사적으로 대통령중심제가 정책의 책임 소재를 분명히 함으로써 상대적으로 높은 정치적 책임성을 갖고 있는 제도로 고안되었다는 점이다. 더욱이 우리의 경우, 제헌국회 시기부터 민주주의를 표방하고 권력분립을 제도화함으로써 권력기관 간의 견제와 균형을 중요시하는 논의들이 등장하였음을 고려할 때, 현재 우리가 겪고 있는 권력구조의 불균형은 제도 변화의 측면에서 역사적인 검토를 필요로 한다.

권력의 집중보다는 견제와 균형의 원리를 중요시하는 민주주의 정치공동체에서는 법률의 제정과 실행, 그리고 평가를 세 개의 주요 권력기관으로 분리시켜 놓는다. 실제 법률의 제정은 입법부가 담당하며, 이에 근거한 구체적인 정책의 실행은 행정부, 그리고 이에 대한 법률적 판단은 사법부의 업무가 된다. 그러나 이는 형식적인 권한 구분에 그치는 것이며 실제 정치 과정에 있어서는 입법부와 행정부, 그리고 사법부가 다양한 방식으로 관여하게 된다. 이 중 우리가 흔히 목격하게 되는 것은 입법부와 행정부 간 협력과 견제이며, 실제 권력 구성의 측면에서 정치체제를 분류할 경우에도 이 둘의 관계가 어떻게 설정되어 있느냐에 따라 대통령중심제 혹은 내각책임제로 구분되는 것이 일반적이다.

이러한 관점에서 국회의 행정부 견제방식에 관한 검토는 당연히 권력구조에 대한 논의와 연관된다. 즉, 국회에 대통령을 견제하고 권력 균형을 이루도록 부여된 제도적인 권한은 국회의 행정부 견제를 위한 직접적인 도구가 된다. 따라서 제도적으로 국회가 행정부에 대해 어떠한 관여권한을 갖게 되는지는 일차적인 관심의 대상이다. 국정감사나 조사권한, 예산 등 재정(財政)에 관한 심의권한, 인사청문회와 같이 대통령의 인사권에 관여할 수 있는 권한 등은 국회가 제도적인 차원에서 행정부에 대해 갖는 견제권한의 대표적인 예들이다.[1]

제도적인 차원의 권한과 더불어 중요한 것은 정책 결정과 의사 결정 운영의 방식에서 국회가 행정부의 권한 행사에 관여할 수 있는 장치들이다. 아래에서 자세히 보게 되겠지만, 예를 들어 제헌국회에서 협의체로서 국무원(國務院)을 설치하면서 이를 통해 대통령의 권한 행사를 제약할 수 있다고 본 점이나, 국무위원들을 국회에 소환하거나 의견을 요청할 때 필요한 국회의원의 수 등은 직접적으로 행정부 견제를 의도한 제도로 보기는 어렵지만, 그것이 실제로 운영되는 과정에서 국회의 견제권한을 강화시키기도, 약화시키기도 할 수 있는 효과를 갖는다.

이러한 내용은 국회가 행정부에 대해서 갖는 견제방식이 제도적 차원 그리고 정책과 의사 결정 운영의 차원 등 두 가지 수준으로 나누어질 수 있음

---

1) 대통령 탄핵에 관한 권한, 조약 체결에 대한 비준·동의권 등도 국회가 행정부에 대해 갖는 견제권한이라 할 수 있다. 그러나 이는 예외적인 상황을 전제하고 있고 역사적으로 큰 변화가 없다는 점에서 이 장에서는 자세히 다루지 않음을 미리 밝혀둔다.

대한민국 국회제도의 형성과 변화

을 의미한다. 이에 따라 이 장에서는 제헌국회 시기부터 현재에 이르기까지 국회의 행정부 견제방식을 살펴봄에 있어서 제도적 차원과 운영의 차원 두 수준에서 어떠한 변화가 나타났는지 그리고 이는 어떠한 결과를 초래하게 되었는지 검토할 것이다.

국회의 행정부 견제방식을 중심으로 우리 국회의 제도적 변화를 추적하는 이 장의 구성은 다음과 같다. II절에서는 제헌국회 당시 헌법과 국회법에 대한 논의를 진행하는 과정에서 나타난 다양한 의견들을 살펴봄으로써, 행정부와 국회 간 권력분립에 대한 논의는 어떠했고 그것이 어떠한 결과로 이어졌는지 살펴본다. 이어서 III절에서 VI절까지는 제2공화국부터 현재에 이르기까지 국회의 행정부 견제방식이 헌법과 국회법의 변화 속에 어떻게 반영되고 있는지 검토한다. 또한 그러한 변화가 왜 필요했는지에 대한 설명과 함께 그것이 초래한 결과에 대한 평가를 덧붙인다. 마지막 VII절에서는 앞의 내용을 간략히 정리하고 현재 우리 국회의 문제점들을 짚어 본다.

이 장의 검토에서 주로 사용될 자료는 권력구조를 결정하는 기본틀인 헌법과 이의 실행 과정을 실제적으로 뒷받침하고 있는 국회법 등 일차자료이다. 이에 더해 중요한 제도 선택에 있어서 필요한 경우 그 이유와 과정을 보다 면밀히 살펴보기 위해 국회 회의록을 참고할 것이다.


# II. 제헌국회와 제1공화국

## 1. 제정헌법의 마련과 쟁점

독립 이후 국가 기틀의 마련이라는 중대한 책무를 부여받은 제헌국회는 제도의 기본이 되는 헌법안에 관한 논의에 많은 시간을 투자한다. 헌법기초 위원회에서 마련한 헌법기초안은 제헌국회에서 세 차례의 독회를 통해서 다양한 이슈들과 수많은 논의들을 거쳐서 통과되었다. 헌법기초안의 구성과 주요 내용은 〈표 1〉과 같다.[2]

제정헌법의 구성을 보면 총강과 국민의 권리에 대한 논의에 이어 권력기관에 대한 내용을 국회, 정부, 법원의 순서로 담고 있다. 헌법안을 심의하고 결정하는 과정에서 수많은 논의들이 있었음에도 국회를 앞세운 권력기관의 순서에 관해서는 어느 누구도 이견을 표명하지 않았다는 사실은, 당시 제헌

〈표 1〉 헌법기초안의 구성과 주요 내용

|  | 구성 | 주요 내용 |
|---|---|---|
|  | 전문 |  |
| 제1장 | 총강 | 민주공화국, 주권과 영토 |
| 제2장 | 국민의 권리·의무 | 법 앞의 평등, 신체의 자유, 재산권 등 |
| 제3장 | 국회 | 국회의 권한과 구성 |
| 제4장 | 정부 |  |
|  | 제1절 대통령 | 대통령의 권한과 의무, 선출방식 |
|  | 제2절 국무원 | 국무원의 구성과 기능 |
|  | 제3절 행정 각부 | 행정 각부의 조직과 권한 |
| 제5장 | 법원 | 법원의 구성과 권한, 헌법위원회 |
| 제6장 | 경제 | 만민균등 경제원칙, 국유에 대한 내용 |
| 제7장 | 재정 | 조세법률주의, 수입·지출에 대한 결산 |
| 제8장 | 지방자치 | 지방자치단체의 권한, 지방의회 |
| 제9장 | 헌법 개정 | 헌법 개정방식, 국회에서 의결 |
| 제10장 | 부칙 | 시행일, 반민족행위처벌특별법 제정 권한 |

2) 헌법안 제1독회에서 헌법기초안에 관해 헌법기초위원회 위원장 서상일 의원은 다음과 같이 진술한다. '…… 이 헌법안은 우리나라에 있어서 대한민국 임시정부 헌장, 현 민주의원에서 제정된 임시헌장, 과도입법의원에서 제정한 약헌 등등을 종합하고, 그 외에 구미 각국에 현재에 있는 모든 헌법을 종합해서 이 원안이 기초된 것이라고 볼 수 있는 것입니다' (제헌국회 본회의 회의록, 1948년 6월 23일).

대한민국 국회제도의 형성과 변화

의원들이 국회를 가장 중요한 권력기관으로 인식하고 있었다는 것을 보여준다.

세 차례의 독회에서 논의된 헌법안에 관한 쟁점들은 여러 가지가 있었지만 여기서 다루는 주제와 직결되는 것은 크게 두 가지로 볼 수 있다. 우선, 제도적인 차원에서 국회의 구성을 양원제로 할 것이냐 아니면 단원제로 할 것이냐의 논의가 있었다. 국회의 구성에 관해서는 헌법기초위원회에서 이미 많은 논의를 거쳤지만, 양원제가 단원제에 비해 여러 제도적인 장점을 가지고 있음에도 당시 건국 초기라는 시대적 배경 아래 국회에서 시급히 결정되어야 하는 사안들이 많다는 이유로 실제 헌법기초안에서는 단원제가 우선적으로 채택되었다.

이러한 사정에 관해 당시 유진오 헌법기초위원회 전문위원은 '…… 우리의 원안에서 구상한 양원제도는…… 중요한 국가의 의사의 결정을 좀 더 신중하게 하자는 것이었읍니다. 단원으로서 단번에 결정해 버리는 것은 너무 조급하니까 일단 하원에서 결정된 후일지라도 상원에서 이것을 재검토할 기회를 갖자는 것입니다.'라고 밝히며 애초에 헌법안이 양원제를 계획하였음을 밝히고 있다. 그러나 그는 이어 '그러나 헌법기초위원회에서는 복잡다단한, 이 건국 조기에 있어서 참의원을 구성하기 이해서 복잡다단한 사무를 진행시키는 것은 도리여 지장이 있다고 해서 원칙적으로 참의원이 필요하다는 것은 인정되었으나 우선 이것을 설치하지 아니하고 단원제로 나가기로 결정이 된 것이올지다.'라고 말함으로써 단원제 국회의 필요성을 정당화하였다(제헌국회 본회의 회의록, 1948년 6월 23일).

두 번째 논쟁점은 국회의 권한 그리고 행정부와 국회의 관계를 어떻게 설정할 것이냐에 관한 내용이었다. 이는 제도적으로 의원내각제와 대통령중심제의 장·단점을 어떻게 이해하고 반영할 것인가와 직결된 내용으로, 헌법안 독회 과정에서 여러 차례 이견이 오고 간 핵심 쟁점 중의 하나였다. 유진오 전문위원의 진술에 따르면 헌법기초위원회에서는 애초에 의원내각제를 염두에 두고 격론이 있었으나 현실적인 이유로 대통령제를 채택하였다.[3] 그는 헌법기초위원회에서 의원내각제로 된 초안을 가지고 여러 가지로 검토하였으나 '건국 초기에 있어서 무엇보다도 정부의 안정성, 정치의 강력성을 도모할 필요'로 인해 대통령제를 채택하였음을 밝히고 있다.

결국 당시 건국 초기라는 시대적인 급박성은 단원제와 대통령중심제 채택이 불가피함을 뒷받침하는 핵심적인 논거였고, 이에 따라 마련된 헌법초안은 큰 제도적인 변화 없이 통과되었다. 그러나 대통령중심제가 갖는 문제점은 여러 의원들에 의해 반복적으로 제기되었다. 가장 강력한 논지의 반대는 김약수 의원에 의해 제기되었는데, 그는 대통령제를 채택한 남미에서 혁명이 자주 일어난다는 점을 들며 '…… 대통령 내지 행정면에 있는 사람의 권력이라고 하는 그 권한 내지 내용, 위치라고 하는 것은 그 기한 동안은 불변이에요. 도모지 변하지 않습니다. 그런 때문에 비록 그릇된 일이 있다고 할지라도 꼼짝 못하게 되는 것이에요.'라며 대통령중심제의 폐해를 주장하였다(제헌국회 본회의 회의록, 1948년 6월 26일).

이러한 비판에 제헌의회에서는 보완책으로 국무원제도를 마련하고 이에 상당한 권한을 부여함으로써 대통령중심제의 폐해를 방지할 수 있다는 제안이 설득력을 갖게 되었고, 그 제도적 귀결은 대통령중심제에 합의체로서 국무원의 기능을 덧붙임으로써 의원내각제의 모습을 절충한 혼합적 권력구

---

3) 초기의 정부형태로 대통령중심제를 채택한 배경에는 이승만의 강경한 입장이 있었음은 잘 알려진 사실이다. 헌법기초위원회가 헌법초안을 통과시킨 1948년 6월 22일 직전에 이승만은 대통령중심제가 채택되지 않으면 어떠한 지위에도 취임하지 않고 민간에 남아 국민운동을 할 것임을 밝히며 강경한 태도를 취하였다(서희경 2001, 87).

조였다.

## 2. 국회의 행정부 견제권한

### 1) 견제권한의 제도화와 대통령·국회 관계

제정헌법에서는 삼권분립의 원칙에 근거하여 국회에 행정부에 대한 일반적인 견제권한을 대부분 규정하고 있다. 대표적인 예로서, 국회에 예산안 심의결정권한을 부여한 제41조, 국제적인 조약의 체결·비준과 선전포고 동의권을 규정한 제42조, 국정감사와 대정부 질문에 대한 권한과 절차 등을 규정한 제43조와 제44조 등은 국회가 정책 결정과 실행 단계에서 직접적으로 개입할 수 있는 제도적인 권한을 망라하고 있는 조항들이라 할 수 있다. 이와 더불어 다른 기관 의사결정자들의 과실을 처벌할 수 있는 권한으로 대통령과 부통령, 국무총리, 국무위원, 심계원장, 법관, 공무원 등에 대한 탄핵소추권한을 규정한 제46조, 정부의 예산안을 국회에 제출하여 의결을 얻도록 한 제91조 등도 국회가 행정부에 대해 갖는 중요한 견제권한들이라 할 수 있다.

견제권한의 제도화와 더불어 중요한 사실은 제헌국회에서 국회와 행정부의 관계를 어떻게 인식하고 있느냐였다. 이는 제정헌법을 논의한 국회에서 '대의제'를 이해하고 있는 방식과 연관되기 때문이다. 이와 관련해서는 대통령중심제를 표방하면서 대통령을 국민이 아닌 국회에서 선출하는 것[4]이 법리에 맞는 것인가에 관한 의원들의 이의제기에 대해 전문위원 유진오가 설명한 발언을 참고할 만하다. 그는 '대한민국의 주권은 국민에게 있고 모든

---

4) 제정헌법 제53조. 대통령과 부통령은 국회에서 무기명투표로써 각각 선거한다.

권력은 국민으로부터 발한다.'라고 규정한 제정헌법 제2조를 설명하면서 이는 '국가의 모든 중요한 일을 국민이 직접 전부 처리하는 얘기가 아닙니다…… 국민은 다만 권리자에 지나지 않고 국민의 뜻을 통해서 국민이 가지고 있는 주권을 행사하는 것'이라고 대의제민주주의의 원칙을 설명하고 있다. 이에 덧붙여 유진오는 '대통령의 권한을 국회와 대립시키는 경우에는 아마 원칙적으로 국회 선거 가운데에 대통령선거를 행하는 것이 타당할 것입니다. 그러나 대통령의 권한을 국회에 의존시킨다 할 것 같은 경우에는 국회의원선거와 별도히 선거할 별다른 권한도 필요도 없다.'라고 밝히고 있다(제헌국회 본회의 회의록, 1948년 6월 26일). 이와 같은 언급은 제정헌법이 삼권분립의 원칙하에 대통령중심제를 채택하고 대통령과 국회의 권한을 구분해 놓고 있었지만, 원칙적으로 대통령보다는 국회를 권력의 중심기관으로 인식하였음을 명확히 보여 준다.

### 2) 국회법에 망라된 견제권한: 행정부 감시와 재정통제권한

제도적인 차원에서 국회가 행정부에 대해 갖는 직접적인 권한의 규정은 국회법에 보다 구체적으로 나타난다. 1948년 10월 2일 제정된 국회법[5]은 국회 의사 결정 과정과 절차 등에 관한 제(諸) 규정을 망라하면서 행정부의 정책 집행을 조사하고 국무위원을 국회에 출석시켜 질문을 할 수 있는 권한을 명시적으로 규정하고 있다.

---

5) 제헌국회 본회의 회의록에 따르면 사실 1948년 10월 2일 공포된 국회법(법률번호 제5호)에 관한 논의는 국회 의사 결정 절차의 필요성으로 인해 제정헌법에 대한 논의보다 먼저 시작되었다. 그러나 1948년 6월 8일 국회법기초특별위원장의 제안으로 본회의에서 논의된 최초의 국회법은 6월 10일 의결되어 제정헌법 논의를 위한 기본적인 규칙을 제공하는 역할만을 하였고, 국회의 운영에 관한 구체적인 논의는 헌법이 통과된 이후 본격화되어 10월 2일에서야 공포되었다.

대한민국 국회제도의 형성과 변화

먼저 행정부와의 관계를 규정하고 있는 국회법 제62조에서 제67조까지의 조항에서는 20인 이상의 의원[6] 그리고 위원회에 국무위원과 정부위원의 출석을 요구하고 대정부 질문을 할 수 있는 권한을 부여하고 있으며, 이에 대해 정부는 7일 이내 답변하거나 그것이 어려울 시 이유를 명시할 것을 규정하고 있다. 또한 제출된 정부의 답변에 대해서 10인 이상 의원들의 동의로 토론 또는 표결에 부칠 수 있다고 규정함으로써 국회의원들의 행정부 감시 기능이 원활히 이루어질 수 있도록 제도적으로 지원하였다. 더불어 행정부 조사 등을 다루고 있는 제72조에서 제75조까지의 내용을 보면, 국회는 의안과 기타 국정에 관한 사항을 심사 또는 조사하기 위하여 의원을 파견할 수 있으며, 정부 및 기타 기관은 필요한 보고 또는 기록 제출에 응해야 할 의무가 있다고 규정하였다.

제1공화국 초기에 행정부 감시권한은 국회가 갖는 당연한 권리라고 인식되었다. 초기 국회가 국정감사를 얼마나 중요하게 생각하고 있었는지는 한국전쟁의 와중에 상시적인 감사기구로 감사징계위원회를 설치하자는 제안을 두고 벌어진 논쟁에서 명확히 드러난다. 제안자 중 한 명인 엄상섭 의원은 '국회의 국정감사권이라는 것은 민주주의 국가에서는 국회가 최고기관이라 여기서부터 나오는 것입니다. 그래서 이 국회는 행정이나 사법에 대해서 국정감사권이 있다는 근거가 거기에서 나온다.'라고 언급하면서 권한의 구체적인 실행과 내용을 담는 국정감사법의 필요성을 역설하였다.

이러한 주장은 국정조사에 관한 헌법상 명문규정이 없는 상황에서 구체적인 실시 절차가 마련되지 않았기 때문에 제기된 것이다. 이후 국회의 행정

6) 왜 20인 이상으로 결정되었는지는 정확히 알 수 없다. 다만 당시 국회 속기록을 보면 10인으로 규정되었던 원안이 '더 신중을 기한다.'라는 이유로 20인 이상으로 수정되었다고 언급되어 있다(제헌국회 본회의 회의록, 1948년 9월 14일, 백관수 의원의 발언).

부 감시권한은 제2대 국회(1950.5.30.-1954.5.29.)의 중반인 1953년 2월 4일 국정감사법이 제정되고, 같은 해 5월 30일 국정감사 및 국정조사에 관한 또 다른 절차법인 국회에서의 증언·감정 등에 관한 법률이 가결됨으로써 제도화가 완성된다. '국회에서 국가의 전반적인 국정사항을 확인·파악하고 정부 또는 공무원의 부정·비위 및 직권남용사안을 조사하는 데 필요한 절차와 내용을 정하려는 것'이라는 이유로 제정된 국정감사법[7]은 제1공화국의 국회가 상당한 수준의 행정부 감시권한을 제도화하고 있었음을 보여 준다.

국정감사법은 일반국정감사와 특별국정감사 두 부분으로 나뉘어 구성되었는데, 일반국정감사는 국정 전반에 대하여 의원 전원을 반으로 나누어 동일한 기간에 시행하고, 특별국정감사는 국정의 특별한 부문에 한하여 특별위원회로 하여금 시행토록 하였다(제2조). 또한 감사 시행은 국회의 승인을 받도록 하였고(제3조), 감사가 완료되면 지체 없이 그 결과를 보고토록 하였으며(제10조), 국회가 감사결과를 정부에 이송한 때에는 정부는 지체 없이 이에 대한 상세한 회답을 국회에 하도록 규정하였다(제13조).

정부의 예산안 심사 등 재정과 관련된 국회의 견제권한은 국회법 제54조에서 제57조까지 망라되어 있다. 특히, 정부의 예산안은 각 상임위의 예비심사를 거쳐 소관 상임위원회인 재정경제위원회에서 심사한 후, 최종적으로 전원위원회의 심사와 의결을 통해 확정되도록 함으로써 총 세 단계에 이르는 엄격한 심사 과정을 거치도록 규정되었다. 또한 예산·결산·회계 등 재정 운영에 관한 기본 원칙들을 규정한 재정법(財政法)을 1951년 9월 24일

---

7) 법제처 국가법령정보센터 홈페이지(http://www.law.go.kr/main.html). 법률 제276호. 국정감사법은 제2공화국과 제3공화국에서 유지되다가 1973년 2월 7일 유신헌법에 의해 폐지된 후, 민주화 이후인 1988년 8월 5일 '국정감사 및 조사에 관한 법률'로 복원된다.

대한민국 국회제도의 형성과 변화

에 제정하고, '정부에서 국회에 제출하는 세입·세출결산에는 심계원의 검사 보고 이외에 세입결산명세서·세출결산보고서 및 국가의 채무에 관한 계산서를 첨부'토록 함으로써 이와 관련한 또 다른 법적 근거를 마련하는 등 재정과 관련된 국회의 행정부 견제권한을 명확히 제도화하였다. 이와 더불어 1953년 1월 22일 개정된 국회법에서는 예·결산 심사기능을 재정경제위원회로부터 분리하고, 이를 독립적인 상임위원회로 신설된 예산결산위원회에 전담토록 함으로써 심사를 한층 더 강화하였다.

### 3. 국무원과 국무총리를 통한 행정부 견제: 의사 결정 과정과 임면권 견제

제정헌법에는 국정 감시와 재정적인 견제권한 외에 국회가 대통령의 의사 결정 과정과 임면권을 견제할 수 있는 방안 역시 마련되었는데, 국무원과 국무총리를 통한 행정부 견제방식이 바로 그것이다. 국무원과 국무총리를 통한 견제방식은 대통령중심제를 취하고 있지만 내용에 있어서 의원내각제의 속성을 가미한 것으로 사실 국회의 입장에서는 더 강력한 견제수단이 될 수 있었다. 대통령중심제의 폐해에 관한 의원들의 계속적인 문제제기에 유진오 전문위원은 "우리 초안에 있어서는 대통령제도를 채용하되 다시 국무원제도를 두어서 제67조에 '국무원은 대통령과 국무총리 기타의 국무위원으로 조직되는 합의체로서 대통령의 권한에 속한 중요 국책을 의결한다.'하였습니다. 그러므로 대통령의 권한에 속하는 사항은 대통령 한 사람이 결정하고 한 사람이 실행해 나가는 것이 아니라 67조의 국무원에 관한 규정에 의해서 국무원의 의결을 통해서 행해 나가게 되는 것이 미국의 대통령제와 우리 헌법의 대통령제의 다른 점"이라고 밝힘으로써 제정헌법이 국무원제도를 매개로 한 일종의 '혼합형 권력구조'를 채택하려 했음을 제시하였다(제헌국회 본회의 회의록, 1948년 6월 23일).

이렇듯 제정헌법의 국무원은 '합의기관'으로서 대통령의 권한에 속한 중요 국책을 의결하는 역할을 수행하도록 고안되었다. 이는 대통령의 권한을 견제하기 위한 방편으로 대통령의 권한에 속한 중요 국책을 국무원의 의결을 거치도록 하는 한편, 국무총리 임명에 대한 국회의 동의권을 규정함으로써 국회가 실질적인 견제권한을 보유할 수 있도록 하였다.[8] 제정헌법에 명시돼 있는 국무원과 국무총리에 대한 규정은 다음과 같다.

제68조  국무원은 대통령과 국무총리 기타의 국무위원으로 조직되는 합의체로써 대통령의 권한에 속한 중요 국책을 의결한다.

제69조  국무총리는 대통령이 임명하고 국회의 승인을 얻어야 한다…… 국무위원은 대통령이 임명한다. 국무위원의 총수는 국무총리를 합하여 8인 이상 15인 이내로 한다. 군인은 현역을 면한 후가 아니면 국무총리 또는 국무위원에 임명될 수 없다.

제70조  대통령은 국무회의의 의장이 된다. 국무총리는 대통령을 보좌하며 국무회의의 부의장이 된다.

제71조  국무회의의 의결은 과반수로써 행한다. 의장은 의결에 있어서 표결권을 가지며 가부동수인 경우에는 결정권을 가진다.

제72조  좌의 사항은 국무회의의 의결을 경하여야 한다.
 1. 국정의 기본적 계획과 정책
 2. 조약안, 선전, 강화 기타 중요한 대외정책에 관한 사항
 3. 헌법 개정안, 법률안, 대통령령안

---

8) 서희경(2001)에 따르면, 이는 당시 좌익세력의 참여를 두려워한 한민당이 이승만과의 타협을 선택함으로써 애초에 고수하던 의원내각제 대신 대통령중심제를 받아들이는 한편 대통령의 독자적인 결정권을 제약하려는 방편이었다.

4. 예산안, 결산안, 재정상의 긴급처분안, 예비비지출에 관한 사항

5. 임시국회의 집회요구에 관한 사항

6. 계엄안, 해엄안

7. 군사에 관한 중요사항

8. 영예수여, 사면, 감형, 복권에 관한 사항

9. 행정각부간의 연락사항과 권한의 획정

10. 정부에 제출 또는 회부된 청원의 심사

11. 대법관, 검찰총장, 심계원장, 국립대학총장, 대사, 공사, 국군총사령관, 국군 참모총장, 기타 법률에 의하여 지정된 공무원과 중요 국영기업의 관리자의 임면에 관한 사항

12. 행정각부의 중요한 정책의 수립과 운영에 관한 사항

13. 기타 국무총리 또는 국무위원이 제출하는 사항(1948.7.17. 제정헌법)


무엇보다 중요한 것은 합의기관으로서 국무원에 과반수의 의결권을 부여한 것(제71조), 국무총리의 임명권을 대통령에게 부여하고 있으나 국회의 승인을 얻도록 한 것(제69조), 그리고 국무회의9)의 의결사항에 중요한 대통령의 권한들 대부분을 망라한 것(제72조) 등이다. 이는 국회가 국무원을 통해 대통령의 권한 행사에 적극적으로 개입할 수 있는 충분한 여지를 만들어 둔 것으로 볼 수 있다. 국회는 국무총리에 대한 승인권을 가짐으로써 국무원의 구성에 영향을 미칠 수 있었고, 국무회의의 의결을 과반수로 규정함으로써 실질적인 토의 역시 가능케 되었다.

다만 그러한 국회의 권한은 실제 작동 과정에서 제도의 고안 의도대로 행사되지 않을 여지가 분명히 존재했다. 우선, 대통령이 국회의 의사 결정 과정에 영향력을 행사하여 국회의 합의를 어렵게 한다든지, 혹은 국회의 결정

---

9) 국무회의는 국무원의 회의를 지칭하는 것으로, 다른 기관을 의미하는 것이 아니다.

을 지연시킬 수 있다면 실제 국무원은 의결시 참고해야 할 국회의 의도를 알기 어렵다. 정당정치가 제도화되지 못한 초기 국회의 경우 그러한 개연성이 더욱 높았다. 게다가, 대통령이 국회 내의 우호세력을 통해 국회의 의사 결정 과정에 영향을 미칠 수 있는 상황이 초래된다면, 국회의 국무원을 통한 대통령 견제는 유명무실해지기 쉽다. 제1공화국 후반기에 이르러 이승만이 국회 내 반대파를 성공적으로 제거하고 자유당을 통해 국회를 장악하게 됨에 따라, 국무원이 제헌국회가 가졌던 애초의 의도와는 달리 견제기관이 아닌 보좌기관으로 그 역할이 바뀌었다는 사실은 이러한 제도적 취약성을 보여 준다.

## 4. 제1차 개정 헌법(1952)과 제2차 개정 헌법(1954)에서의 주요한 변화들[10]

1952년 7월 7일 한국전쟁의 와중에 공포된 제1차 개정 헌법에서는 대통령 및 부통령 직선제가 가장 중요한 제도적 변화였지만, 실제 내용적인 측면에서는 의회의 권한을 더욱 강화하는 조항들을 담고 있었다. 행정부안과 국회안의 내용을 발췌하여 절충하였다고 하여 소위 '발췌개헌'으로 알려진 제1차 개정 헌법에서 핵심적으로 추가된 변화들은 다음과 같다.

제31조 국회는 민의원과 참의원으로써 구성한다.[11]

---

10) '발췌개헌'과 '4사5입 개헌'으로 알려져 있는 제1차 개정 헌법과 제2차 개정 헌법은 각각 1952년 7월 4일, 1954년 11월 27일 국회에서 가결되었다.

11) 양원제를 규정한 이러한 변화는 참의원이 구성되지 못한 까닭에 제1공화국에서는 실제 국회운영으로 이어지지는 못하였다. 그 이유는 1954년 5월 20일 제3대 국회 구성을 위한 총선거에서 중선거구제를 통해 선출될 참의원 구성에 필요한 입법조치가 이루어지지 않은 까닭에 민의원선거만이 치러졌고, 이후 국회를 장악한 자유당이 참의원 구성에 동의하지 않았기 때문이다. 실제로 참의원은 제2공화국 시기인 1960년 7월 29일 실시된 제5대 총선에서 구성

제39조 법률안, 예산안 기타의안은 먼저 민의원에 제출하여야 한다. 단, 국무총리와 대법원장인 법관의 임명에 관한 의안은 참의원에 먼저 제출할 수 있다.

제53조 대통령과 부통령은 국민의 보통, 평등, 직접, 비밀투표에 의하여 각각 선거한다.

제69조 국무위원은 국무총리의 제청에 의하여 대통령이 임면한다.

제70조 ③국무총리와 국무위원은 국회에 대하여 국무원의 권한에 속하는 일반국무에 관하여는 연대책임을 지고 각자의 행위에 관하여는 개별책임을 진다.

제70조의 2(신설) 민의원에서 국무원불신임결의를 하였거나 민의원의원 총선거 후 최초에 집회된 민의원에서 신임결의를 얻지 못한 때에는 국무원은 총사직을 하여야 한다. 국무원의 신임 또는 불신임결의는…… 재적의원 과반수의 찬성으로 행한다. 민의원은 국무원의 조직완료 또는 총선거 즉후의 신임결의로부터 1년 이내에는 국무원불신임결의를 할 수 없다. 단, 재적의원 3분지 2 이상의 찬성에 의한 국무원불신임결의는 언제든지 할 수 있다(1952. 7. 7. 개정 헌법).

국회의 행정부 견제권한 측면에서 주목할 만한 내용은 헌법 제69조에 '국무위원은 국무총리의 제청에 의하여 대통령이 임면한다.'라는 규정이 더해짐으로써 국무총리를 통한 국회의 행정부 견제권한이 강화된 점, 그리고 신설된 제70조 2에는 '민의원에서 국무원불신임결의를 하였거나 민의원의원 총선거 후 최초에 집회된 민의원에서 신임결의를 얻지 못한 때에는 국무원은 총사직을 하여야 한다.'라고 규정하여 국무원을 국회의 직접적인 통제 아래 두려는 의도를 명백히 한 점 등이다. 또한 불신임결의를 재적의원 절대다수결이 아닌 과반수의 찬성으로 규정한 점도 특기할 만하다.

1954년 11월 29일 논란 끝에 공포된 제2차 개정 헌법에서는 국회의 행정

---

되었으나, 5.16 군사쿠데타로 그 운영은 10개월 만에 끝나고 말았다.

부 견제권한이라는 측면에서 세 가지 변화가 나타났다.[12] 우선 국무총리제를 폐지함으로써 국회의 국무원 통제수단이 약화되었고, 민의원이 국무원에 대해 갖는 불신임결의권한이 '개별 국무위원'에 대한 불신임결의로 축소되었다는 점을 들 수 있다. 또한, 보다 포괄적인 변화로서 중요사항에 관해서는 국회의 가결을 거친 후에 국민투표에 부치도록 하였다는 점(제7조의 2 신설) 역시 중요하다. 이는 대통령이 사안에 따라 국회의 결의를 무효화할 수 있는 수단이 된다는 점에서 중요한 제도적 변화였으며, 이러한 변화들은 제1공화국 초기 강력한 행정부 견제수단을 갖고 있었던 국회가 이 시기에 이르러 실질적인 영향력을 서서히 잃고 있음을 보여 주는 것이었다.[13]

## III. 제2공화국: 국회의 행정부 견제권한 강화와 의원내각제의 확립

제1공화국 말기 이승만 대통령을 중심으로 한 독재와 권력의 전횡을 통해 대통령중심제의 심각한 결함을 체감한 국회는 4.19 혁명에 이은 제2공화국을 설립함에 있어서 국민의 기본권을 강화하고, 의원내각제로 권력구조를 개편하는 개헌을 단행했다. 국회의 행정부 견제의 관점에서 1960년 6월 15일 공포된 제3차 개정 헌법에 반영된 핵심 내용들을 정리하면 〈표 2〉와 같다.

---

12) 주지하다시피 이 헌법의 부칙인 '초대대통령에 한해 중임제한을 철폐'한다는 내용이 핵심 논란이었다.
13) 더불어 제39조의 '법률안, 예산안 기타의안은 먼저 민의원에 제출한다.'라는 조항은 '예산안은 먼저 민의원에 제출'로 축소되었다.

대한민국 국회제도의 형성과 변화

〈표 2〉 제3차 개정 헌법(1960.6.15.)에서의 변화: 국회의 행정부 견제권한

| 조항 | 내용 | 비고 |
|---|---|---|
| 제39조 | 법률안과 예산안은 먼저 민의원에 제출 | 추가 |
| 제40조 | 국회에서 의결된 법률은 정부로 이송되어 10일 이내에 대통령이 공포하여야 한다. | 전문 개정(대통령거부권 삭제) |
| 제44조 | 국무총리, 국무위원과 정부위원의 국회 출석 답변 의무 | 추가 |
| 제53조 | 대통령은 양원합동회의에서 선거, 재적 국회의원 2/3 이상의 투표로 당선/ 정당에 가입할 수 없음 | 전문 개정 |
| 제57, 59, 62–65조 | 대통령 권한 행사시 '국무회의의 의결에 의하여' 추가 | 전문 개정 |
| 제68조 | 행정권은 국무원에/ 국무원은 국무총리와 국무위원으로 조직/ 국무원은 민의원에 대하여 연대책임을 짐 | 전문 개정 |
| 제69조 | 국무총리는 대통령이 지명하여 민의원의 동의를 얻어야… 2차에 걸쳐 동의하지 아니한 때에는 민의원에서 선거 국무위원은 국무총리가 임면하여 대통령이 이를 확인 국무총리와 국무위원의 과반수는 국회의원이어야 한다 | 전문 개정 |
| 제70조 | 국무총리는 국무회의를 소집하고 의장이 된다 | 전문 개정 |
| 제71조 | 민의원의 국무원 불신임결의권한. 재적의원 과반수의 찬성 | 전문 개정 |

　표에서 보듯이 제2공화국의 헌법은 의원내각제로의 권력구조를 명확히 규정하고 있다.14) 우선, 대통령의 선출이 양원합동회의에서 재적의원 2/3 이상의 투표를 거쳐 당선될 수 있도록 규정(제53조)함으로써 대통령이 되기 위해서는 국회의 절대적인 동의가 필요하도록 명문화하였다. 또한 제57조에서 제65조에 이르는 대통령의 주요 권한 행사에 관한 규정에 '국무회의의

---

14) 대통령과 국회, 국무원 등 권력구조와 직접적으로 연관되는 내용 이외에 제3차 개정 헌법에서 특기할 만한 내용은 경찰의 중립 보장을 위해 필요한 기구에 관한 규정을 두도록 한 점(제75조: 제5장 제2절), 선거관리의 공정성을 기하기 위해 중앙선거관리위원회를 헌법기관으로 규정한 점(제6장), 대법원장과 대법관을 임명제에서 선거인단을 통해 선출하는 방식으로 변경한 점(제7장), 헌법위원회를 삭제하고 헌법재판소를 신설한 점(제8장), 그리고 지방자치단체장의 직선제를 규정한 조항(제97조) 등이다.

의결에 의하여'라는 문구를 삽입하여 국무회의가 직접적인 의결권한을 갖는 기구임을 한층 강조하였고, 국무회의의 구성에 있어서도 대통령을 배제하고 국무총리와 국무위원만으로 조직함으로써 실질적으로 국회의 통제를 받는 의결기구로서의 성격을 강화하였다.

또한 제68조에 '국무원은 민의원에 대하여 연대책임을 진다.'라고 규정하고, 국무총리는 대통령의 지명, 민의원의 동의라는 제정헌법의 기본틀을 유지하면서도 두 차례에 걸쳐 동의를 얻지 못할 시에는 민의원의 선거를 통하도록 규정함으로써 국무총리 임명에 대한 국회의 동의권한을 한층 강화하였다. 더불어 국무총리와 국무위원의 과반수는 국회의원이어야 한다고 규정하고(제69조), 민의원이 재적의원 과반수의 찬성으로 국무원에 대한 불신임결의를 할 수 있도록 함으로써 국무원과 국회와의 연계를 더욱 강화하였다.

제2공화국에서 강화된 국회의 행정부 견제권한은 1960년 9월 26일 전문개정되어 공포된 국회법에도 반영되어 있다. 기본적인 변화로서는 정기회 회기를 120일로 규정한 것과 의안 발의 요건을 민의원 10인 이상, 참의원 5인 이상의 찬성으로 완화함으로써 국회의 활발한 의정 활동을 위한 조건을 마련한 것이다. 국회의 행정부 견제 측면에서 주목할 내용은 국무총리와 국무위원, 정부위원 등에 대한 대정부 질문 절차를 규정한 제10장 그리고 의원과 국민 또는 관청과의 관계를 규정한 제12장의 내용이다.

제10장을 보면, 국무위원의 보좌를 위한 정부위원의 임명에 양원의장의 승낙을 얻도록 하여(제136조) 국회의 권한을 강화하였고, 위원회에 국무총리, 국무위원과 정부위원의 출석 요구권한을 부여하여(제138조) 관여의 폭을 넓혔다. 또한 국회에 제출된 정부의 답변에 관하여 민의원 의원 10인 이상, 참의원 의원 5인 이상의 발의가 있을 때에는 이를 의제로 할 수 있도록

대한민국 국회제도의 형성과 변화

규정함(제142조)으로써 국회의 대정부 질문권한을 실질적인 것으로 만들었다. 국정조사와 관련된 제12장의 내용에서도, 의원 또는 위원회가 안건의 심사 또는 조사를 위하여 의원 또는 위원을 파견할 수 있도록 하고(제150조), 행정기관에 필요한 보고 또는 기록의 제출을 요구할 수 있으며(제151조), 조사에 필요한 경우 증인의 출석을 요구할 수 있도록 규정함(제152조)으로써 국회의 행정부 감시기능을 강화하였다.

제2공화국의 국회는 1960년 8월 8일 개원 이후 10개월이 채 못 되는 짧은 기간밖에 운영되지 못하였지만, 1961년 초 11일간의 휴무를 제외하고는 거의 상시적으로 회의를 지속함으로써 활발한 의정 활동과 행정부 감시 활동을 보여 주었다. 실제로 짧은 운영기간에도 불구하고 민의원에 제출된 572건의 의안 중 252건을, 참의원에 제출된 426건의 안건 중 187건을 가결 처리하여 제2공화국의 국회가 얼마나 활발한 입법 활동을 하였는지 가늠할 수 있다. 더불어 1960년 9월 30일 장면 총리와 김영선 재무부장관이 제안한 예산안에 대해 상임위원회 예비심사와 예산결산위원회 종합심사, 본회의 심사 등을 거쳐 12월 7일 수정안을 가결시켰고, 세 차례의 대정부 질문도 가지는 등 행정부 견제에 있어서도 활발한 활동을 보였다.15)

이 시기는 우리나라 역사상 국회가 제도적으로나 운영에 있어서 강력한 영향력을 가지고 국정 수행의 중심적인 행위자로서 자리매김했던 유일한

---

15) 1960년 11월 29일에는 3.15 부정선거 관련자 및 반민주행위자의 공민권 제한, 그리고 부정축재자의 처벌에 관한 소급입법의 근거 마련을 위한 새 헌법의 공포가 있었다. 제4차 개정 헌법은 제3차 개정 헌법의 규정을 그대로 유지하면서 부칙에 부정선거 관련자와 반민주행위자의 '공민권을 제한하기 위한 특별법을 제정'할 수 있고, 부정축재자들에 대한 '행정상 또는 형사상의 처리를 하기 위하여 특별법을 제정할 수 있다.'라는 규정을 덧붙이는 것이었다. 이러한 내용은 과거 법률조항이 없었던 사안에 대해 사후에 규정을 제정, 처벌하려는 것으로 소급입법의 모습을 띠고 있어 법리적으로 논란의 여지가 있는 것이었지만 당시 상황 속에서 이의제기 없이 통과되었다.

기간이었으며 이에 걸맞는 활동을 보여 주었던 것도 사실이다. 그러나 제2
공화국의 국회는 1961년 5월 16일 군사쿠데타로 헌정이 중단되면서 단명에
그치고 말았다.


# IV. 제3공화국: 대통령 권한의 복권과 국회 활동의 약화

## 1. 제5차 개정 헌법(1962)16)과 국회의 행정부 견제권한

1961년 5월 군사쿠데타 이후 1963년 12월 17일 제6대 국회가 개원할 때
까지 2년 7개월여 가량 국회의 기능과 역할을 대신한 국가재건최고회의는
국가재건비상조치법의 규정에 따라 1962년 11월 5일 개헌안을 제안, 공고
하고, 12월 17일 국민투표를 거쳐 12월 26일 공포함으로써 제3공화국의 출
범을 공식화하였다.17)

제3공화국의 헌법은 대통령중심제와 단원제 국회의 채택, 헌법재판소의
폐지와 대법원에 위헌법률심사권 부여, 헌법 개정시 국회 의결 후 국민투표
로 확정 등의 내용을 담고 있었다. 대통령중심제와 단원제 국회의 채택은 최

---

16) 국가재건최고회의라는 비대의적 의사결정기구가 국가재건비상조치법이라는 특수한 법률에
   의거하여 헌법을 개정한 것은 절차적으로 문제를 안고 있었다. 이전 헌법 제98조에 적시된
   바에 따르면, 헌법의 개정 제안은 대통령, 민의원 또는 참의원의 재적의원 1/3 이상 또는 민
   의원 의원 선거권자 50만 인 이상의 찬성으로, 그 의결은 양원에서 각각 그 재적의원 2/3 이
   상의 찬성을 통해 이루어지도록 규정하고 있었다. 따라서 국회의 제안과 의결을 거치지 않고
   국민투표를 거쳐 공포된 제3공화국의 헌법은 절차적 정당성을 갖추지 못한 것이었다.
17) 박정희 군사정부의 헌법 개정 논의는 1961년 6월 6일 국가재건비상조치법의 공포 이후, 국가
   재건최고회의에서의 논의, 헌법심의위원회의 심의(1962년 7–11월) 등을 거쳐 12월 17일 국
   민투표를 통과하였다. 이에 대한 보다 자세한 기술은 이완범(2000)을 볼 것.

대한민국 국회제도의 형성과 변화

고회의 의장 박정희의 의중에 따른 것이었는데, 이는 1961년 8월 12일 박정희가 발표한 '정권 이양 시기에 관한 성명'에 이미 천명된 내용이었다.[18) 이 헌법에는 제2공화국의 의원내각제를 대통령중심제로 전환하려는 내용이 담긴만큼, 이전에 축소되었던 대통령의 권한을 대부분 복원하는 데 초점이 맞추어졌다. 이는 제도적으로 제3공화국의 국회가 행정부를 견제할 수 있는 권한이 이전 대통령중심제를 채택하였던 제1공화국과 비교하여 큰 차이가 없음에도, 대통령의 권한이 강화되면서 이를 무력화할 수 있는 여지가 많아졌음을 의미한다.

실제로 내용상으로는 국회가 행정부에 대해 갖는 직접적인 견제권한인 예산안 심의·확정권(제50조), 조약 체결·비준에 관한 국회동의권(제56조), 국정감사권(제57조), 국무총리·국무위원 또는 정부위원의 국회 출석 요청 권한(제58조), 탄핵소추권(제61조) 등은 이 헌법에서도 그대로 유지되었다. 오히려 제59조에서는 국회가 국무총리 또는 국무위원의 해임을 대통령에게 건의할 수 있는 권한이 추가되었다.[19)

그러나 국회의 행정부 견제에 있어 가장 중요한 권한인 국정감사에 있어서는 국회의 활동을 제약할 수 있는 단서조항을 두었다. 헌법 제57조에는 국회가 국정감사를 함에 있어서 '재판과 진행 중인 범죄수사 소추에 간섭할 수

---

18) 이 성명에서 박정희는 정권 이양에 앞서 최소한의 기초 작업을 완수할 것이며, 정부형태는 대통령책임제로, 국회는 100-120명의 단원제로 한다는 구상을 밝혔다(이완범 2000, 176).

19) 그 내용은 다음과 같다. 제59조 ①국회는 국무총리 또는 국무위원의 해임을 대통령에게 건의할 수 있다. ②전항의 건의는 재적의원 과반수의 찬성이 있어야 한다. ③제1항과 제2항에 의한 건의가 있을 때에는 대통령은 특별한 사유가 없는 한 이에 응하여야 한다. 세 번째 조항에 관해서 이완범은 헌법심의위원회의 자문 역할을 하였던 에머슨(Rupert Emerson)의 발언을 언급하면서 '특별한 사유가 있을 때 이를 거부할 수 있도록 한 안'으로 해석될 수 있는 실효성이 없는 권한이라 지적한 바 있다(이완범 2000, 184). 실제로 국회의 건의를 통해 국무총리가 해임된 적은 없으며 국무위원의 경우에도 제6대 국회 회기 중인 1964년 4월 10일 김유택 경제기획원장관과 원용석 무임소장관에 대한 해임건의안 가결이 유일한 사례이다.

없다.'라는 제한조항이 붙어 있는데, 이는 이후 행정부가 쟁점이 되는 사안에 대해서 국회의 국정감사를 회피할 수 있는 헌법적 근거가 되었다.

행정부에 대해 국회가 갖는 제도적인 견제권한은 1963년 11월 26일 공포된 국회법에서도 외관상으로는 이전과 큰 차이를 보이지 않는다. 여전히 국회는 위원회를 통해 국무총리·국무위원 또는 정부위원의 국회 출석을 요청할 수 있었으며(제114조), 정부에 질문서를 제출하여 답변을 요구할 수 있었다(제115조, 제116조). 또한 국회는 국정에 관한 조사나 기타 필요하다고 인정될 때에는 의원 또는 위원을 파견할 수 있었다(제124조).

다만 권한 실행에 있어서 세부적인 요건이 강화되는 모습이 나타났는데, 국회의 질문서에 정부가 답변할 의무기한이 7일 이내에서 10일 이내로 늘어났고, 국회가 국정조사로 정부에 의원 또는 위원을 파견할 때에도 이전에는 의장의 승인만 필요했지만 본회의의 의결을 얻도록 변경되었다. 이는 국회의 행정부 견제권한이 그 행사에 있어서 회피되거나 지연될 수 있게끔 함으로써 때때로 행정부가 국회의 견제를 무력화할 때 사용하기 용이한 수단이 되었다. 또한 정부가 대정부 질문을 위해 정부위원을 임명할 때에도 이전에는 국회의장의 승낙을 얻어야 했지만 국회에 통지만 하면 되는 것으로 변경되었다(국회법 제112조).

더불어 국회의 재정권한 역시 실질적인 측면에서 약화되는 모습을 보였다. 1961년 12월 19일 국가재정법을 대체하는 예산회계법이 제정되었는데, 여기에서는 예산안 작성과 실행, 그리고 결산에 이르기까지 행정부의 통제를 크게 강화하였다. 예를 들어, 이전 국가재정법에서는 정부에서 국회에 제출하는 세입·세출결산에 '심계원의 검사보고 이외에 세입결산명세서·세출결산보고서 및 국가의 채무에 관한 계산서를 첨부'토록 하였으나, 이를 대체한 예산회계법에서는 그러한 조항이 삭제되었다. 이는 예·결산 과정에서 국회의 관여 여지가 줄어드는 결과를 초래하였다.

## 2. 국무회의의 권한 약화와 국회 활동영역의 축소

제1공화국 헌법에서 국무원제도와 국무총리제도는 대통령의 권한 행사를 제한하기 위한 내각제적 요소를 다분히 포함하고 있었으나, 제3공화국에 이르러서는 대통령의 권한 행사를 보좌하며 이에 정당성을 부여하는 역할을 담당하게 되었다.

제정헌법에서 '합의체로서 대통령의 권한에 속한 중요 국책을 의결한다.'라고 규정된 국무원의 기능은 제1공화국 이래로 유지되었다. 즉, 제1공화국의 국무원은 대통령이 권한을 행사함에 있어서 과반수의 원칙에 기반한 합의체 의결기구였으나, 제3공화국에서는 의결권한이 없어지고 심의만을 담당하는 기구로 약화되고 말았다. 또한 국무총리에 대한 국회의 임명동의권한 역시 삭제됨으로써 대통령이 실제 권한을 행사함에 있어서 국회가 관여할 수 있는 여지가 크게 줄어들었다.

국무회의를 통한 국회의 견제권한 약화가 중요한 이유는, 그것이 대통령의 권한 행사에 대해 국회가 제동을 걸 수 있는 장치가 극히 취약해지는 상황을 초래하였기 때문이다. 헌법적으로 대통령이 긴급조치 필요시 재정·경제상 처분을 하거나 이에 관하여 법률의 효력을 가지는 명령을 발할 수 있도록 한 권한(제73조)과 입법거부권(제49조)을 갖고 있는 상황에서, 국무회의의 의결권이 사라짐으로써 국회가 대통령의 자의적인 권한 행사를 견제할 수 있는 수단이 전무해졌을 뿐 아니라, 대통령의 입장에서는 권한 행사에 대한 절차적 정당성을 용이하게 확보할 수 있는 수단을 갖게 되었다.

제3공화국의 헌법상 제도 변화에서 지적될 수 있는 중요한 또 하나의 내

용은 여러 가지 규정을 통해 국회가 활동할 수 있는 영역을 크게 축소시켰다
는 점이다. 제5차 개정 헌법 제7조에 기술된 정당에 관한 규정, 국회의원의
수를 구체적으로 적시하고 정당의 후보 공천을 명문화한 제36조, 그리고 당
적에 변화가 있을 때 국회의원의 자격을 상실토록 규정한 제38조가 바로 그
것이다. 구체적인 내용은 다음과 같다.

제7조 ①정당의 설립은 자유이며, 복수정당제는 보장된다.
　②정당은 그 조직과 활동이 민주적이어야 하며, 국민의 정치적 의사형성에 참여
하는 데 필요한 조직을 가져야 한다.
　③정당은 국가의 보호를 받는다. 다만, 정당의 목적이나 활동이 민주적 기본질서
에 위배될 때에는 정부는 대법원에 그 해산을 제소할 수 있고, 정당은 대법원의
판결에 의하여 해산된다.

제36조 ②국회의원의 수는 150인 이상 200인 이하의 범위 안에서 법률로 정한다.
　③국회의원 후보가 되려 하는 자는 소속정당의 추천을 받아야 한다.

제38조 국회의원은 임기 중 당적을 이탈하거나 변경한 때 또는 소속정당이 해산된
때에는 그 자격이 상실된다. 다만, 합당 또는 제명으로 소속이 달라지는 경우에
는 예외로 한다(1963. 12. 17. 개정 헌법).


여기에서 특히 문제가 되는 부분은 정당의 조직과 활동이 민주적이어야
한다고 규정한 제7조 제2항과 정부가 대법원에 정당의 해산을 제소할 수 있
고 정당은 대법원의 판결에 따라 해산된다고 규정한 제3항의 내용이다. 이
러한 규정 자체의 시시비비를 가리기는 어려우나, 그 해석이 자의적일 경우
이는 정부에 의한 정당 탄압의 헌법적 근거가 될 가능성을 담고 있었다. 또
한 제36조와 제38조의 내용 역시 국회의원의 활동을 위축시킬 수 있었다.
국회의원의 정원을 헌법에 최초로 명문화한 이 조항은 그 자체로 문제를 삼

을 수 없겠지만, 선거법 개정을 통해 국회의원의 총인원이 축소된 데다가 1963년 제6대 국회의원선거에서 최초로 전국구제도가 도입되었다는 사실과 연동하여 정부가 국회 활동에 영향력을 행사할 수 있는 여지가 늘어났다고 볼 수 있다.[20]

더욱이 정당공천제를 명문화하고 당적 변경을 국회의원 자격의 상실로 이어지게끔 한 제38조의 내용은 국회의원의 정치적 자유를 제약하는 독소조항으로 이해되며 결국 국회 활동의 위축을 초래했다고 볼 수 있다. 더불어 이 시기에 처음으로 헌법에서 국회 정기회는 120일, 임시회는 30일을 초과할 수 없도록 회기제한규정(제43조 제3항)을 둔 점 역시 국회의 행동 반경을 제약하는 요소라 할 수 있다.

요약해 보면, 제3공화국의 국회는 여전히 행정부를 견제할 수 있는 제도적 권한들을 보유하고 있었으나, 국무회의의 의결권 박탈과 국무총리의 국회 승인권한 삭제 등으로 인해 실제로 대통령과 행정부의 결정에 관여할 수 있는 수단이 크게 줄어들었다. 반면에 정당과 국회의원의 활동에 영향을 줄 수 있는 조항들이 헌법에 명문화됨으로써 정부가 이들의 활동에 개입하고 관여할 수 있는 여지가 늘어났다.

더욱이 선거제도의 변경을 통해 대통령의 영향 아래 있는 민주공화당이 국회의석 수에서 큰 이득을 봄에 따라 국회의 행정부 견제기능은 더더욱 약화될 수밖에 없었고, 이는 실제로 행정부에 의해 국회 활동이 영향을 받는

---

20) 제3공화국에서 개정된 선거법은 정국 안정을 명분으로 하여 전국구 의석의 배분율을 득표나 지역구 의석수에 비례하지 않고 제1당에 프리미엄을 주는 형식을 취했다. 예컨대, 제1당은 득표율이 50% 이상이면 그 비율에 따라, 이에 미치지 못하더라도 전국구 의석의 반을 주는 식이었다. 실제 1963년 11월 26일 제6대 총선에서 민주공화당은 득표율은 33.5%에 지나지 않았으나 전국구에 할당된 44석 중 절반인 22석을 배정받음으로써, 지역구 의석 88석을 합쳐 전체 175석 중 63%에 이르는 110석을 차지하였다.

상황으로 이어졌다. 1967년 6월 8일 치러진 제7대 국회의원선거에서 민주공화당은 50.6%의 득표율로 지역구 102석, 전국구 27석을 확보하여 총의석수 175석 중 129석을 차지하여 개헌선을 상회하는 73%의 의석 수를 확보하였다. 이를 기반으로 민주공화당은 1969년 10월 21일 제6차 개정 헌법을 통해 대통령의 계속 재임을 2기에서 3기로 연장하는 것을 골자로 하는 '3선 개헌'에 성공하였고, 정당을 통해 국회에 대한 통제력을 강화하면서 더욱 강력한 대통령제를 위한 제도적 기반을 마련하였다.[21]

## V. 제4공화국과 제5공화국: 국회 견제기능의 마비

### 1. 제4공화국

제3공화국에서 대통령중심제가 확립되고 대통령의 권한이 강화됨에 따라 국회의 행정부 견제권한이 약화된 것이 사실이지만, 그것이 제도적으로 주어진 권한의 축소로 인한 것은 아니었다. 그러나 1972년 12월 27일 삼권분립의 원칙을 크게 위배한 제7차 개헌을 통해 이른바 '유신헌법'이 공포되면서 국회의 행정부 견제권한은 제도적으로도 크게 축소되었다.[22]

---

21) 3선 개헌에 대한 일종의 보상으로 제6차 개정 헌법에는 국회의원 정수의 상한을 150~200인에서 150~250인으로 확대하는 조항(제36조)과 국회의원의 국무위원 겸직을 허용(제39조)하는 조항이 추가되었다. 그러나 한편으로 대통령에 대한 탄핵소추 요건을 국회의원 50인 이상의 발의와 재적의원 2/3 이상의 찬성으로 함(제61조)으로써 현실적으로 불가능에 가깝도록 강화하였다.

22) '유신헌법'은 구성에 있어서도 그 이전과 차이를 보인다. 이전의 헌법들이 국가의 권력기관을 나열할 때 국회를 가장 먼저 서술하고 뒤이어 정부, 법원을 기술함으로써 국회의 대표성을 앞세웠다면, 유신헌법에서는 대통령과 행정부에 대한 조항에 이어 국회가 나옴으로써 국회

대한민국 국회제도의 형성과 변화

가장 직접적인 행정부 견제권한인 국정조사와 감사권한은 공식적으로 폐지되었고, 국무총리와 국무위원 또는 정부위원에 대한 출석 요구와 질문권한만이 유지되었다(제96조). 또한 제97조를 통해 국회에 국무총리 또는 국무위원에 대한 해임결의권한을 부여하였지만, 그 요건을 재적의원 1/3 이상의 발의와 과반수의 찬성으로 함으로써 실효성이 없는 권한에 불과하였다.

직접적인 행정부 견제권한 외에 제4공화국의 제도에는 국회의 활동을 크게 제약하는 여러 개의 독소조항이 존재하였다. 이 중 국회의 활동을 가장 제약하는 조항은 유신헌법 제82조이다.

제82조 ①국회의 정기회는 법률이 정하는 바에 의하여 매년 1회 집회되며, 국회의 임시회는 대통령 또는 국회재적의원 3분의 1 이상의 요구에 의하여 집회된다.
②정기회의 회기는 90일을, 임시회의 회기는 30일을 초과할 수 없다.
③국회는 정기회·임시회를 합하여 년 150일을 초과하여 개회할 수 없다. 다만, 대통령이 집회를 요구한 임시회의 일수는 이에 산입하지 아니한다.
⑤대통령의 요구에 의하여 집회된 임시회에서는 정부가 제출한 의안에 한하여 처리하며, 국회는 대통령이 집회요구 시에 정한 기간에 한하여 개회한다(1972. 12. 27. 개정 헌법).

이 조항에 따르면, 국회의 회기에 있어서 정기회는 90일, 임시회는 30일을 초과할 수 없도록 규정되어 있을 뿐 아니라 국회의 총회기일수도 연 150일을 초과할 수 없도록 제한을 두고 있었다.[23] 특히 더 문제가 되는 것은 ⑤항의 내용이다. 이 조항은 총회기일수를 150일 이내로 규정하고 있음에도,

---

의 대표성 격하를 상징적으로 표출하였다.
23) 우리의 국회는 제헌 이후 상설국회로 운영되다가 제3공화국의 제5차 개헌(1962년 12월 26일)을 통해 처음으로 국회 회기일수에 대한 규정이 등장하였다. 그러나 이때에도 정기회 120일, 임시회 30일 등 각 회기일수에 대한 규정이었을 뿐 전체 회기일수에 대해 제한을 둔 것은 아니었다. 유신헌법 제82조의 내용은 당시 국회법 제6조에 그대로 반영되어 있다.

대통령에 의해 소집된 임시회는 전체 일수에 산입하지 않는 데다가 그 처리 안건을 '정부가 제출한 의안에 한한다.'라고 규정하고 있다. 이는 대통령이 필요에 따라 언제든 국회를 소집하고 정부의 안건을 처리할 수 있음을 의미하는 것으로, 당시의 국회가 대통령의 결정에 정당성을 부여하는 이른바 '통법부'로 그 위상이 격하되고 있었음을 여실히 보여 준다.

국회법(1973년 2월 7일 공포)에서도 국회의 약화는 명확히 드러난다. 예를 들어, 국회의 의안 발의 요건을 국회의원 10인에서 20인 이상의 찬성으로 상향 조정하고, 예산상의 조치가 수반되는 법률안, 기타 의안의 경우 50인 이상으로 강화한 국회법 제73조에는 국회의 입법능력을 약화시키려는 의도가 담겨 있었다. 제121조에서도 국회에 행정부의 보고 또는 서류 제출을 요구할 수 있도록 권한을 부여하였지만, 정부가 이를 회피할 수 있는 단서조항을 달아 실제로는 아무런 의미가 없었다. 해당 내용은 다음과 같다.

국회법 제121조(보고 또는 서류제출의 요구)
　①본회의 또는 위원회는 그 의결로 안건의 심의와 직접 관련된 보고 또는 서류의 제출을 정부·행정기관 기타에 대하여 요구할 수 있다.
　②위원회가 제1항의 요구를 할 때에는 의장을 경유하여야 한다.
　③제1항의 요구를 받은 경우에는 이에 응하여야 한다. 다만, 정부에서 국가의 안전보장을 위하여 필요하다고 인정하거나 다른 법률에서 그 보고와 제출을 금지 또는 제한하고 있는 경우에는 그 이유를 들어 그 요구에 응하지 아니할 수 있다 (1973.2.7. 개정 국회법).

이와 더불어 국회의 예산안 심의·확정권한은 유지되었지만 정부의 국회 제출시한을 회계연도 개시 120일 전에서 90일 전으로 변경함으로써 국회의 검토시한을 줄인 제89조, 의원의 발언시간을 30분을 초과할 수 없도록 제한한 제97조 등은 국회의 의정 활동을 직접적으로 제약하는 대표적인 독소조

　　　　　　　　　　　　　　대한민국 국회제도의 형성과 변화

항이었다.[24]

## 2. 제5공화국

1980년 10월 27일 공포된 제8차 개정 헌법은 대통령의 권한과 국회의 행정부 견제권한 등에 있어서 이전의 유신헌법과 거의 차이가 없었다.

우선, 헌법의 구성에 있어서 유신헌법의 경우와 마찬가지로 대통령, 행정부에 관한 조항이 먼저 등장한 이후에 국회가 나와 권력기관의 상징적인 위상이 그대로 유지되었고, 대통령간선제, 국민투표부의권, 비상조치권 등 대통령의 권한은 거의 변화가 없이 유지되었다. 다만 유신헌법의 긴급조치권을 대체한 비상조치권의 경우 국회의 승인을 얻도록 규정한 점이 이전과 차이를 보였다. 또한 국회의 회기일수를 제한한 유신헌법의 조항은 제5공화국의 헌법 제83조를 통해 그대로 유지되었고, 정부의 국회 예산안 제출시점을 회계연도 개시 90일 전까지로 축소한 조항(제90조), 그리고 제3공화국에서 처음 등장하였던 정당에 대한 조항(제7조) 역시 존속되었다. 국회법에서도 국회의 활동을 위축시키는 독소조항들, 예를 들어 의안 발의의 요건을 일반 의안 20인 이상, 예산상의 조치가 수반되는 법률안의 경우 30인 이상으로 규정한 조항(제74조)과 발언시간 제한 조항(제97조) 등은 그대로 유지되었다.

국회의 행정부 견제권한이라는 측면에서 제5공화국의 헌법에서 달라진 점은 형식상으로 국회에 국정조사권한을 부여하여 국회가 특정한 사안에 관하여 조사할 수 있는 권한을 되찾게 한 것이다. 그러나 국회의 국정조사권

---

24) 의원 발언시간 제한이 처음 규정된 것은 1963년 11월 26일 새로이 제정된 국회법에서였다. 그러나 이때는 구체적인 시간을 적시하지 않고 '국회의 의결'을 요건으로 하여 국회의 자율적 재량으로 규정되었다.

을 규정한 헌법 제97조 중에 '재판과 진행 중인 범죄수사·소추에 간섭할 수 없다.'라는 제약이 있어서 현실적으로는 중대한 사안에 대한 조사가 사실상 불가능하였다.[25]

결국 제4공화국과 제5공화국에서 제도적으로 그리고 실질적으로 무력해진 국회의 기능은 국민의 요구에 대한 정치적인 반응이 국회가 아닌 거리에서 나타날 수밖에 없는 환경을 초래하였다. 그러한 상황에서 우리의 국회는 국민의 대의기관이 아니라 행정부의 결정에 절차적 정당성을 부여하는 형식적인 기관으로 그 위상이 추락하였다.

# VI. 제6공화국: 국회 권한의 복권과 강화

## 1. 국회 활동의 정상화와 행정부 견제권한의 복권

1987년 10월 29일 공포된 제9차 개정 헌법에서는 국회 활동을 제약하는 다양한 독소조항들이 삭제되는 한편, 권위주의정부 시절 사라졌던, 국회가 행정부에 대해 갖는 제도적인 견제권한들이 복권되었다.

국회의 회기에 관련된 내용을 담고 있는 헌법 제47조에는 정기회와 임시회의 회기일수가 각각 100일, 30일 이내로 규정되었지만, 전체 회기일수에 대한 제한 규정은 삭제되었다. 또한 대통령 소집 임시회의 경우 회기일수에 산입하지 않고, 이 임시회에서는 정부 제출 의안만을 심의한다는 조항을 삭

---

25) 제97조 국회는 특정한 국정사안에 관하여 조사할 수 있으며, 그에 직접 관련된 서류의 제출, 증인의 출석과 증언이나 의견의 진술을 요구할 수 있다. 다만, 재판과 진행 중인 범죄수사·소추에 간섭할 수 없다.

제함으로써, 국회가 행정부에 종속되지 않고 정상적인 견제기관으로서 활동할 수 있는 기반이 마련되었다.

더욱 중요한 사실은 유신헌법으로 철폐되었던 국회의 국정감사권이 부활됨으로써 국회가 행정부에 대한 감시·견제기관으로서 본연의 위치를 되찾았다는 것이다. 이와 함께 국무총리·국무위원 또는 정부위원을 국회에 출석시켜 질의할 수 있는 권한, 국무총리와 국무위원에 관한 해임건의권한 역시 국회가 가짐으로써 국회의 영향력이 제도적으로 복원되었다.[26]

제47조 ①국회의 정기회는 법률이 정하는 바에 의하여 매년 1회 집회되며, 국회의 임시회는 대통령 또는 국회 재적의원 4분의 1 이상의 요구에 의하여 집회된다.
②정기회의 회기는 100일을, 임시회의 회기는 30일을 초과할 수 없다.
③대통령이 임시회의 집회를 요구할 때에는 기간과 집회요구의 이유를 명시하여야 한다.

제61조 ①국회는 국정을 감사하거나 특정한 국정사안에 대하여 조사할 수 있으며, 이에 필요한 서류의 제출 또는 증인의 출석과 증언이나 의견의 진술을 요구할 수 있다.
②국정감사 및 조사에 관한 절차 기타 필요한 사항은 법률로 정한다.

제62조 ①국무총리·국무위원 또는 정부위원은 국회나 그 위원회에 출석하여 국정처리상황을 보고하거나 의견을 진술하고 질문에 응답할 수 있다.
②국회나 그 위원회의 요구가 있을 때에는 국무총리·국무위원 또는 정부위원은 출석·답변하여야 하며, 국무총리 또는 국무위원이 출석요구를 받은 때에는 국무위원 또는 정부위원으로 하여금 출석·답변하게 할 수 있다.

제63조 ①국회는 국무총리 또는 국무위원의 해임을 대통령에게 건의할 수 있다.

---

26) 국무총리와 국무위원에 대한 해임건의안은 그 자체로 의미가 있으나 대통령이 이를 거부할 경우 강제할 수단이 없다는 한계가 있다.

②제1항의 해임건의는 국회 재적의원 3분의 1 이상의 발의에 의하여 국회 재적
의원 과반수의 찬성이 있어야 한다(1987. 10. 29. 개정 헌법).

제6공화국에서의 국회가 삼권분립의 한 축으로서 위상을 되찾고 그 활동
이 정상화되었음은 국회법의 내용을 통해서도 확인할 수 있다. 1988년 6월
15일 전부 개정된 국회법을 보면 권위주의 시기 국회 활동을 제약하였던 조
항들과 행정부가 국회의 견제를 회피할 수 있는 조항들이 삭제되었고, 행정
부에 대한 질의권한(제8장), 국정조사와 감사권한(제10장) 등 국회 본연의
견제권한이 회복되었다. 또한 1973년 유신헌법에 의해 폐지되었던 국정감
사법은 1988년 8월 5일 '국정감사 및 조사에 관한 법률'이 제정되면서 부활
하였고, 이는 행정부 활동에 대해 국회가 실질적으로 관여할 수 있는 법률적
근거가 되었다.27)

## 2. 민주화 이후 국회법의 주요 변화들

1987년 민주화 이후 국회가 그 이전에 비해 얼마나 활발한 활동을 보였는
지는 국회법 개정 횟수를 통해서도 간접적으로 알 수 있다. 제헌 이후 1987
년 이전까지 국회법의 개정 횟수는 23차례에 불과한 반면, 민주화 직후인
13대 국회부터 최근까지 국회법의 변화는 무려 36차례나 이루어져 그 빈도
수에서 큰 차이를 보인다.28) 아래에서는 민주화 이후의 변화를 국회의 행정

---

27) 주요 내용은 정기국회 소집 다음 날부터 20일간 국정감사 실시, 국정조사는 재적의원 1/3 이
상의 요구로 실시 등이다.
28) 단순한 변화의 횟수가 국회 활동의 밀도를 보여 주는 것은 물론 아니다. 다만 민주화 이전 특
히 권위주의정부 시기에는 국회가 유명무실했던 까닭에 운영상의 문제를 그대로 방치하였던
반면, 민주화 이후에는 국회 활동이 정상화됨에 따라 국회운영의 다양한 문제점들을 발견하
고 이를 즉각적으로 수정하는 경향을 보였다고 할 수 있다. 실제 제4공화국과 제5공화국에서

대한민국 국회제도의 형성과 변화

부 견제권한을 중심으로 정리해 보았다.


## 1) 국회 역할 강화와 행정부 감시권한

　민주화 이후 개정된 국회법의 주요한 변화를 살펴보면, 우선 2000년 2월 16일에 공포된 국회법 일부 개정안(법률 제6266호)을 들 수 있다. 이 개정안에는 연중 개원체제를 도입함으로써 국회의 상시적인 활동을 기하는 한편, 법안실명제를 도입함으로써 국회의원의 책임성을 강화하고, 대통령령 등 행정입법에 대한 국회의 통제권 강화를 위해 행정명령이 법률의 취지에 맞지 않을 경우 소관 행정기관의 장에게 통보할 수 있도록 하는 내용이 담겨져 있다. 해당 법의 주요 골자는 다음과 같다.

　첫째, 국회의 연중 상시 활동을 위하여 '짝수 달(2·4·6월)의 1일에 임시회를 집회하고, 정기회의 집회일을 현행 9월 10일에서 9월 1일로 변경'하였다(법 제4조 및 제5조의 2). 이는 국회 활동에 대한 시간적 제약을 최소화함으로써 국회가 행정부 감시 등 국정 관여에 있어 중요한 역할을 수행할 수 있도록 하는 조치였다. 둘째, 상임위원회 중심의 법안 심사를 보완하기 위하여 국민에게 부담을 주는 법률안 등 주요 의안의 경우 의원 전원으로 구성되는 전원위원회를 개회할 수 있도록 함으로써 법안의 보다 신중한 검토를 기하였다(법 제63조의 2). 셋째, 법안실명제를 신설하여 의원의 법률안 발의 시 발의의원과 찬성의원을 구분·명기하고, 법률안 제명(題名)의 부제(副題)로 발의의원의 성명을 기재하도록 함으로써 국회의원의 책임성을 강화하였다. 마지막으로 대통령령 등 행정입법에 대한 국회의 효율적인 통제를

---

국회법 개정 횟수는 각각 3차례와 1차례에 불과하며 그 내용도 헌법상 변화를 국회법에 반영하는 것에 그쳤다.

위하여 상임위원회는 이를 검토하여 당해 대통령령 등이 법률의 취지 또는 내용에 합치되지 아니한다고 판단되는 경우, 소관 중앙행정기관의 장(長)에게 그 내용을 통보할 수 있도록 하였다(제98조의 2).[29]

16대 국회(2000.5.30.-2004.5.29.) 중반 국회 정치개혁특별위원회에 의해 주도된 국회법 일부 개정안의 내용 역시 중요한 변화를 담고 있다. 2003년 2월 4일 개정, 공포된 국회법(법률 제6855호)에는 국회의 행정부 견제에 있어 중요한 여러 권한들이 더욱 강화되었는데, 우선 국회의 법안 발의요건을 국회의원 10인 이상의 찬성으로 완화함으로써 활발한 입법 활동을 지원하였다(제79조 제1항). 더불어 대정부 질문에 있어서 모두(冒頭)질문을 폐지하고 대정부 질문은 일문일답에 의한 방식으로 20분간 하도록 하되, 답변 시간은 이에 포함하지 아니하도록 함(제122조의 2)으로써 국회의 행정부 감시에 있어서 효율성을 기하였다. 또한 국회가 감사원에 대하여 사안을 특정하여 감사청구를 할 수 있도록 하고, 감사원은 3개월 이내에 그 감사의 결과를 국회에 보고하도록 하며, 감사원이 특별한 사유로 그 기간 이내에 감사를 마치지 못할 경우에는 2개월의 범위 이내에서 연장할 수 있도록 함(제127조의2 신설)으로써 국회의 감사권한을 더욱 강화하였다.

2011년 5월 19일 일부 개정 공포된 국회법(법률 제10652호)에서도 정부가 국회에 법률안 제출 계획을 통지하는 시기를 매년 1월 31일까지 앞당김으로써 정부입법의 예측가능성을 높이고, 국회에 충분한 검토 준비기간을

---

29) 19대 국회에서는 제98조 2항의 실효성을 더욱 강화하려는 시도가 있었다. 2015년 5월 29일 여야 합의로 통과된 국회법 개정안은 '정부의 행정입법 내용을 국회 상임위원회가 검토하고 법률의 취지와 내용에 합치되지 않는다고 판단되면 행정부에 수정, 변경을 요구'할 수 있도록 함으로써 제도적으로 그 실효성을 강화하려는 목적을 담고 있었다. 그러나 6월 25일 박근혜 당시 대통령이 이에 대해 거부권을 행사하고 갈등 속에 유승민 당시 새누리당 원내대표가 사퇴하면서 법제화되지 못하였다.

부여함으로써 행정부의 견제기관으로서 그 역할을 강화하였다.

## 2) 대통령임면권 견제권한

2000년 2월 16일 국회법 일부 개정안에서는 헌법에 의하여 국회의 동의를 요하는 대법원장·헌법재판소장·국무총리·감사원장 및 대법관, 그리고 국회에서 선출하는 헌법재판관과 중앙선거관리위원에 대한 인사청문회 실시가 신설(국회법 제46조의 3, 제65조의 2)되면서, 대통령의 임명권에 국회가 관여할 수 있는 권한을 복권시켜 놓았다. 이러한 내용은 국회의 책임성을 담보하는 동시에 행정부에 대한 견제권한을 한층 높이는 것이었다. 이 변화에 의거하여 2000년 6월 23일 인사청문회법이 제정되었는데 그 핵심적인 내용들은 다음과 같다.

우선, 임명동의안 등이 국회에 제출된 때에 13인으로 인사청문특별위원회를 구성하고, 이 위원회는 인사청문회를 열어, 공직후보자를 출석하게 하여 질의를 행하고 답변과 의견을 청취하는 방식으로 심사가 진행되도록 규정하였다.

둘째, 인사청문특별위원회는 임명동의안 등이 회부된 날부터 12일 이내에 인사청문회를 마치되 인사청문회 기간은 2일 이내로 한다고 규정하였고, 인사청문회 및 답변은 국가의 안전보장을 위하여 필요한 경우 등을 제외하고는 공개하는 것을 원칙으로 하였다(제7조 제6항).

2003년 2월 4일 개정된 국회법 일부 개정안에서는 위원회의 인사청문회 실시기한을 15일로, 인사청문회 기간을 3일로 확장함으로써 심사가 더욱 면밀하게 이루어질 수 있도록 하였다. 또한 17대 국회(2004.5.30.-2008.5.29.)에서 국회개혁특별위원회의 주도로 2005년 7월 28일 공포된 개정국회법(법률번호 제7614호)에서는 인사청문회의 대상을 모든 국무위원, 헌법재판소의 재판관, 그리고 중앙선거관리위원회 위원으로 확대하였다. 인사청문회 대상은 이후 더욱 확대되어 현재에는 대통령이 임명하는 헌법재판소 재판관·중앙선거관리위원회 위원·국무위원·방송통신위원회 위원장·국가정보원장·공정거래위원회 위원장·금융위원회 위원장·국가인권위원회 위원장·국세청장·검찰총장·경찰청장·합동참모의장·한국은행 총재·특별감찰관·한국방송공사 사장의 후보자, 그리고 대법원장이 각각 지명하는 헌법재판소 재판관과 중앙선거관리위원회 위원의 후보자를 망라하며 총63개의 공직이 국회의 인사 청문 대상이 되었다.[30]

현재의 인사청문회 대상 중에서 대법원장·헌법재판소장·국무총리·감사원장 및 대법관과 국회에서 선출하는 헌법재판소 재판관·중앙선거관리위원회 위원 등 삼권분립의 권력기관들과 활동에 있어서 독립성이 중요시되는 조직의 기관장들은 그 임명에 국회의 동의를 반드시 얻도록 헌법에 규정되어 있어 이들에 대해서는 국회의 동의 없이는 임명이 불가능하다. 그러나 국무위원과 국가정보원장·검찰총장·경찰청장 등 헌법이 아닌 법률에 의해 국회의 임명 동의가 필요한 이들에 대해서는 인사청문회를 제도화하여 공개적으로 국회의 심사와 검증을 거치지만, 국회의 인사청문회 보고서의 내용과 관계없이 대통령이 임명을 강행할 수 있어 국회의 견제권한에 한계를 갖고 있다.

3) 재정에 관한 권한

2000년 2월 16일 공포된 국회법 일부 개정안에서는 재정적인 측면에서도

---

30) 대통령당선인이 「대통령직인수에 관한 법률」 제5조 제1항에 따라 지명하는 국무위원 후보자들도 국회의 인사 청문 대상이다.

국회가 행정부를 견제할 수 있는 권한들이 강화되었다. 가장 눈에 띄는 변화는 교섭단체 소속 의원 수를 고려한 50인으로 구성된 예산결산특별위원회를 상설화한 것인데, 이는 '예산·결산 심사를 보다 충실히 하고 정부예산에 대한 국회의 연중 통제가 가능'하도록 만들기 위한 조치였다(제45조).

2003년 2월 4일 개정, 공포된 국회법에도 국회의 재정 견제 권한에 관한 내용이 포함되어 있다. 우선, 결산심사와 관련된 내용으로 '국회에서 결산심사 결과 정부 또는 해당기관의 위법 또는 부당한 사항이 있는 경우에는 이에 대하여 변상 및 징계조치 등 그 시정을 요구하고 그 처리결과를 국회에 보고하도록 함'(법 제84조 제2항)으로써 국회의 결산심사가 실질적인 효력을 갖도록 하였다. 더불어 국회가 감사원의 검사를 거친 결산(기금결산 포함)을 다음 회계연도 5월 31일까지 제출하도록 정부에 요구할 수 있도록 하고, 결산에 대한 심의·의결을 정기회 개회 전까지 완료토록 함(법 제128조의 2 신설)으로써 업무의 체계성을 더하였다. 이러한 변화들은 국회가 행정부에 대해 갖는 중요한 견제권한인 결산심사를 주도적으로 할 수 있는 토대가 되는 것이었다.

그 이후의 국회에서도 국회의 행정부 견제권한은 더욱 강화되었는데, 국회는 2006년 10월 4일 제정된 국가재정법(법률 제8050호)[31]을 통해 재정의 투명성을 확보함과 동시에 국회가 국가 재정 운용에 직접적으로 관여할 수 있는 장치를 만들었다. 국가재정법의 핵심적인 내용은 정부에 국가 '재정 운용의 효율화와 건전화를 위하여 매년 당해 연도를 포함한 5 회계연도 이상의 기간에 대하여 국가재정운용계획을 수립하고 회계연도 개시 90일 전까

---

31) 국가재정법은 2006년 제17대 국회에서 예산회계법과 기금관리기본법을 통합한 국가 재정 운용의 기본법이다.

지 국회에 제출'토록 하여 국회가 정부 재정의 계획 단계에서부터 중요한 역할을 수행할 수 있게끔 하는 것이었다. 또한 '조세지출예산서'를 도입하여 (국가재정법 제27조, 제34조 제10호), 행정부로 하여금 조세감면 등 재정지원의 추정금액을 기능별·세목별로 정리하여 예산안과 함께 국회에 제출토록 하였다. 이를 통해 국회의 예산안 심사가 보다 체계적으로 이루어질 수 있게 되었다. 이와 더불어 재정경제부장관으로 하여금 매년 국채·차입금의 상환실적 및 상환계획, 채무의 증감에 대한 전망 등을 포함하는 국가채무관리계획을 수립하여 회계연도 90일 전까지 국회에 제출토록 규정하였고, 예·결산의 분리 심의를 위하여 회계연도 개시 120일 전까지 국회에 제출하던 결산을 5월 31일까지 앞당김으로써 국회가 예·결산 심의에 충분한 시간을 확보할 수 있도록 하였다.[32]

### 4) 국회 활동 지원조직의 제도화

민주화 이후 이러한 변화들은 국회가 과거 잃었던 제도적인 행정부 견제권한을 대부분 회복하고, 인사청문회를 통해 대통령의 인사권 행사에 관여할 수 있는 여지를 확보하는 한편, 예·결산 심사 등 정부의 재정 운용에 관한 활동들에 있어서 실질적인 권한 행사를 용이하게 함으로써 국정 운영 전

---

[32] 파행적인 국회운영을 방지하고 소수당을 보호하기 위해 2012년 5월 2일 통과된 개정 국회법(소위 '국회선진화법')은 재정의 측면에서는 국회의 행정부 견제권한을 약화시키는 부정적인 효과를 낳았다. 특히 문제가 되는 것은 국회가 예산 관련 법안들을 11월 30일까지 심사를 마치지 못하면 12월 1일에 자동적으로 본회의에 부의되게 한 '예산안 등의 본회의 자동부의 제도'이다. 이는 항상 법정기한을 넘겨 심사하던 파행을 미연에 방지하고 재정정책의 공백을 최소화하려는 취지로 만들어졌지만, 실제로는 예산안 등의 법률안들이 자동적으로 처리되게 함으로써 행정부가 예산안 제출을 의도적으로 지연한다든지 관련 정보의 국회 제출을 미룸으로써 국회의 견제권한을 무력화하는 부정적인 결과로 이어졌다. 이와 관련한 자세한 논의로는 진진영(2015)을 볼 것.

반에 개입할 수 있는 권한들을 제도적으로 강화해 왔음을 보여 준다.

민주화 이후 국회의 행정부 견제권한 강화라는 측면에서 살펴볼 수 있는 또 하나의 제도적 변화는 국회의 의정 활동을 지원하는 조직들의 신설이다. 이러한 지원조직들은 정부의 비대화와 전문화에 맞추어 국회 의정 활동의 전문성 제고를 목적으로 하고 있으며, 대표적인 조직으로 국회예산정책처와 국회입법조사처를 들 수 있다.

국회예산정책처는 1994년 국회사무처 법제예산실이 신설된 이후, 2001년 법제실과 예산정책국으로 확대·개편되는 과정을 거쳐 2003년 7월 18일 일부 개정된 국회법을 통해 제도화되었다. 국회예산정책처는 국회의 예산과 결산, 기금 및 재정 운용에 관련된 연구분석과 평가를 담당함으로써 의정 활동을 지원하는 조직으로 재정문제와 관련한 행정부의 독주를 효율적으로 견제하고 감시할 목적으로 설립되었다. 이 기관은 재정 분야의 전문인력으로 구성되어 국회의 위원회 또는 의원이 요구하는 사항에 대한 조사 및 분석 등의 기능을 수행하고 있다(의회정치연구회 2010, 120).

2007년 1월 24일 일부 개정된 국회법을 통해 또 다른 의정 활동의 지원조직으로 국회입법조사처가 신설되었다. 국회입법조사처는 입법 및 정책과 관련된 사항을 조사·연구하고 관련 정보 및 자료를 제공하는 등 입법정보 서비스와 관련된 의정 활동을 지원하는 입법·정책조사 연구기관이다. 주요 업무로는 국회의 위원회와 의원이 요구하는 사항에 대하여 조사, 분석하여 그 결과를 제공하는 조사회답 업무, 다양한 입법 및 정책 현안에 대한 분석 자료를 제공하여 의원의 입법 및 정책개발 활동을 지원하는 업무, 세계의 입법과 정책 동향을 수집하고 분석하여 제공하는 업무, 행정기관의 위법사항이나 법령·제도 등의 개선이 필요한 사항을 소관 위원회에 보고하는 업무 등을 포함하고 있다.

국회의 의정 활동을 지원하기 위해 설립된 이와 같은 조직들은 국회의 입법기능 향상에도 기여하지만 궁극적으로는 전문성을 가지고 행정부의 정책 실행과 입법 활동을 균형있게 감시, 견제하려는 목적을 갖고 있다. 실제로 국회의 지원기관들은 그 활용빈도수가 크게 늘어나고 있어 국회의원들의 입법 역량과 전문성 제고에 기여하고 있다. 이러한 조직들의 신설과 제도화는 권위주의 시기 추락을 거듭한 국회의 위상과 영향력이 민주화 이후 회복되고 한층 강화되고 있음을 보여 주는 것이다.

## 3. 제도적인 권한의 복권과 운영상의 문제

민주화 이후 국회가 행정부에 대해 갖는 제도적인 견제권한을 회복하고, 지속적인 개혁을 통해 국정 운영 전반에 영향력을 확대해 왔지만 현재 우리의 정치제도를 부정적으로 바라보는 시선이 많은 것은 부인할 수 없는 사실이다. 이러한 부정적인 시각의 근간에는 대통령과 국회의 관계에서 여전히 대통령이 주도적인 역할을 수행하고 있으며, 국회가 제도적인 견제권한을 보유하고 있음에도 대통령의 자의적인 권한 행사에는 아직도 취약한 모습을 보인다는 평가가 존재한다. 소위 '제왕적 대통령제'라는 용어로 표현되는 이러한 대통령과 국회의 비대칭적 모습은 민주화 이후에도 지속적으로 유지되는 한국 정치제도의 속성이라 할 수 있다.

그러나 한편으로 아이러니한 사실은, 앞에서 살펴본 바와 같이, 민주화 이후에 국회가 지속적으로 행정부 견제권한을 강화하고 국정에의 영향력을 확대해 왔음에도 이러한 평가가 사라지거나 적어도 완화되지 않고 있다는 것이다. 국회는 인사청문회를 통해 대통령의 인사권에 관여할 수 있게 되었고, 예·결산 심사권한은 물론 국가재정법과 국회법의 규정을 통해 정부 재

대한민국 국회제도의 형성과 변화

정 운용의 모든 과정을 검토할 수 있으며, 정부의 법률안 역시 그 계획을 매년 초에 국회에 제출토록 함으로써 검토에 충분한 시간을 가질 수 있게 되었다. 이는 국회가 권위주의 시기 잃었던 행정부 견제의 제도적 권한을 대부분 되찾았을 뿐 아니라 한층 강화했음을 의미한다.

이렇듯 제도적으로 강화된 국회의 권한에도 불구하고 대통령의 자의적인 권한 행사가 여전히 문제가 되는 데에는 여러 가지 이유가 있겠지만, 제도적으로 주어진 국회의 많은 견제권한이 실제 운영의 과정에서 행정부에 의해 무력화되는 까닭에 실효성을 갖추지 못하고 있다는 점을 들 수 있다. 예를 들어, 인사청문회를 제도화함으로써 국회는 대통령의 인사권에 관여할 수 있는 여지를 갖게 되었지만, 실제 청문회를 진행하는 과정에서 국회가 파행을 겪는 경우가 빈번히 발생한다. 현재의 인사청문회제도는 임명에 있어서 국회의 동의를 얻도록 헌법에 규정된 직위들(대법원장·헌법재판소장·국무총리·감사원장 및 대법관·국회에서 선출하는 헌법재판소 재판관 및 중앙선거관리위원회 위원)과 달리, 국무위원들과 국가정보원장·검찰총장·국세청장 등 헌법이 아닌 법률에 근거해 청문회가 진행되는 직위들은 국회가 청문회보고서를 통해 의견을 제출할 수 있지만 실제로 대통령의 임면권에 영향을 미치지는 못한다. 때문에 국회의 동의를 요하지 않는 경우, 인사청문회제도가 그 실효성의 측면에서 한계를 가질 수밖에 없다.

또한 국무회의가 여전히 의결권한이 없는 심의기구로 남아 있다는 점 역시 국회가 대통령의 권한 행사를 견제하지 못하는 상황을 초래한다. 한편으로 국무회의가 의결권을 갖는다는 것은 대통령중심제의 권력구조와 잘 들어맞지 않는 측면이 있는 것은 사실이지만, 국무회의가 지나치게 위계적인 구조 속에서 대통령의 권한 행사에 정당성을 부여하는 역할만을 담당하는 것 역시 책임 있는 모습이라 보기 어렵다. 위계성이 강화된 국무회의에서는 국무위원들이 책임의식을 갖고 스스로의 권한 행사에 임하기보다는 대통령의 지시를 받고 이를 실행에 옮기는 심부름꾼에 불과한 경우가 왕왕 발생한다. 더욱이 국회의원이 국무위원을 겸직할 수 있도록 한 규정 역시 국회의 구성원으로 하여금 국무회의에 참여할 방편을 마련함으로써 대통령의 자의적인 권한 행사를 통제하려는 애초의 의도와는 달리, 여당의 논공행상에 활용되거나 대통령이 여당을 장악하는 방편으로 빈번히 활용되는 까닭에 국회의 행정부 견제권한을 오히려 약화시키기도 한다.

이러한 현실은 실제 정책 결정의 과정에서 행정부와 입법부가 견제와 균형을 이루는 모습보다는 대통령을 정점으로 하여 행정부와 여당을 한 편으로, 야당을 다른 한 편으로 하는 갈등구조가 압도하는 모습으로 이어졌다. 이러한 갈등구조의 양상은 민주화 이후 제도적인 견제권한을 회복하고 다양한 행정부 견제수단을 강화해 온 국회의 노력에도 불구하고, 실제 운영에 있어서 대통령이 국회의 견제권한을 정략적으로 무시하거나 행정입법 등을 통해 국회를 우회하는 상황이 발생할 때 이에 대응할 효과적인 수단이 없도록 함으로써 권력분립의 취지를 효과적으로 구현해 내지 못하고 있다.


## VII. 결론

이 장에서는 국회의 행정부 견제기능에 집중하여 제헌국회에서 현재에 이르기까지 우리 국회의 제도가 어떻게 형성되고 변화해 왔는지 살펴보았다. 구체적으로 이 장은 국회의 행정부 견제기능을 제도적인 권한과 함께 의사 결정 과정과 운영에의 관여를 통한 간접적인 견제라는 두 수준으로 나누어 검토하였다.

제헌국회에서 건국의 아버지들은 정치적인 상황에 밀려 대통령중심제를 채택하였지만 국회를 가장 중요한 권력기관으로 인식하고 있었기에 국회가 대통령의 권한을 견제할 수 있는 방안들을 제도적으로 마련해 두었다. 무엇보다 중요한 사실은 제도화된 견제권한과 함께 국무원과 국무회의라는 의원내각제적 요소를 의사 결정의 핵심적인 기구로 설치함으로써 대통령의 자의적인 권한 행사를 방지하고 대의적 정통성을 가진 국회의 통제력을 강화하려 했다는 것이다. 그러나 제1공화국 중반 이후 대통령이 자신의 지지세력을 강화하여 국회를 장악하고 자의적인 대통령의 국무원 구성에 국회가 효과적으로 대처하지 못하는 상황이 발생하면서 이러한 애초의 의도는 무색해졌다.

제2공화국 들어서 의원내각제 도입으로 국회의 행정부 견제기능은 극대화되었으나, 군사쿠데타에 이은 제3공화국의 대통령중심제 확립, 그리고 대통령의 초법적인 권한에 기반한 제4공화국, 제5공화국의 권위주의정부에서 국회는 행정부 견제기능을 점차 잃고 대통령의 결정에 절차적 정당성을 부여하는 위치로 전락하고 말았다. 1987년 민주화 항쟁으로 새로운 국면을 맞은 우리 국회는 제도적으로 행정부에 대한 견제권한의 대부분을 회복하고 그 권한 행사에 실효성을 더하는 방식으로 제도를 개혁함으로써 권력분립의 한 축으로서 그 위치를 되찾았다.

그러나 이러한 국회의 행정부 견제기능 회복에도 불구하고 우리나라는 여전히 지나친 권력 집중이 파생시키는 다양한 부정적 결과에 노출되어 있다. 무엇보다도 문제가 되는 것은 대표 선출의 시기를 제외하고는 대통령을 중심으로 한 정치권력의 전횡과 파행들이 효과적으로 견제되지 못한 나머지, 극도로 취약한 정책적 반응성과 책임성을 보이고 있다는 점이다. 이러한 상황은 제헌국회 시기 대통령중심제를 채택하지만 의원내각제적 요소를 혼합하여 두 제도의 장점을 두루 취하려 했던 건국의 아버지들의 의도가 현재에 제대로 발현되고 있지 못함을 의미한다.

어떤 측면에서, 대통령중심제하에서 대통령과 여당이 집권세력으로서 정책 방향을 결정하고 이를 과감하게 추진하는 것은 일상적인 권한 행사로 볼 수 있다. 문제는 그러한 권한 행사가 때때로 견제기관인 국회의 동의를 구하는 절차적 정당성을 확보하지 않고 자의적으로 일어날 뿐 아니라 국회의 반발을 무시한 채로 진행된다는 데에 있다. 정치지도자의 결정은 그것이 정치공동체 안의 모든 구성원들에게 영향을 미친다는 데에서 커다란 영향력과 중요성을 갖는다. 때문에 정치적인 선택과 결정은 그것이 초래할 수 있는 결과에 대해 신중한 고려가 필요하며, 이를 위해서는 제도적으로 정비되어 있는 의사 결정 절차의 제(諸) 과정을 충실히 거쳐 합의를 구하는 절차적 정당성의 확보가 절대적으로 중요하다. 이러한 과정에서 유권자들이 선거를 통해 선출한 '대표들'로 구성된 가장 중요한 대의제 기관인 국회의 행정부 견제권한은 제도적으로 보장되어야 할 중요한 권리일 뿐 아니라, 공동체의 안정적인 운영에 있어서 필수적인 권한으로 인식되어야 할 것이다.

대한민국 국회제도의 형성과 변화

# 참고문헌

대한민국국회. 2008. 『대한민국 국회 60년사』. 서울: 국회사무처.

의회정치연구회. 2010. 『한국 국회와 정치과정』. 서울: 도서출판 오름.

박용수. 2016. "한국의 제왕적 대통령론에 대한 비판적 시론: 제도주의적 설명 비판과 편법적 제도운영을 통한 설명." 『한국정치연구』. 25(2): 27-55.

박찬표. 1995. "제헌국회 선거법과 한국의 국가형성." 『한국정치학회보』. 29(3): 69-90.

백영철. 1991. "제1공화국의 의회정치에 관한 연구: 의회와 행정부 관계를 중심으로." 『한국정치학회보』. 25(1): 133-58.

서희경. 2001. "대한민국 건국기의 정부형태와 운영에 관한 연구: '대통령 권한의 통제'에 관한 논쟁을 중심으로." 『한국정치학회보』. 35(1): 83-106.

서희경. 2001. "헌법의 제정과 운영: 대한민국 건국기의 정부형태에 관한 논쟁을 중심으로." 『한국정치연구』. 10: 355-97.

서희경. 2013. "우리 헌법의 자생적 뿌리와 헌법 논의." 『현대사광장』. 1: 78-87.

오창헌. 2004. "제3공화국 정치체제의 유형에 관한 연구." 『한국정치학회보』. 38(1): 143-65.

이완범. 2000. "박정희 군사정부 '5차헌법 개정' 과정의 권력구조 논의와 그 성격: 집권을 위한 '강력한 대통령제' 도입." 『한국정치학회보』. 34(2): 171-92.

전진영. 2015. "국회선진화법은 국회를 선진화시켰는가?" 『현대정치연구』. 8(1): 99-125.